유치원 기관평가의 이해와 실무

김경철 · 김안나 공저

학지사

머리말

현재 세계 각국은 유아교육기관에 대한 재정적 지원을 강화하고 교육의 질적 수준을 개선하기 위해 노력하고 있다. 그 가운데 유치원 평가는 유치원의 질 개선 및 책무성을 위한 수단으로 관심을 받고 있으며 세계 주요 국가들은 국가실정에 적합한 형태의 유치원 평가를 시행하고 있다.

우리나라의 경우를 살펴보면 새로 제정된 유아교육법에서 유치원에 대한 기관 평가의 법적 근거(유아교육법 제19조)가 마련되어 2007년도 교육인적자원부(현, 교육과학기술부) 주관으로 유치원 시범 평가가 실시되었으며 2008년부터 각 시 · 도교육청의 주관으로 매 3년을 주기로 2010년까지 전국 8,000여 개의 1주기 평가가 실시되고 있다.

그러나 유치원에 대한 평가는 초기 시작단계로서 현장의 많은 교사들은 평가에 무엇을 어떻게 준비해야 할지 난감해하고 있다. 이에 이 책에서는 유치원에서 원장과 교사들이 평가의 준비 시작단계부터 종료되는 시점까지 각 평가항목별 지표에 따른 평가요소를 구체적으로 하나씩 짚어가며, 그에 따른 준비방법을 제시하여 유치원에서 효율적인 평가를 준비하고 더 나아가 유아교육기관의 질적 수준 향상에 기여하고자 저술하였다.

이러한 취지하에 제1장에서는 유치원 평가 추진계획에 대해 다루고 국가수준 유치원 평가의 개념, 목적, 배경 등에 대한 이해를 돕고자 하였으며, 제2장에서는 국가수준 유치원 평가 이해를, 제3장에서는 각 영역별 지표와 기준을 다루어 각각에서 요구하는 평가항목에 대한 준비를 돕고자 하였다. 그리고 제4장에서는 유치원에서 자체평가보고서를 작성하는 목적과 그 방법을, 제5장에서는 유치원 평가에 따른 결과를 제시하여 높은 점수를 획득한 경우와 그렇지 않은 경우의 사례를 예로 들어 방법을 세시하있다. 부록에는 유치원 자체평가보고서 예시와 이 책의 평가관련 자료 목록을 첨부하였다.

아무쪼록 이 책이 미력하게나마 기관 평가를 준비하는 원장님과 교사들에게 그리고 대학에서 공부를 하는 학생들에게 유용한 자료가 되어 평가를 준비하는 과정에서 겪게 되는 여러 가지 어려운 문제를 최소화하고 효율적으로 준비할 수 있게 되길 바란다. 더불어 국가수준 유치원 평가의 효율적인 정착에 부족하게나마 의미 있는 일이 되기를 기대해 본다.

끝으로 이 책의 준비과정에서 다양한 자료 수집에 도움을 주신 유치원과 현장의 교사들 그리고 여러 가지 어려운 상황에서도 흔쾌히 출판을 허락하고 적극 도와주신 학지사 김진환 사장님과 관계자분들께 감사드린다.

2009년 9월

저자 일동

차 례

제4장 • 자체평가보고서 작성하기 / 219

제5장 • 유치원 평가 결과보고서 예시 / 223

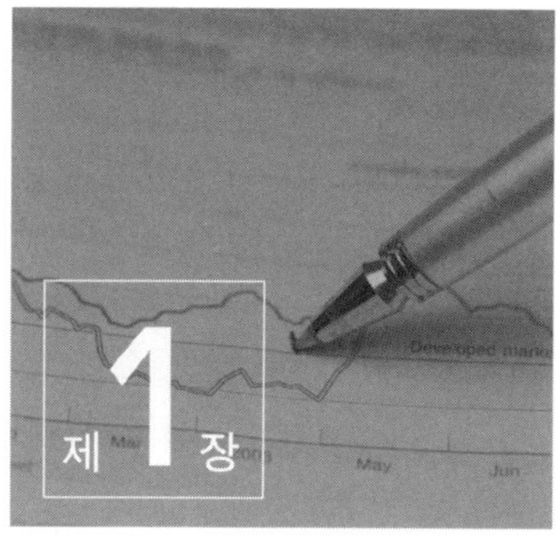

유치원 평가 추진계획

1 국가수준 유치원 평가의 개념과 의의

현재 유아교육의 중요성이 재인식되면서 세계 각국은 유아교육기관에 대한 재정적 지원을 강화하고 교육의 질적 수준을 개선하기 위한 노력을 진행하고 있다. 그 가운데 유치원 평가는 이러한 시대적인 흐름에 편승하여 유치원의 질 개선 및 책무성을 위한 수단으로 세계 주요 국가들은 국가 실정에 적합한 형태의 유치원 평가를 시행하고 있다. 이처럼 학교가 생긴 이후, 현재까지 어느 나라에서든 '학교교육의 질 개선'은 교육 문제의 일차적인 관심사로 다루어져 왔다. 실제로 1984년 시작된 미국의 NAEYC(National Association for Education of Young Children), 1994년에 시작된 호주의 NCAC(National Childcare Accreditaton Association), 1996년에 시작된 영국의 OFSTED(Office for Standards in Education) 등이 실시하는 외국의 유아교육기관에 대한 평가는 성공적인 운영 결과를 보고하고 있다.

미국의 경우 NAEYC(National Association for Education of Young Children)는 유아교육 프로그램에 대한 인증제를 실시하며 유아교육기관을 평가할 수 있는 체계적인 기준을 제공하고 질적 수준을 향상시키고자 하는 목적을 수행하고 있다. 즉, NAEYC를 통해 양질이 되기 위한 규준을 제시하고 NAEYC의 평가인증을 받은 프로그램들이 유아에게 최적의 발달과 학습을 받을 수 있도록 기준과 준거를 확고히 구축함으로써 유아의 긍정적인 학습과 발달, 양질의 보호와 교육이 가능하도록 한다.

영국의 OFSTED(Office for Standards in Education)는 기관평가가 공정하고 정확하게 이루어지도록 하기 위해 연수를 지원하며 기관평가를 효율적으로 관리하는지에 대해 평가함으로써 평가의 목적을 달성하고 있다. 즉, 평가의 결과에 따라 적절한 후속 조치 및 보완을 요구하는 등의 체계적인 평가가 이루어지고 있는 예라 볼 수 있다.

호주의 평가인증의 경우는 미국과는 달리 국가에서 지원하며 정부가 직접 영향력을 행사하고 제도적인 운영은 정부와 독립적인 국립보육인증회(NCAC: National Childcare Accreditaton Association)에서 하고 있다. 1993년부터 시행하고 있는 호주의 보육시설 질 관리 시스템은 국가가 자금을 지원하고 질 관리 시스템에 참여하는 보육시설을 이용하는 부모에게 직접보육수당을 지급함으로써 비교적 적극적인 평가인증이 이루어진다. 호주의 인증제는 총 3단계를 거쳐서 이루어지며 그 첫 단계로 연방정부에 의해 지원되는 보육수당(child care benefit)을 신청하기 전 NCAC에 등록을 거치게 된다. 다음은 자체 연구과정을 통해 실제적으로 이루어지는 모든 것을 철저하게 분석하고 장단점을 파악하며 개선을 위한 계획을 세우는 단계로, 이것은 이후의 조력자 평가의 기초자료로 사용되기도 한다. 마지막으로 국립보육인증회에 의해 선정되고 훈련된 조력자가 기관을 방문하여 보육의 질을 확인하는 단계로 이루어진다(Taylor, 2002).

우리나라의 경우, 제정된 유아교육법에서 유치원에 대한 기관평가의 법적 근거(유아교육법 제19조)가 마련되어 2007년도 교육인적자원부 주관으로 유치원 시범평가가 실시되었으며 2008년부터 각 시·도교육청의 주관으로 매 3년을 주기로 2010년까지 전국 8,000여 개의 유치원에 대한 평가가 실시될 예정이며 현재 1주기 평가가 실시되고 있다.

유치원 평가는 국가적 차원에서 유치원에 대한 체계적인 평가시스템 구축을 통해 유치원 운영을 종합적으로 점검·모니터링함으로써, 유치원의 책무성을 제고하고 유아교육의 공교육화 강화 및 질적 수준 제고에 관한 내용으로 유치원 현장에서 일선의 책임을 갖고 있는 교사들에게 유치원 평가를 이해할 수 있는 좋은 계기가 될 것으로 기대하고 있다(교육인적자원부, 2007).

이에 따른 유치원 평가의 추진 목적은 첫째, 국가수준의 체계적인 평가시스템을 구축함으로써 학교로서의 유치원의 책무성과 질적 수준을 제고하여 유아교육의 공교육화를 조기에 정착시키기 위함이며, 둘째, 국가 정책적으로 평가결과에 근거하여 효과적인 유아교육진흥 정책을 개발 추진하고자 하며, 셋째, 바람직한 유아교육 특성을 반영한 체계적인 정보 제공을 통하여 학부모의 기관 선택권을 지원하고자 함이다(교육인적자원부, 2007). 즉, 유치원 평가를 통해 유치원 운영 실태를 진단하고 책무성을 강화하며 유치원 운영의 효율성과 유아교육의 질적 수준을 제고함으로써 공교육 체제 내 학교로서의 기본요건 구비를 하고자 함에 있다.

2 유치원 평가 추진 배경

- 우리나라 유치원은 시설, 교사, 교육과정 및 회계 등 유치원 운영 전반에 대하여 유아교육법, 사립학교법, 학교보건법, 재무회계규칙 등의 법적 규정이 적용됨으로써 기본적인 질 관리가 이루어지고 있다. 특히, 유치원의 설립인가제와 시 · 도교육청별 장학지도는 유치원의 질을 관리 · 유지하는 중요한 기제다.
- 유치원이 학교로서 더욱 질 높은 교육을 제공하고, 국가 정책에 부합하는 유치원 운영관리를 강화하기 위해서는 국가 수준의 유치원 평가가 요구된다. 특히, 유치원 평가의 근거가 유아교육법(제19조)에 명시되어 있으며, 국가 정책상 유치원 평가를 더 이상 미룰 수 없는 상황이다.
- 국가수준에서 체계적인 유치원 평가 시스템 구축을 통해 유치원의 운영을 종합적으로 점검 · 모니터링함으로써, 유치원의 책무성을 제고하고 유아교육의 공교육화 강화 및 질적 수준을 제고할 필요가 있다.
- 정부의 유아교육 재정지원방식이 수요자보조방식으로 전환되어 학부모의 기관 선택권이 매우 중요해지고 있다. 유치원에 대한 국가수준의 평가를 시행하고, 그 결과를 공개하여 학부모에게 기관 선택 기준을 제시하고 유치원교육에 대한 만족도를 제고할 필요가 있다.
- 유치원 평가를 통하여 타당성 있는 평가모형과 평가지표를 개발하고, 효율적인 평가 체계를 구축하고자 한다.

3 유치원 평가의 목적

- 국가수준의 체계적인 평가시스템 구축을 통해 학교로서 유치원의 책무성과 질적 수준을 제고하여 유아교육의 공교육화를 조기에 정착시키기 위함이다.
  - ㅇ 유치원의 운영실태 진단과 개선방안 제안을 통한 책무성 강화
  - ㅇ 평가결과를 환류시킴으로써 유치원 운영의 효율성과 유아교육의 질적 수준 제고
  - ㅇ 설립유형별, 지역별 유치원교육의 차이를 줄이고, 일정 수준 이상의 질적 수준을 담보함으로써 공교육체제 내 학교로서의 기본 요건 구비
- 국가정책적으로는 평가결과에 근거하여 효과적인 유아교육진흥 정책 개발을 추진하기 위함이다.
  - ㅇ 평가결과에 근거하여 유치원의 운영 실태 파악 및 정책적 지원 우선순위 판단 가능
  - ㅇ 교육과정 및 기관 운영 우수사례 발굴 · 확산으로 유치원의 자율적 · 창의적 유아교육 활동 활성화
- 바람직한 유아교육 특성을 반영한 체계적 정보 제공을 통하여 학부모의 기관 선택을 지원하

기 위함이다.

ㅇ 초 · 중학교와 달리 학교 선택권이 주어지는 유아교육기관에 대한 유용한 정보를 제공하여 학부모의 선택 지원

ㅇ 올바른 유아교육에 대한 정보를 제공하여 학부모의 유치원교육에 대한 인식 및 만족도 제고

4 유치원 평가의 기대 효과

• 유치원 평가를 실시함으로써 정부, 유치원, 학부모 및 유아에게 다음과 같은 효과를 기대할 수 있다.

구분	기대 효과
정 부	유치원 아동 실태에 기초한 합리적인 정책을 수립 · 추진하고, 유아교육 공교육화를 보다 적극적으로 추진할 수 있다.
유치원	교육과정의 충실성을 담보하기 위한 장학지도와 함께 기관 운영 평가를 통해 운영실태 진단과 개선 방안을 모색할 수 있다.
학부모	바람직한 유아교육 특성이 반영된 평가 정보 제공을 통하여 기관 선택권을 보장 받는다.
유 아	발달에 적합한 유아교육 서비스를 제공받고 건전하고 창의적인 미래 인적 자원으로 행복하게 성장할 수 있다.

5 유치원 평가 추진 방향

• 평가업무의 효율적 추진을 위하여 도 및 지역교육청과 단위학교별로 평가 추진 체제를 구축하여 운영한다.

• 제1주기('08~'10) 유치원 평가는 국가수준 공통지표 및 도교육청 자체지표로 도교육청에서 주관 실시한다.

• 평가영역 및 내용은 교육과학기술부에서 제시한 공통지표와 각 시 · 도교육청에서 개발한 자체 지표를 적용하고, 학부모 만족도를 반영한다.

• 전 유치원을 대상으로 1주기 3년에 걸쳐 평가하되, 서면평가와 현장방문평가를 병행 실시하여 객관성과 공정성을 확보한다.

• 유치원 평가의 기본방향은 목표지향평가에 중점을 두고, 유치원 현장의 변화와 혁신을 유도한다.

- 우수한 인적자원으로 대학교수 및 전문가, 유아교육전공 교원 및 퇴직교원, 일반직 등 '유치원 평가위원회'를 구성하여 평가의 전문성 및 신뢰성을 확보한다.
- 평가결과는 서열화하되 공개하지 아니하며, 평가결과에 따라 교육감 표창 및 예산 지원 등 인센티브를 부여하고, 우수사례를 발굴 일반화한다.

6 유치원 평가 추진 체계

교육과학기술부	• 유치원 평가 기본계획 수립
↓ 도교육청	• 연도별 도교육청 유치원 평가 계획 수립
↓ 교육과학기술부	• 국가 공통지표 개발 · 제공, 기본 방향 · 지침 제시 • 시 · 도별 유치원 평가위원 연수 지원
↓ 도교육청	• 자체 지표 개발 · 제공 • 유치원 평가 실시
↓ 도교육청	• 유치원 평가결과 종합분석 • 유치원 종합평가결과 보고회 개최 • 평가결과 제출, 보고 및 발표

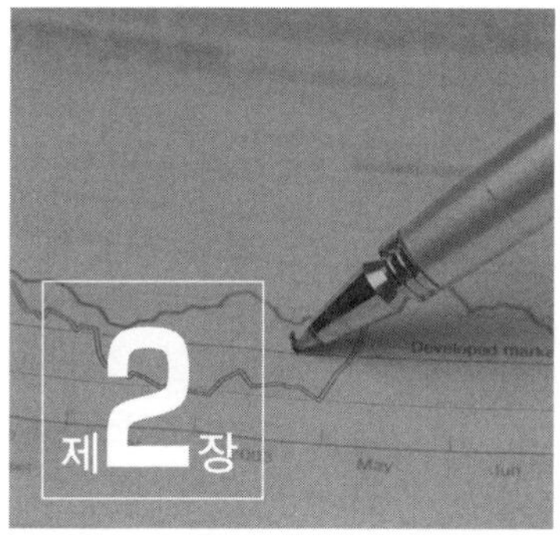

국가수준 유치원 평가 이해

1 유치원 평가지표 개발

1) 유치원 평가 공통지표 개발 및 선정 기준

• 평가주기별 역점 평가영역과 핵심지표를 선정한다.

ㅇ 유치원 평가 주기를 매 3년으로 고려, 1주기(2008~2010년)에는 유치원 평가체제 구축 및 현장 정착에 주력

- 향후 교육의 질 관리 강화를 위한 기본적인 운영 실태 파악 및 시스템 점검
- 유치원 평가체제 구축 및 현장 적용상의 문제점 파악

ㅇ 본 유치원 평가지표는 평가 1주기에 적용할 지표로서, 현장의 평가부담을 줄이면서도 가장 핵심적인 지표 선정에 중점을 둔다.

ㅇ 1주기 유치원 평가영역 및 주요 지표 선정에 있어서는 다음을 고려한다.

- 초 · 중등학교 종합평가의 국가 공통지표 평가영역
- 유아교육법과 시행령에서 명시하고 있는 유치원 평가영역
- 국가 유아교육 주요 정책 방향 및 유치원 운영계획
- 그 외에 유아교육의 질 제고에 결정적인 핵심 영역 및 요소들

> **유치원 평가영역 선정의 법적 근거: 유아교육법시행령 중**
>
> 제21조(평가의 기준)법 제19조 제2항의 규정에 의한 유치원 평가는 다음 각 호의 사항을 기준으로 하여 실시한다.
>
> 1. 예산의 편성 및 운용
> 2. 유치원의 시설 · 설비
> 3. 교육과정의 편성 · 운영 및 교수 · 학습방법
> 4. 교직원의 인사관리 및 복지후생
> 5. 그 밖에 교육과학기술부장관이 필요하다고 인정하는 사항

- 설립인가 사항 및 국가 관리 · 감독 사항 관련 지표는 제외한다.
  - ○ 유치원 설립 · 인가 시의 기본적인 점검사항, 교육청의 관리 · 감독 차원에서 점검되고 있는 지표는 가능한 한 제외한다.
  - ○ 기관의 전 분야 종합평가를 지양하고, 장학지도와 중복되지 않도록 하여 현장의 평가부담을 완화하고자 하였다.
    - 유치원 평가와 장학지도의 기본 취지와 목적을 살리되 평가와 장학을 내용이 중복되지 않도록 연계하여, 현장의 부담은 줄이고 각각의 효과를 높이는 데 초점을 두고자 한다.
- 필수 및 권장 사항 관련 지표는 포함한다.
  - ○ 대부분의 유치원에서 실행하고 있거나 성취하고 지표는 평가의 변별력이 없다는 이유로 제외하기도 하나, 유치원의 핵심적인 사항으로 지속적으로 꼭 실행해야 할 지표나 요소는 포함하였다(예: 교육계획안 작성 및 활용).
  - ○ 또한 아직 많은 유치원에서 실행하지 못하고 있기는 하나, 향후에 꼭 성취하거나 수행해야 할 지표의 경우에는 현장에서의 활성화 및 보급을 위하여 포함하였다(예: 교사사학연금 가입 지원).
- 공 · 사립유치원별, 지역별, 규모별 지표를 차별화하지 않는다.
  - ○ 유치원 평가지표는 어느 지역에서 어떠한 형태로 유치원을 운영하든지, 유치원의 질적 수준 유지를 위하여 기본적으로 포함해야 할 지표를 선정하고자 하였다.
  - ○ 이에, 유치원의 유형별, 규모별, 지역별로 지표 구분을 하지 않는 것을 원칙으로 하였다.
  - ○ 단, 공립과 사립 간의 서로 다른 운영형태를 감안하여 평가결과 분석 시, 공립과 사립을 구분하여 처리할 예정이다.
- 학부모 만족도 조사를 실시한다.
  - ○ 유치원교육은 다른 학교급에 비해 수혜자인 학부모와의 교류 및 가정과의 연계가 매우 중요하다.
  - ○ 이에 학부모 만족도 지표를 포함하고 학부모 만족도 조사 결과를 점수로 반영한다.
- 유치원 운영의 다양성 및 자율성을 제한하지 않는 평가기준을 제시한다.

ㅇ 유치원 운영의 특징이라고 할 수 있는 다양성과 자율성을 저해하지 않는 평가 기준을 제시하고자 하였다.
ㅇ 유치원이 학교로서의 질적 수준 유지에 필요한 최소한의 공통적인 지표를 포함하였으며, 특히, 평가기준 적용상의 융통성을 제시함으로써 유치원 운영이 획일화되지 않도록 하였다.

2 평가지표이해

1) 유치원 평가 자체지표 개발 및 선정 기준

• 자체 평가영역과 자체지표를 선정한다.
  ㅇ 교육시책을 위한 교육풍토 조성
  ㅇ 지역, 학부모, 유아의 특성을 반영한 단위유치원의 자율적이고 특색 있는 교육활동
  ㅇ 여성의 취업률 증가 및 사회적 변화에 따른 수요자 요구에 부응하는 종일제 운영

2) 유치원 평가지표의 구성

평가영역 (배점)	평가항목 (배점)	평가지표 (배점)
1. 교육과정 (65)	1-1. 교육계획 수립의 적절성(15)	1. 교육계획안 작성 및 활용(5)
		2. 유아교육에 적합한 교육내용 · 활동 선정(10)
	1-2. 일과 운영의 적절성(15)	3. 통합적 일과 운영(10)
		4. 교육활동 유형 간의 균형적 안배(5)
	1-3. 교수 · 학습방법의 적합성(20)	5. 유아교육에 적합한 교수 · 학습방법의 사용(10)
		6. 교사-유아 간의 질적인 상호작용(10)
	1-4. 평가의 적절성(15)	7. 유아의 발달 상황 기록 및 활용(10)
		8. 교육과정 평가 실시 및 결과 활용(5)
2. 교육환경 (45)	2-1. 교육환경의 적합성(25)	9. 실내 교육환경의 적합성(10)
		10. 실외 교육환경의 적합성(10)
		11. 유아 발달 수준에 적합한 시설 · 설비(5)
	2-2. 교재 · 교구의 적합성(20)	12. 유아 발달 수준과 주제에 적합한 교재 · 교구의 구비 및 활용(10)
		13. 교재 · 교구의 체계적인 관리 및 보관(10)

(계속)

<table>
<tr><td rowspan="6">3.
건강 ·
안전
(40)</td><td rowspan="2">3−1. 건강관리의 적절성(15)</td><td>14. 유아 건강 지도 및 관리(5)</td></tr>
<tr><td>15. 시설 · 설비의 청결한 관리(10)</td></tr>
<tr><td rowspan="2">3−2. 영양관리의 적절성(10)</td><td>16. 균형 있는 급 · 간식 시행 및 식습관 지도(5)</td></tr>
<tr><td>17. 식재료의 위생적 관리 및 사용(5)</td></tr>
<tr><td rowspan="2">3−3. 안전관리의 적절성(15)</td><td>18. 안전교육 실시 및 안전사고 대비책(10)</td></tr>
<tr><td>19. 시설 · 설비의 안전한 관리(5)</td></tr>
<tr><td rowspan="8">4. 운영관리
(40)</td><td rowspan="2">4−1. 교직원 인사 및 복지의 적절성(10)</td><td>20. 교직원 인사 규정 보유 및 준수(5)</td></tr>
<tr><td>21. 교직원 복지 규정 보유 및 지원(5)</td></tr>
<tr><td rowspan="2">4−2. 예산 편성 및 운용의 합리성(10)</td><td>22. 예 · 결산서 작성 및 공개(5)</td></tr>
<tr><td>23. 정부지원금 예산 편성 및 사용의 타당성(5)</td></tr>
<tr><td rowspan="2">4−3. 가정 및 지역사회와의 연계(10)</td><td>24. 다양한 부모교육 및 가정과의 교류(5)</td></tr>
<tr><td>25. 지역사회 인사 · 자원의 활용 및 기관 홍보(5)</td></tr>
<tr><td rowspan="2">4−4. 기관장의 원 운영의 전문성(10)</td><td>26. 교육과정의 질 제고를 위한 노력(5)</td></tr>
<tr><td>27. 기관장의 리더십(5)</td></tr>
<tr><td colspan="2">학부모 만족도(10)</td><td>28. 학부모의 기관 운영에 대한 만족도 조사 결과(10)</td></tr>
<tr><td rowspan="6">5. 유치원
특색사업[1]
(30)</td><td rowspan="3">5−1. 유아교육 방향 구현(15)</td><td>29. 취원율 제고 노력(5)</td></tr>
<tr><td>30. 교원의 전문성 신장(5)</td></tr>
<tr><td>31. 유 · 초 연계교육 협력체제 구축(5)</td></tr>
<tr><td rowspan="3">5−2. 단위유치원 특색과제 추진(15)</td><td>32. 특색과제 설정의 적절성(5)</td></tr>
<tr><td>33. 특색과제 운영의 지속성(5)</td></tr>
<tr><td>34. 특색과제 운영의 성과(5)</td></tr>
<tr><td rowspan="4">6.
종일제 운영[1]
(20)</td><td rowspan="2">6−1. 종일제 운영의 내실화(10)</td><td>35. 종일제 운영을 위한 기본 시설 · 설비 구비(5)</td></tr>
<tr><td>36. 종일제 프로그램의 적절성(5)</td></tr>
<tr><td rowspan="2">6−2. 종일제 운영의 효율성(10)</td><td>36. 종일제 운영시간의 적절성(5)</td></tr>
<tr><td>37. 종일제 교사(강사) 확보 및 인력활용의 효율성(5)</td></tr>
<tr><td colspan="2">계</td><td>250점</td></tr>
</table>

- 전국 공통 평가지표와 시 · 도교육청 자체 평가지표
  - 공통 평가지표 ⇨ 교육과정 영역, 교육환경 영역, 건강 · 안전 영역, 운영관리 영역은 전국 공통지표로 평가가 이루어진다.
  - 시 · 도 자체 평가지표 ⇨ 유치원 특색사업 영역, 종일제 운영 영역은 각 시 · 도교육청에서 각 지역실정에 적합한 평가지표를 선정 후, 평가가 이루어진다.

1) 이 책의 5. 유치원 특색사업과 6. 종일제 운영은 경상남도 유치원 평가지표의 예다. 따라서 각 시 · 도교육청에 따라 지표의 내용이 다를 수 있으므로 수정 · 보완이 필요하다.

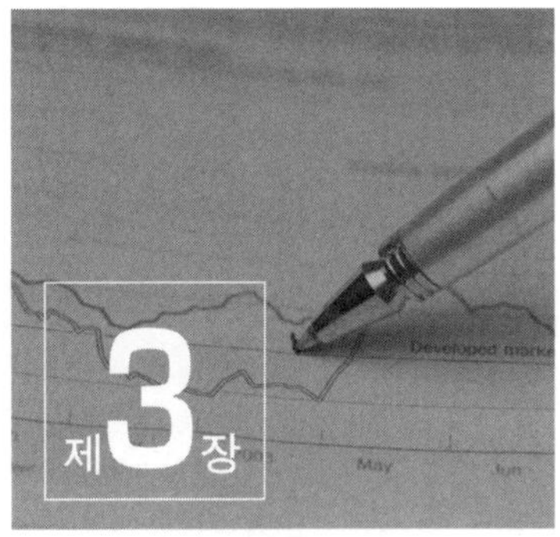

영역별 지표와 기준

유치원 평가지표는 1) 교육과정, 2) 교육환경, 3) 유아의 건강 · 안전, 4) 운영관리의 4가지 영역의 공통지표와 시 · 도교육청 자율의 유치원 특색사업 영역과 종일제 운영 영역으로 구성되어 있다.

1 교육과정 영역

교육과정 영역은 교육계획의 수립에서부터 일과 운영, 교수 · 학습방법 및 절차, 평가 등에 이르는 매우 핵심적인 부분이며 교육과정 영역은 그 자체만이 아니라 교육환경을 포함하여 다른 영역과 긴밀하게 연계되어 있다. 따라서 유치원교육에 대한 전문성과 적합성을 가장 잘 반영해야 할 영역 중 하나다. 교육과정 영역을 각 지표별로 살펴보면 다음과 같다.

평가영역	평가항목	평가지표
교육과정	1-1. 교육계획 수립의 적절성	1. 교육계획안 작성 및 활용
		2. 유아교육에 적합한 교육내용 · 활동 선정
	1-2. 일과 운영의 적절성	3. 통합적 일과 운영
		4. 교육활동 유형 간의 균형적 안배

(계속)

	1-3. 교수 · 학습방법의 적합성	5. 유아교육에 적합한 교수 · 학습방법의 사용
		6. 교사-유아 간의 질적인 상호작용
	1-4. 평가의 적절성	7. 유아의 발달 상황 기록 및 활용
		8. 교육과정 평가 실시 및 결과 활용

교육과정은 유치원 운영의 가장 핵심적인 요소다. 교육과정을 어떻게 운영하느냐에 따라 교수 · 학습 경험의 질이 결정되고, 그 결과 유아교육의 효과도 크게 좌우된다. 교육과정 영역에서는 적절한 교육내용 및 활동으로 교육계획을 수립하고 있는지, 균형적이고 통합적인 일과 운영을 하고 있는지, 교사-유아 간의 상호작용 및 교수 · 학습방법이 적합한지, 유아 발달 및 교육과정에 대한 평가를 하고 있는지를 점검한다.

1-1. 교육계획 수립의 적절성

교육과정계획을 충실히 수립하여 효과적으로 운영하며 적합한 내용과 활동을 종합적으로 구성하는지를 평가하는 지표다.

평가 지표	1. 교육계획안을 충실하게 작성하며, 효율적으로 활용하고 있다. 2. 유아교육에 적합한 교육내용 및 활동을 통합적으로 구성 · 계획하고 있다.

(1) 지표별 평가기준

가. 1-1-1

1 교육계획안을 충실하게 작성하며, 효율적으로 활용하고 있다.

평가 요소	• 월, 주간 및 일일 주제들 간에 연계성이 있는가? • 일일 주제와 교육목표, 활동 내용 및 방법 등이 일치하는가? • 일일교육계획안에는 당일 소주제(또는 소단원 등), 시간대별 활동, 활동 목표, 준비물 및 방법, 평가내용이 포함되어 있는가? ※ 교사의 경력, 기관운영 특성 등에 따라 다양한 형태의 일일교육계획안 작성 • 일과활동 후, 일일교육계획(과정)에 대한 평가가 이루어지고 있으며 다음 교육계획에 반영하고 있는가? • 교육계획안을 작성 및 활용함에 있어서 교직원들 간의 사전협의-사후검토 등이 이루어지고 있는가?

❑ 평가방법

• 서면평가: 유치원 운영계획서, 자체평가보고서에 기록된 내용

• 현장평가

  – 교육계획안 자료 확인

  – 생활주제에 적합한 교육목표, 활동내용, 방법 등이 일치해야 한다.

  – 주제에 따른 구체적 평가 관점이 제시되고 일과에 대한 평가가 이루어져야 한다.

  – 동일 연령 교사들 간의 교사 협의기록을 제시하여야 한다.

❑ 관련자료

• 해당 연도 연간, 월간 교육계획안(현장평가 당일 교육계획안 포함).

• 교사 협의록

• 사전 · 사후 검토안

예시 1. 연간교육계획안
관련 지표: 교육과정 영역 1−1−1

월	생활주제	주 제
3	유치원과 친구	유치원의 환경과 생활 유치원에서의 친구 안전한 놀이와 생활
4	봄	봄
	나와 가족	나의 몸과 마음 소중한 나 가족의 구조와 문화 소중한 가족
5	우리 동네	우리 동네의 모습과 생활 우리 동네 이웃과 문화
	동·식물과 자연	동물과 자연(1) 동물과 자연(2) 식물과 자연
6	건강과 안전	즐거운 운동과 휴식 깨끗한 나와 환경 맛있는 음식과 건강
7	여름	물과 우리 생활 여름 여름방학
9	교통기관	교통수단 교통발달 교통안전과 생활
10	우리나라	우리나라 생활과 놀이 우리나라 역사 우리나라 자랑거리
	가을	가을
	세계 여러 나라	세계 여러 나라 사람들의 생활 세계의 자연현상과 사회현상
11	생활도구	생활도구의 종류 도구와 기계를 움직이는 힘 미디어 활용
12	환경과 생활	흙과 우리 생활 바람과 우리 생활 빛, 소리와 우리 생활
	겨울	겨울 겨울방학
2	초등학교에 가려면	즐거웠던 유치원 생활 초등학교에 가려면 유치원을 떠나요

check point

유아교육기관의 연간교육계획은 2007년 개정유치원 교육과정, 시 · 도교육청 교육계획, 학부모 설문조사를 통한 교육과정 평가, 전년도 연간 교육과정 운영과정 중 수정 보완한 자료 등을 종합하여 계획 · 수립하여야 한다.

예시 2. 주간교육계획안
관련 지표: 교육과정 영역 1-1-1

3월 2주 교육계획안

만 5세 (지혜반, 슬기반) ○○유치원 ☎ ○○○-○○○○

<table>
<tr><td colspan="2">주 제</td><td colspan="3">유치원의 환경과 생활</td><td>기간</td><td>3월 9일~3월 13일</td></tr>
<tr><td colspan="2">목 표</td><td colspan="5">유치원에 대한 관심을 갖고 즐겁게 유치원 생활에 적응한다.</td></tr>
<tr><td colspan="2">요일
활동내용</td><td>9일(월)</td><td>10일(화)</td><td>11일(수)</td><td>12일(목)</td><td>13일(금)</td></tr>
<tr><td rowspan="5">자유선택활동</td><td>언어</td><td colspan="5">선생님과 친구 이름 알기, 첫 글자가 같아요.</td></tr>
<tr><td>수·조작</td><td colspan="5">퍼즐 맞추기, 유치원에 안전하게 다녀요.</td></tr>
<tr><td>과학</td><td colspan="5">신발 정리하기(1:1 대응), 크기대로 놓아보기</td></tr>
<tr><td>조형</td><td colspan="5">선긋기, 내 이름, 점선 따라 그리기</td></tr>
<tr><td>역할 · 쌓기</td><td colspan="5">우리 유치원 만들기, 같은 모양 찾기</td></tr>
<tr><td rowspan="5">대·소집단활동</td><td>이야기 나누기</td><td>○○유치원</td><td>바르게 식사해요</td><td>유치원의 일과</td><td>화장실을 바르게 사용해요</td><td>내 물건은 내가 정리해요</td></tr>
<tr><td>음악활동</td><td colspan="5">유치원 원가, 유치원에 갑니다, 갈 때 인사, (음악 감상) 쇼팽의 장난감 교향곡</td></tr>
<tr><td>동화 · 동시</td><td colspan="5">(동화) 아기 코끼리 유치원, 영희와 장난감, (동시) 줄을 섭니다.</td></tr>
<tr><td>게임 · 신체</td><td colspan="5">선 따라 걸어보기, 아기 오리 걸음</td></tr>
<tr><td>미술 · 조형</td><td colspan="5">내 이름 꾸미기, 자유화 그리기, 색칠하기</td></tr>
<tr><td colspan="2">기본생활지도</td><td colspan="5">바르게 인사하기</td></tr>
<tr><td colspan="2">교통안전지도</td><td colspan="5">유치원 주변의 위험한 곳 알기</td></tr>
<tr><td colspan="2">가정통신</td><td colspan="5">♠ 사랑스러운 자녀들의 주석유치원 입학을 진심으로 축하드립니다.
3월은 원아들에게 유치원에 대한 호기심과 낯선 환경에 대한 불안감이 함께하는 달입니다. 자녀들이 유치원 생활에 잘 적응할 수 있도록 부모님의 세심한 배려와 관심 부탁드립니다.
♠ 월요일(9일)부터 급식을 실시하며 정규반 귀가 시간은 2시이오니 귀가 지도에 차질이 없으시기 바랍니다.
♠ 준비물과 제출 서류는 11일(수요일)까지 담임선생님께 꼭 보내주시기 바랍니다.
♠ 출석카드(원아수첩)의 원아증에 원아에 대한 정보를 꼭 기입해 보내주십시오.
(원아사진도 붙여 주세요)</td></tr>
</table>

check point

유아교육기관의 주간교육계획은 연간교육계획을 바탕으로 유아들의 이전 경험과 연령 및 흥미를 고려하여 활동을 선정하도록 한다. 주간교육계획안에는 교육목표, 자유선택활동, 이야기 나누기 등이 포함되어야 하며 가정에도 안내되어야 한다.

예시 3. 일일교육계획안
관련 지표: 교육과정 영역 1-1-1

반 이름	지혜반 (만 5세반)	시기	2009년 3월 9일 월요일	날짜	/199일
생활주제	유치원과 친구	주제	유치원의 환경과 생활	소주제	○○유치원
목 표	우리 유치원의 이름을 알고 우리 유치원에 관심을 갖는다.				
일일시간표	08:30 ~ 09:50 등원 및 자유선택활동 09:50 ~ 10:10 정리정돈 10:10 ~ 10:20 우유급식 10:20 ~ 10:40 이야기나누기(주석 유치원) 10:40 ~ 11:10 급식소 돌아보기 11:10 ~ 11:40 노래(원가 부르기) 11:40 ~ 12:20 점심식사 및 양치질하기 12:20 ~ 13:00 바깥놀이 13:00 ~ 13:30 조형(선 긋기) 13:30 ~ 13:50 기본생활습관지도(인사 바르게 하기) 13:50 ~ 14:00 평가 및 인사나누기				

시간/활동명	활동목표	활 동 내 용		자료 및 유의점	평가
		I 수준	II 수준		
등원 및 자유선택활동 08:30~09:50	장난감을 사용하고 제자리에 정리할 수 있다.	• 등원하여 선생님, 친구들과 인사를 나눈다. • 출석 카드에 출석스티커를 붙이고 바구니에 담아두는 방법을 개별지도 받는다. • 자기 사물함을 확인하고 옷과 가방을 정리한다. • 교실에 있는 놀이자료를 살펴보고 놀이하고 싶은 자료를 갖고 놀이한다. 〈언어〉 우리 유치원 〈수 · 조작〉 퍼즐 맞추기 〈과학〉 신발 정리하기, 크기대로 놓기 〈조형〉 선긋기, 점선 따라 그리기 〈역할 · 쌓기〉 우리 유치원 만들기 • 다른 영역에서 놀이하고 싶을 때는 가지고 놀던 장난감을 제자리에 정리한다. • 한 영역에 너무 많이 모여 소란스럽게 활동하지 않도록 한다.		출석 카드, 출석 스티커, 이름표, 자유 선택 활동 자료	
정리정돈 09:50~10:10	스스로 놀잇감을 정리할 수 있다.	• 〈장난감 치우기〉 노래에 맞춰 놀잇감을 정리한다. • 〈장난감 치우기〉 노래가 정리 음악임을 약속한다.		음악	
우유급식 및 책읽기 10:10~10:20	우유를 남기지 않고 마신다.	• 화장실에 가서 손을 씻은 후 교실에 와서 줄을 서서 우유를 가지고 모둠별로 앉는다. • 우유를 마신 후 읽고 싶은 책을 가져와서 읽는다.		우유, 책	
이야기나누기 (우리 유치원) 10:20~10:40	우리유치원의 이름을 알고 관심을 갖는다.	• 우리 친구들이 다니는 유치원의 이름과 반이름, 선생님의 이름에 대하여 이야기 나눈다. • 우리 유치원의 선생님과 친구들을 만나면 어떻게 해야 할지 이야기 나눈다. –인사를 합니다. • 인사는 어떻게 하는 것이 바른 태도일까? 해볼 수 있는 유아가 나와서 해본다. • 교사가 바른 인사 자세를 시범해 보이고 유아들이 따라한다.		이름 카드	

(계속)

급식소 돌아보기 10:40~11:10	급식소 가는 길과 식사하는 차례를 안다.	• 여자친구, 남자친구 두 줄로 서서 급식소로 간다. • 수저 꺼내는 방법, 식판 잡는 법, 식탁으로 가서 앉는 법, 식판과 의자, 수저 정리하는 법 등에 대해 알아본다.		
노래 (원가) 11:10~11:40	노랫말의 내용을 이해하고 리듬에 맞춰 따라 부를 수 있다.	• 〈원가〉를 들려주고 아는 유아가 있는지 물어본다. • 아는 유아는 따라 불러보고 모르는 유아들을 위해 한 소절씩 따라 부른다.	노랫말 악보	
점심식사 및 양치질하기 11:40~12:20	바른 식사태도로 음식을 골고루 먹는다. 양치질을 하고 바르게 정리한다.	• 두 줄로 차례대로 배식 받아서 자리에 앉아 온 순서대로 식사한다. • 가능한 골고루 다 맛보고 밥은 남기지 않는다. • 검사를 맡고 남은 잔반은 한 곳에 모으고, 의자정리를 한 후 식판과 수저를 정리한다. • 화장실에서 양치질을 한 후 치약 등을 정리하고 먼저 교실에 온 유아는 책을 본다.	식판, 수저 등	
바깥 놀이 정리 정돈 12:20~13:00	안전 규칙을 지키며 놀이할 수 있다.	• 자유롭게 놀이터 놀이를 한다. • 다른 친구들에게 모래를 뿌리지 않도록 하고 위험한 놀이를 하지 않도록 지도한다. • 놀이터 밖으로 나가지 않도록 주의한다. • 놀이가 끝나면 신발과 옷의 모래를 다 털어낸 후 화장실에 가서 손을 씻고 교실로 간다.		
조형 (선긋기) 13:00~13:30	눈과 손의 협응을 통해 선을 바르게 그을 수 있다.	• 선을 왼쪽에서 오른쪽으로 긋는 연습을 손으로 해본다. • 활동지에 선을 긋고 그림을 색칠한다. • 다 한 유아는 자리를 정리하고 손을 씻는다.	선긋기 활동지	
기본생활습관 (인사하기) 13:30~13:50	바르게 인사하는 방법을 안다.	• 바르게 인사하는 방법에 대하여 이야기 나눈다. −유아가 시범을 보인다. • 두 손을 배 앞에 모으고 큰 소리로 인사를 한다.		
평가 및 귀가지도 13:50−14:00	하루활동을 반성할 수 있다.	• 오늘 했던 활동들을 회상하고 느낌을 이야기해 본다. • 수첩을 나누어 주고 '안녕' 노래를 한다. • 즐겁게 귀가하고 내일 반갑게 만나기로 약속하고 인사한다.		
총평	• 쌓기 영역과 역할놀이 영역 통합 활동이 덜 이루어지는 편이다. 좀 더 활발한 활동연계를 위하여 다양한 재료를 제공해야겠다. • ○○와 ○○이가 자유선택활동에 적극적으로 참여하지 않는다. 내일부터는 원인을 알아보기 위해 보다 세심하게 관찰하여 일화기록을 작성해야겠다.			

check point

유아교육기관의 일일교육계획안에는 당일 소주제, 시간대별 활동, 활동목표, 준비물, 방법, 평가내용이 포함되어야 한다.

예시 4. 교육과정의 연계성

관련 지표: 교육과정 영역 1-1-1

주간교육계획안(예시)

<table>
<tr><th colspan="2">주 제</th><td colspan="3">유치원의 환경과 생활</td><th>기간</th><td>3월 9일~3월 13일</td></tr>
<tr><th colspan="2">목 표</th><td colspan="5">유치원에 대한 관심을 갖고 즐겁게 유치원 생활에 적응한다.</td></tr>
<tr><th colspan="2">요일 / 활동내용</th><td>9일(월)</td><td>10일(화)</td><td>11일(수)</td><td>12일(목)</td><td>13일(금)</td></tr>
<tr><th rowspan="5">자유선택활동</th><th>언어</th><td colspan="5">선생님과 친구 이름 알기, 첫 글자가 같아요.</td></tr>
<tr><th>수조작</th><td colspan="5">퍼즐 맞추기, 유치원에 안전하게 다녀요.</td></tr>
<tr><th>과학</th><td colspan="5">신발 정리하기(1:1 대응), 크기대로 놓아보기</td></tr>
<tr><th>조형</th><td colspan="5">선긋기, 내 이름, 점선 따라 그리기</td></tr>
<tr><th>역할 · 쌓기</th><td colspan="5">우리 유치원 만들기, 같은 모양 찾기</td></tr>
<tr><th rowspan="5">대 · 소집단활동</th><th>이야기 나누기</th><td>○○유치원</td><td>바르게 인사해요</td><td>유치원의 일과</td><td>화장실을 바르게 사용해요</td><td>내 물건은 내가 정리해요</td></tr>
<tr><th>음악활동</th><td colspan="5">유치원 원가, 유치원에 갑니다, 갈 때 인사, (음악 감상) 쇼팽의 장난감 교향곡</td></tr>
<tr><th>동화 · 동시</th><td colspan="5">(동화) 아기 코끼리 유치원, 영희와 장난감, (동시) 줄을 섭니다.</td></tr>
<tr><th>게임 · 신체</th><td colspan="5">선 따라 걸어보기, 아기 오리 걸음</td></tr>
<tr><th>미술 · 조형</th><td colspan="5">내 이름 꾸미기, 자유화 그리기, 색칠하기</td></tr>
<tr><th colspan="2">기본생활지도</th><td colspan="5">바르게 인사하기</td></tr>
<tr><th colspan="2">교통안전지도</th><td colspan="5">유치원 주변의 위험한 곳 알기</td></tr>
<tr><th colspan="2">가정통신</th><td colspan="5">♠ 사랑스러운 자녀들의 주석유치원 입학을 진심으로 축하드립니다.
3월은 원아들에게 유치원에 대한 호기심과 낯선 환경에 대한 불안감이 함께 하는 달입니다. 자녀들이 유치원 생활에 잘 적응할 수 있도록 부모님의 세심한 배려와 관심 부탁드립니다.
♠ 월요일(9일)부터 급식을 실시하며 정규반 귀가 시간은 2시이오니 귀가 지도에 차질이 없으시기 바랍니다.
♠ 준비물과 제출 서류는 11일(수요일)까지 담임선생님께 꼭 보내주시기 바랍니다.
♠ 출석카드(원아수첩)의 원아증에 원아에 대한 정보를 꼭 기입해 보내주십시오.
(원아사진도 붙여 주세요)</td></tr>
</table>

일일활동계획안(예시)

<table>
<tr><th>반 이름</th><td>지혜반 (만 5세반)</td><th>시기</th><td>2009년 3월 9일 월요일</td><th>날짜</th><td colspan="2">/199일</td></tr>
<tr><th>생활주제</th><td>유치원과 친구</td><th>주제</th><td>유치원의 환경과 생활</td><th>소주제</th><td colspan="2">○○유치원</td></tr>
<tr><th>목 표</th><td colspan="6">우리 유치원의 이름을 알고 우리 유치원에 관심을 갖는다.</td></tr>
<tr><th>일일시간표</th><td colspan="6">08:30 ~ 09:50 등원 및 자유선택활동
09:50 ~ 10:10 정리정돈
10:10 ~ 10:20 우유급식
10:20 ~ 10:40 이야기나누기(주석 유치원)
10:40 ~ 11:10 급식소 돌아보기
11:10 ~ 11:40 노래(원가 부르기)
11:40 ~ 12:20 점심식사 및 양치질하기
12:20 ~ 13:00 바깥놀이
13:00 ~ 13:30 조형(선 긋기)
13:30 ~ 13:50 기본생활습관지도(인사 바르게 하기)
13:50 ~ 14:00 평가 및 인사나누기</td></tr>
<tr><th rowspan="2">시간/활동명</th><th rowspan="2">활동목표</th><th colspan="2">활 동 내 용</th><th colspan="2" rowspan="2">자료 및 유의점</th><th rowspan="2">평가</th></tr>
<tr><th>I 수준</th><th>II 수준</th></tr>
<tr><td>등원 및 자유선택활동 08:30~09:50</td><td>장난감을 사용하고 제자리에 정리할 수 있다.</td><td colspan="2">• 등원하여 선생님, 친구들과 인사를 나눈다.
• 출석 카드에 출석스티커를 붙이고 바구니에 담아두는 방법을 개별지도 받는다.
• 자기 사물함을 확인하고 옷과 가방을 정리한다.
• 교실에 있는 놀이자료를 살펴보고 놀이하고 싶은 자료를 갖고 놀이한다.
〈언어〉 우리 유치원
〈수조작〉 퍼즐 맞추기
〈과학〉 신발 정리하기, 크기대로 놓기
〈조형〉 선긋기, 점선 따라 그리기
〈역할 · 쌓기〉 우리 유치원 만들기
• 다른 영역에서 놀이하고 싶을 때는 가지고 놀던 장난감을 제자리에 정리한다.
• 한 영역에 너무 많이 모여 소란스럽게 활동하지 않도록 한다.</td><td colspan="2">출석카드, 출석스티커, 이름표 자유선택활동 자료</td><td></td></tr>
<tr><td>정리정돈 09:50~10:10</td><td>스스로 놀잇감을 정리할 수 있다.</td><td colspan="2">• 〈장난감 치우기〉 노래에 맞춰 놀잇감을 정리한다.
• 〈장난감 치우기〉 노래가 정리 음악임을 약속한다.</td><td colspan="2">음악</td><td></td></tr>
<tr><td>우유급식 및 책읽기 10:10~10:20</td><td>우유를 남기지 않고 마신다.</td><td colspan="2">• 화장실에 가서 손을 씻은 후 교실에 와서 줄을 서서 우유를 가지고 모둠별로 앉는다.
• 우유를 마신 후 읽고 싶은 책을 가져와서 읽는다.</td><td colspan="2">우유 책</td><td></td></tr>
<tr><td>이야기나누기 (우리 유치원) 10:20~10:40</td><td>우리유치원의 이름을 알고 관심을 갖는다.</td><td colspan="2">• 우리 친구들이 다니는 유치원의 이름과 반이름, 선생님의 이름에 대하여 이야기 나눈다.
• 우리 유치원의 선생님과 친구들을 만나면 어떻게 해야 할지 이야기 나눈다.
-인사를 합니다.
• 인사는 어떻게 하는 것이 바른 태도일까? 해볼 수 있는 유아가 나와서 해본다.
• 교사가 바른 인사 자세를 시범해 보이고 유아들이 따라한다.</td><td colspan="2">이름 카드</td><td></td></tr>
</table>

check point

유아교육기관의 교육과정은 월, 주, 일일활동이 연계를 가지고 계획 · 실행되어야 한다. 따라서 일일교육계획안을 작성할 때에는 주간계획에 따라 이루어질 구체적 활동들을 중심으로 교사-유아 간의 이루어질 상호작용과 필요한 자료 등을 포함하여 작성하여야 한다. 또한 교육과정의 연계성을 고려하여 예시 4에서처럼 주간교육계획에 따른 일일활동을 계획 · 실행한다.

예시 5. 교사 협의록
관련 지표: 교육과정 영역 1-1-1

교사 협의록	
	________년 ___월 ___일 _____요일
주 제	
협 의 내 용	
	주 요 내 용
사전 협의	□ □ □ □ □ □
사후 협의	□ □ □ □ □ □
일반화 내용	□ □ □

check point

교육계획안의 작성·활용에 따른 사전협의-사후검토 등을 전 교직원 또는 동일 연령의 교사들이 협의한 내용을 기록한다. 여기서 교사 협의록에서 나눈 협의 내용은 다음 교육계획에 반영되어야 하며 매주 이루어지는 것이 바람직하다. 사전 계획대로 이루어진 경우와 어떠한 이유로 계획이 변경되었는지에 대해 빨간색으로 표시하여 다음 계획할 때 참고하기 쉽도록 한다. 교사 협의록 양식은 원의 사정에 따라 달라질 수 있다.

예시 6. 유치원 교육과정 평가표
관련 지표: 교육과정 영역 1-1-1

2009학년도 유치원 교육과정 평가표(교사용)

(3: 매우 우수 2: 보통 1: 검토요망)

○○○유치원	일시: 200 년 월 일	평가자: ______			
영역	평가항목	평점			특기사항
		3	2	1	
교육계획수립	1. 유치원 교육과정을 국가수준의 교육과정과 시의 교육과정 편성 · 운영 지침에 의거하여 유치원 실정에 맞게 편성 · 운영하고 있다. 2. 유치원 교육내용을 유아 발달 수준에 맞게 수준별로 계획하여 지도하고 있다. 3. 유치원 교육계획을 국가 사회의 요구와 유치원 실정에 맞게 교사와 공동협의에 의해 수립하고 있다. 4. 연간 교육 일수 및 시간 계획이 적절하다. 5. 연(월)간, 주간, 일일교육계획안을 수립하고 있다. 6. 유아의 발달 수준, 유치원 특성을 고려한 교육계획을 수립하고 있다.				
기본생활습관교육	7. 예절, 질서, 절제, 청결 공동체의식 등 기본 생활교육이 지속적으로 이루어지고 있다. 8. 교육과정과 관련된 기본생활 교육이 이루어지고 있다. 9. 주변 환경 보전을 위한 실천지도가 이루어지고 있다. 10. 등, 하원 시 교통안전 교육을 강화하여 실천하고 있다.				
교수학습활동	11. 교육과정의 5개 영역이 놀이 중심으로 통합 운영되고 있다. 12. 유아의 흥미, 발달수준에 맞게 활동이 다양하고 효율적으로 운영되고 있다. 13. 교육활동이 균형 있는 일과 운영으로 이루어지고 있다. 14. 교육내용과 관련된 적절한 현장학습이 이루어지고 있다.				
평가활동	15. 교육목표 및 내용에 적합하며 다양한 방법으로 평가가 이루어지고 있다. 16. 각종 평가결과를 누가적으로 기록, 보관하며 교육적인 활용이 이루어지고 있다. 17. 유치원 교육의 프로그램 전반에 대한 「계획 → 실시 → 평가」가 다음 교육계획에 반영된다.				

(계속)

교육 환경 및 시설 관리	18. 자료대장을 비치하여 개발 보급된 자료를 효율적으로 활용하고 있다. 19. 학교 교구 설비 기준(제4호)에 의거 교재 교구가 충분히 확보, 활용이 이루어지고 있다. 20. 개인 사물함이 비치되어 있으며 대집단 활동 공간이 확보되어 있다. 21. 실내 환기, 온도, 조명 상태가 적절하다. 22. 유치원 건물, 시설 · 설비가 안전하며 안전점검 및 보수, 안전사고 예방이 철저하게 이루어지고 있다.				
부모 교육	23. 부모수준 및 특성에 따른 다양한 부모교육 프로그램을 구안 적용하고 있다. 24. 미취원 유아의 부모를 대상으로 한 예비학부모교육을 실시하고 있다. 25. 유치원과 가정과의 연계를 통한 유아교육을 위해 교육계획서 및 유아 학습평가 결과를 가정에 통지하고 있다				
종합 평가					

check point

유치원 교육과정 평가표는 유치원에서 학기말 전 교직원들과 함께 유치원의 교육과정과 관련된 항목들에 평가를 시행함으로써 질 높은 교육과정의 전개를 도울 수 있다. 기관의 특성과 유형, 필요에 따른 항목을 변경하여 사용하도록 한다.

예시 7. 유치원 교육과정 평가 설문지
관련지표: 교육과정 영역 1-1-1

2009학년도 유치원 교육과정 평가 설문지(학부모용)

안녕하십니까?

2009학년도 본교 교육과정에 지역의 현실을 반영하고 유치원 경영 및 학급 운영을 좀 더 알차게 편성 · 운영하고자 학부모님을 대상으로 설문지를 내게 되었습니다.

이 설문 내용은 교육과정 편성 자료로만 활용할 계획이오니 솔직하고 성실하게 답변하여 자녀 편으로 보내주시기를 부탁드립니다.

2009. ○○. ○○. ○○○ 유치원장

※ 해당 칸에 ∨를 해 주시기 바랍니다.

- 설문응답자: 부( ), 모( ), 조부모( ), 기타( )
- 자녀의 현재 나이 (2009학년도): 만 3세( ), 만 4세( ), 만 5세( )
- 경제활동 주체: 맞벌이( ), 부( ), 모( ), 기타( )

※ ( ) 안에 간략히 기록해 주시기 바랍니다.

- 부모님 직업: 부(농업, 자영업 , 회사원 , 기사 , 공무원 , 서비스업, 기타)
  모(농업, 회사원 , 공무원 , 사무원, 기타)

※ 아래의 문항 한 곳에만 번호에 ∨표를 해 주십시오. 기타( )에는 의견을 적어주시기 바랍니다.

1. 본원의 여러 교육활동 중 가장 잘하고 있다고 생각되는 교육활동을 골라 주십시오.
   ① 기본생활습관지도 ② 책보기 창의성 활동 ③ 부모교육
   ④ 현장 체험학습 ⑤ 자유선택활동 ⑥ 주말 지낸 이야기

2. 자녀의 유치원 생활 중에서 학부모님이 가장 관심을 갖고 계시는 부분은 무엇입니까?
   ① 창의성 ② 친구관계 ③ 바른 인성
   ④ 독서교육 ⑤ 놀이활동
   ⑥ 기타 ( )

3. 어떤 선생님이 담임선생님이 되었으면 좋겠습니까?
   ① 기본 생활습관을 잘 정착시키는 선생님 ② 친절하고 명랑한 선생님
   ③ 교육 연구를 열심히 하시는 선생님 ④ 특기를 길러주는 선생님
   ⑤ 올바른 행동을 중요시하는 선생님
   ⑥ 기타 ( )

4. 유치원에서 제공하는 '학습 준비물'에 대해 어떻게 생각하십니까?
   ① 많은 도움이 된다. ② 조금 도움이 된다. ③ 그저 그렇다.
   ④ 도움이 되지 않는다. ⑤ 거의 도움이 되지 않는다.

5. 종일반 일과 운영에 대해 어떻게 생각하십니까?
   ① 매우 좋다. ② 좋다. ③ 그저 그렇다.
   ④ 좋지 않다. ⑤ 기타 ( )

6. 본원의 '유치원 급식'에 대하여 어떻게 생각하십니까?
   ① 매우 좋다. ② 좋다. ③ 그저 그렇다.
   ④ 좋지 않다. ⑤ 아주 안 좋다.
   –급식이 좋지 않다면 이유는 무엇입니까?
   ( )

7. 자녀들의 문해교육(읽기, 쓰기)은 어떤 방법이 좋다고 생각합니까?
   ① 직접 읽기, 쓰기 지도를 해야 한다.
   ② 자연스럽게 유치원 활동 중에 읽기, 쓰기를 경험하게 한다.
   ③ 책보기 활동을 통한 읽기, 쓰기 지도를 해야 한다.
   ④ 유치원에서는 읽기, 쓰기 지도가 필요 없다.

8. 자녀를 학원에 보내고 있습니까?
   ① 보내지 않는다. ② 1곳 ③ 2곳 ④ 3곳 이상
   –학원에 보내고 있다면, 보내는 이유를 간단히 적어 주세요.
   ( )

9. 다른 기관에서 실시하고 있는 학예 발표회(운동회, 민속의 날 등)에 대하여 어떻게 생각하십니까?
   ① 본원도 해야 한다. ② 현재대로 실시하지 않는 것이 좋다.

10. 본원만의 독특한 교육이 필요하다면 어떤 교육이었으면 좋겠습니까?
   ① 칭찬 받는 어린이를 위한 인성교육
   ② 책보기 활동을 통한 창의성 신장 교육
   ③ 지역 여건을 활용한 체험 중심의 학습
   ④ 유아들의 일일활동 시간을 늘리는 것
   기타 ( )

11. 소풍을 포함한 현장 체험 학습 활동에 대해 어떻게 생각하십니까?
   ① 학부모가 비용을 부담하더라도 볼 것이 많은 곳으로 가면 좋겠다.
   ② 비용이 들지 않는 가까운 곳으로 가면 좋겠다.
   ③ 기타 ( )

12. 앞으로 본원의 현장 체험 학습 활동의 연간 실시 횟수는 어느 정도가 적당하다고 생각하십니까?
① 주 1회 정도 ② 월 1회 정도 ③ 월 2회 정도
④ 연 2회 정도 ⑤ 전학년도 수준

13. 유치원 교육활동 중에 원아의 잘못이 있을 때, 체벌에 대한 학부모님의 의견은 어떻습니까?
① 매우 찬성한다. ② 찬성한다.
③ 약간은 필요하다. ④ 전혀 필요 없다.

14. 교사, 학부모와의 상담은 어떤 방법이 가장 적합하다고 생각됩니까?
① 학부모가 시간 날 때 수시로 ② 담임 교사가 필요 시 요청할 때
③ 정기적인 학부모의 모임이 있을 때 ④ 학기 초 면담 형태가 바람직하다.
⑤ 기타 ( )

15. 앞으로 부모교육을 실시할 때 어떤 방법이 적당하다고 생각하십니까?
① 가정 통신문을 통한 부모교육 ② 정기적으로 부모교육을 실시
③ 강연회 등 강사를 초빙한 부모교육 ④ 레크리에이션 및 워크숍을 통한 부모교육

16. 부모교육을 실시한다면 연간 실시 횟수는 어느 정도가 적당하다고 생각하십니까?
① 월 1회 ② 연 2회 ③ 연 4회
④ 기타(원하시는 횟수 기록해 주세요):

17. '학부모 참여 수업의 날' 실시에 대하여 어떻게 생각하십니까?
① 매우 좋다. ② 좋다. ③ 그저 그렇다.
④ 좋지 않다. ⑤ 아주 안 좋다.

18. 가정교육에서 가장 중점을 두는 사항은 무엇인지 세 가지만 1, 2, 3으로 표시해 주시기 바랍니다.
① __예절교육 ② __창의성교육 ③ __안전교육
④ __환경교육 ⑤ __독서교육 ⑥ __경제교육
⑦ __사회성교육 ⑧ __학습지도 ⑨ __기타

※ 기타 유치원의 교육활동에 관하여 건의하고 싶은 사항이 있다면 간단히 적어주시기 바랍니다.

성실한 답변에 감사드립니다.

check point

유치원 경영 및 학급운영의 질적인 편성·운영을 위해 학부모를 대상으로 설문지를 보낼 수 있다. 각 기관의 특징, 유형, 지역 특징 등을 고려하여 질문의 내용을 수정하도록 한다. 유치원 교육과정 평가에 대한 부모들의 의견은 교육계획을 수립할 때 적극적으로 반영함으로써 더욱 질 높은 교육과정을 운영해야 한다.

예시 8. 일일교육계획안
관련 지표: 교육과정 영역 1-1-1

반 이름	해님반	시 기	2009년 3월 26일 (월)	수업일수	/199 일
생활 주제	유치원과 친구	주 제	유치원에서의 친구	소 주 제	친구의 다른 점과 같은 점
목 표	• 친구와 같은 점, 다른 점이 있음을 안다. • 친구의 소중함을 알고, 서로 도우며 사이좋게 지낸다.				
일일 시간표	8:40~ 9:00 등원 9:00~ 9:50 놀이 계획 및 자유 선택활동 9:50~10:00 정리정돈 10:00~10:10 우유 간식 10:10~10:30 이야기 나누기(친구와 같은 점, 다른 점) 10:30~11:05 게임(우리 친구를 찾아주세요) 11:05~11:40 실외 놀이(친구와 그림자놀이 하기) 11:40~12:50 급식, 양치질 12:50~01:20 동화(마음씨 고운 곰돌이) 평가 및 귀가 01:20~01:30 평가 및 귀가				

활 동 명	활동목표	활동내용	자료 및 유의점	평 가
8:40~9:00 등원	바르게 인사한다.	• 유아를 맞이하면서 유아의 상태(기분, 건강 등) 를 살핀다. • 오늘의 날짜를 알아본다. • 오늘의 활동을 소개한다.	달력 오늘의 활동판	
9:40~10:30 놀이계획 및 자유선택 활동	• 친구와 함께 집을 만들고 꾸며본다. • 놀잇감을 안전하게 다루는 방법을 안다. • 친구의 특징에 대해 알아본다. • 친구의 이름을 알고 이야기 할 수 있다. • 빨대를 이용하여 바람을 만들 수 있다. • 친구의 모습을 다양한 재료로 꾸민다.	[쌓기놀이 영역] 친구와 함께 집만들기 • 블록으로 구성할 수 있는 것에 대하여 이야기 해본 후 협력하여 블록으로 집을 만들어 본다. • 완성된 집으로 놀이를 해본 후, 극놀이가 끝난 후 함께 치우도록 격려한다. [역할놀이 영역] 놀잇감 수선소 놀이 • 블록과 종이 벽돌을 이용하여 놀잇감 수선소를 만든다. • 놀잇감을 안전하게 다루는 방법에 대해 이야기 나눈다. [언어 영역] 컴퓨터 상자와 친구이름 카드 • 컴퓨터 상자를 살펴보면서 사용방법에 대하여 알아본 후 친구 이름 카드를 선택하여 그 친구의 특징을 이야기한다. [수 · 조작놀이 영역] 친구 모습 카드 짝짓기(Ⅱ수준) • 친구들의 얼굴이 보이도록 사진 카드를 펼쳐 놓는다. • 같은 사진의 짝을 찾으면, 친구의 이름을 말하며 가져간다. [과학 영역] 빨대로 불기 게임 • 빨대를 불면서 빨대 끝에 손가락을 붙였다 뗐다 하면서 바람소리를 탐색해 본다. • 탁구공을 빨대로 움직여 본다. [조형 영역] 손잡은 친구들 • 손잡은 친구를 만드는 방법을 알려준 후 유아가 만든 것을 게시판이나 복도에 전시해 두고 친구이름을 익히게 한다.	스스로 활동을 계획하기 어려운 유아는 교사가 도와준다.	

(계속)

9:50~10:00 정리정돈	스스로 정리할 수 있다.	• 신호음이 들리면 놀잇감을 정리한다.	화장실 다녀오기	
10:00~10:10 우유간식	손을 깨끗이 씻는다.	• 우유 간식을 먹는다.	우유	바르게 자리에 앉아서 우유를 먹을 수 있도록 한다.
10:10~10:30 이야기 나누기	친구들의 특징에 대해 관심을 갖고 나와 다른 점과 같은 점에 대해 알아본다.	〈친구와 같은 점, 다른 점〉 • 자유선택 활동시간에 함께 놀이한 친구들에 대하여 이야기해 본다. • 자기의 특징, 생김새, 옷차림 등 특별하게 느끼는 것을 한 가지씩 소개한다. • 나와 친구들은 어떤 것들이 같고 다른지를 생각하여 본다. –신체적 특징, 남자/여자와 여자/성격/능력 • 사람마다 여러 가지로 다른 점이 많다는 것을 이야기한다.		봄과 관련된 노래를 즐거워함, 나비나 벌 등 특정주제의 노래도 가르쳐야겠다.
10:30~11:05 게임	즐겁게 게임에 참여한다.	〈우리친구를 찾아주세요〉(Ⅱ수준) • 원 대형으로 앉아 게임 방법을 소개한다. –옷차림, 머리모양, 생김새의 특성 등 외형적인 특징을 듣고, 누구인지 알아맞히는 게임임을 알려준다. • 게임 시 지켜야 할 약속을 알아본다. • 게임을 해본다. –교사가 먼저 술래가 되어 찾고자 하는 유아의 특지을 이야기하며 시작한다. –유아들은 해당되는 친구를 알아맞힌다. –친구를 맞힌 유아가 다음 술래가 된다. • 게임에 대한 평가를 해본다.		
11:05~11:40 실외 놀이	그림자가 생기는 이유에 대해 알아본다.	〈그림자 놀이〉 • 그림자놀이를 하는 데 필요한 물체를 직접 찾아오게 한다.		
11:40~12:50 급식, 양치질	손을 깨끗이 씻는다	• 급식을 한다. • 양치질을 한다.		
12:50~01:20 동화 평가 및 귀가	동화를 심미감 있게 감상한다.	〈마음씨 고운 곰돌이〉 • 준비한 배경판 앞에서 동화를 듣는다. • 동화를 듣고 난 후 느낌을 이야기한다. * 출처: 제5차 유치원교육활동지도자료 '유치원 · 나 · 친구'		동화를 듣기 전에 음악을 틀어 유아들이 몰입이 쉽도록 도와야겠다

(계속)

01:20~01:30 평가 및 귀가	자신의 느낌과 생각을 적절히 표현한다.	• 유치원에서 하루 동안 있었던 일을 스스로 평가해 본다. • 보행안전규칙 지키기		
총 평	• 쌓기놀이 영역에서 블록과 함께 아이들이 확장활동을 할 수 있는 다양한 모양 블록과 소품들을 제공해야겠다. • 우유를 마실 때 돌아다니면서 먹는 유아가 자꾸만 있다. ㅇㅇ와 ㅇㅇ가 우유를 쏟았다. 바른 자세로 앉아서 먹을 수 있도록 지도해야겠다.			

check point

일일교육계획안의 평가란을 통해 일일활동에 대한 기록을 한 후, 다음 활동을 계획하는 데 반영한다. 여기서 일일계획이 계획대로 잘 진행되었는지 아니면 어떠한 이유로 다른 계획으로 변경되었는지 기록하도록 한다. 이런 과정은 일일교육계획안이 단지 계획으로 그치는 것이 아닌 교사들이 자신의 수업을 돌아보고 잘된 점과 보완이 필요한 점, 잘못 계획한 점 등에 대한 분석이 이루어질 수 있다.

나. 1-1-2

2 유아교육에 적합한 교육 내용 및 활동을 통합적으로 구성 · 계획하고 있다.

평가 요소	교육 내용 및 활동은 국가 유치원 교육과정의 내용과 수준(공통, Ⅰ, Ⅱ 수준)에 근거하여 유아의 발달 수준(연령별로)에 적합하게 선정하고 있는가?

❑ 평가방법

• 서면평가: 유치원 운영계획서, 자체평가보고서에 기록된 내용

• 현장평가

 – 교육계획안 자료 확인

 – 교육계획안 준비, 작성 및 활용에 대한 교사 면담

 – 국가수준에 근거하여 수준별 교육내용 및 활동이 적용되어야 함.

 – 월, 주간, 일일교육계획안이 생활주제별, 발달 영역별로 연계성을 가지며 통합적으로 구성되어야 함.

❑ 관련자료

해당 연도 연간, 월간교육계획안(현장평가 당일 교육계획안 포함)

예시 9. 일일교육계획안

관련지표 교육과정 영역 1-1-2

<table>
<tr><th>학 급 명</th><td>열매반</td><th>유아연령</th><td>5세</td><th>지도교사</th><td></td><th>일시</th><td>2008. 10.29.(수)</td></tr>
<tr><th>생활주제</th><td colspan="3">가을</td><th>주 제</th><td colspan="3">여러 종류의 나뭇잎이 있어요</td></tr>
<tr><th>활동목표</th><td colspan="7">1수준: 여러 가지 나뭇잎에 관심을 갖는다.
2수준: 여러 종류의 나뭇잎이 있음을 안다.</td></tr>
</table>

<table>
<tr><th rowspan="2">시간/활동명</th><th rowspan="2">활동 목표</th><th colspan="2">활 동 내 용</th><th rowspan="2">준 비 물</th></tr>
<tr><th>I 수준</th><th>II수준</th></tr>
<tr><td>등원 및 인사
(~09:10)</td><td>• 선생님과 친구들과 바르게 인사한다.</td><td colspan="2">• 등원하는 유아와 반갑게 인사를 나눈다.
-사물함에 소지품을 정리한다.
-〈사랑의 대화장〉에 날짜스티커 붙이고 자신의 자리에 정리한다.
-다른 친구들이 등원할 때까지 조용한 놀이를 하면서 기다린다.
-신호음악이 울리면 쌓기 영역에 모여 앉는다.</td><td>신호
음악</td></tr>
<tr><td>출석확인 및
일과소개
(09:10~09:20)</td><td>• 유치원에서의 하루 일과 순서를 안다.</td><td colspan="2">• '안녕' 노래 인사 부르며 인사나누기
-오늘의 날짜, 요일 및 날씨를 알아보고 출석을 부른다.
-꼬마 선생님 역할을 맡은 유아들은 자신의 역할을 말한다.
-간식방 꼬마 선생님은 오늘의 간식 메뉴를 소개한다.
• 하루 일과를 소개한다.
-일과표를 보며 함께 일과를 알아본다.</td><td>출석카드,
일과표</td></tr>
<tr><td>새로운 놀이
소개
(09:20~09:40)</td><td>• 새롭게 소개된 놀이의 활동 방법을 안다.</td><td colspan="2">• 새로운 놀이를 소개한다.
-놀이 활동을 계획한다.
• 자유선택활동을 한다.
-3~4개의 놀이를 선택하여 놀이계획표에 표시한 후 영역별로 활동한다.</td><td></td></tr>
<tr><td rowspan="3">자유선택
활동
(09:40~10:40)</td><td rowspan="2">• 나뭇잎의 여행 동화를 듣고 뒷이야기를 창의적으로 꾸밀 수 있다.</td><td colspan="2">[언어] 나뭇잎의 여행 동화 뒷이야기 만들기
• 전날 들었던 나뭇잎의 여행 동화 속에서 나온 나뭇잎들이 무엇으로 변했는지 말해본다.
• 다양한 모양과 색깔의 나뭇잎을 살펴본다.
• 집과 유치원에서 모은 나뭇잎으로 그림을 구성하고 미완성 뒷이야기를 지어본다.</td><td rowspan="2">유치원에서 모은 여러 종류의 나뭇잎, 필기도구, 지우개, 색칠도구</td></tr>
<tr><td></td><td>• 조형영역에서 나뭇잎으로 구성한 자신의 작품을 이용하여 동화를 만든다.</td></tr>
<tr><td>• 다양한 나뭇잎의 모양과 색깔을 구분한다.</td><td colspan="2">[수·조작] 나뭇잎 기억하기
• 자신의 깃발 색깔을 결정하고 차례를 정한다.
• 여러 가지 색깔과 모양의 나뭇잎이 숨겨신 작은 킵을 2개씩 뒤집는다.</td><td>나뭇잎 기억하기 작은 컵 20개, 나뭇잎 그림 20개</td></tr>
</table>

check point

유아교육기관에서는 개별 유아의 수준과 흥미를 고려하여 개별 활동과 대·소집단 활동의 내용 및 교구를 제시하여야 한다. 따라서 단위 유치원 및 지역의 특성, 유아의 발달수준을 고려하여 교육내용을 선정하여야 한다. 즉, 교육계획안 계획단계에서 공통, I, II수준을 고려하여 교육내용을 선정하도록 한다.

Tip 교육계획 및 운영

유아교육기관에서 교사가 가장 중요한 역할 중의 하나가 교육 프로그램을 계획하고 운영하는 것이다. 교육계획은 유아교육기관의 교육철학과 교사의 교육철학 그리고 신념을 반영한 것이어야 한다. 교육이 의도하는 교육목표를 효과적으로 달성하기 위해서는 연간교육계획, 월간교육계획, 주간교육계획, 일일교육계획, 부분수업계획 등이 선행되어야 한다. 교육계획은 유아교육의 실제에 있어서 중요한 부분이며 따라서 교육계획은 유아의 발달과 흥미, 유아교육기관과 지역의 특성 등을 고려하여 계획한다.

유아의 발달에 적합하고 효율적인 교육이 이루어지기 위해 교육을 계획하고 운영하기 위하여 고려해야 할 점은 다음과 같다(유민임, 2009).

첫째, 유아교육기관에서 지향하는 교육목표를 설정하고 이에 따른 교육계획을 수립한다. 국가수준의 교육과정에서 추구하는 교육이념, 인간상, 교육목표를 바탕으로 유아교육기관에서 지향하는 교육 프로그램을 계획하여야 한다.

둘째, 연령과 발달에 적합한 교육계획을 하여야 한다. 교육의 계획과 운영은 유아의 연령과 발달에 적합하고, 모든 영역을 균형있게 다루도록 선정하여야 한다. 유아의 발달수준을 고려하지 않은 교육계획은 좋은 교육 프로그램이라 할 수 없다.

셋째, 교육계획은 융통성이 있어야 한다. 연간과 월간교육계획안은 상황과 환경에 따라 융통성있게 변화할 수 있어야 한다. 그러나 주간과 일일 교육계획안은 보다 구체적으로 수립하여 계획대로 실행될 수 있도록 해야 한다.

● 연간교육계획

연간교육계획은 유아교육기관에서 1년 동안 이루어지는 교육 프로그램으로 기관의 전체 교육의 내용이 담겨있는 교육운영 전반에 대한 윤곽이라고 볼 수 있다.

연간교육계획을 작성할 때 고려해야 할 점은 다음과 같다(교육부, 2000).

첫째, 연간교육계획은 신 학년이 시작되기 전 2월 중순경에 전체 교사 회의에서 수립한다. 이에 앞서 전 학년도 연간교육계획과 결과에 대한 총괄적인 평가가 이루어져야 한다.

둘째, 연간교육계획에 기초하여 월간교육계획안과 주간교육계획안을 작성하도록 한다. 따라서 연간교육계획안, 주간교육계획안과 일일교육계획안은 계열성과 연계성이 유지되어야 한다.

셋째, 연간교육활동은 교육활동지도 자료에 제시되어 있는 연간 생활주제 중심으로 연간교육계획을 작성한다. 이러한 주제들은 유아들의 발달수준에 맞고 경험 가능한 것으로 구성되어 있다. 그러나 유아의 흥미와 요구, 유아교육기관 및 지역사회의 실정에 따라 새로운 주제를 첨가할 수도 있고 삭제 또는 변형할 수도 있다.

넷째, 생활주제를 배열할 때는 유아들이 친숙하게 접하고 있는 환경에서 구체적인 것을 선정하여 교육활동으로 구성하여 제공하고 점점 멀리 떨어져 있는 환경 및 추상적인 개념으로 확대시켜 나간다.

다섯째, 유아들의 연령, 발달정도, 유아교육기관 경험 유무 등 유아들의 특성을 고려하여 적응기간을 가늠하고 이를 연간교육계획에 반영한다.

여섯째, 국가나 지역사회에서 이루어지는 각종 행사의 교육적 가치를 평가하여 생활주제로 연간교육계획에 포함시킨다.

일곱째, 생활주제와 관련하여 견학, 부모 참여 등의 특별활동을 연계성 있게 계획하도록 한다. 또한 생활주제와 관련하여 참관 또는 견학 시기를 결정하여 연간교육에 반영한다.

여덟째, 연간교육계획안을 부모님 등에게 배부하여 유치원의 교육계획을 알린다. 이는 가정에 유치원교육에 대한 이해와 협조를 구하고, 부모 또는 다른 가족이 1년 동안의 행사에 참여할 수 있도록 하기 위한 사전 안내라고 할 수 있다.

● 월간교육계획안

교육기관의 운영철학에 따라 월간교육계획안을 생략하고 주간교육계획안으로 대체하거나 주간교육계획안을 월간교육계획안에 포함시켜 주간교육계획안을 생략하는 경우도 있다.

월간교육계획안은 매월 셋째주에 작성 · 검토하여 유아를 통해 가정에 배부하는 것이 효과적이다. 월간교육계획안을 가정으로 배부하는 이유는 이를 통해 부모들이 가정에서 교육기관의 교육내용을 알 수 있고 가정에서 지도해야 할 교육내용을 전달함으로써 유아교육기관과 가정이 연계하여 유아를 지도할 수 있는 장점이 있기 때문이다. 또한 교육기관의 행사내용을 미리 안내함으로써 행사 준비에 따른 협조를 구할 수 있다는 장점이 있다.

● 주간교육계획안

교육기관에 따라 월간교육계획안은 생략하고 주간교육계획안만을 작성하기도 한다. 주간 교육계획안은 주제를 전개하기 위해 교실에서 수행되는 한 주간의 활동계획을 세우는데 모든 영역의 내용이 포함되고 연계성을 가지고 계획되어야 한다(권영례, 2007).

교사는 한 주의 마무리 단계인 목요일이나 금요일에 주간교육계획안을 작성하면서 다음 주간의 모든 활동에 대하여 구체적으로 계획한다.

활동계획은 목표, 활동내용, 자료와 준비물, 활동방법 등이 구체적으로 제시되어야 하며 미리 계획된 것도 융통성 있게 변화시킬 수 있다.

● 일일교육계획안

일일교육계획은 주간교육계획안을 기초로 작성되는데 유아가 등원해서 귀가할 때까지 일어나는 모든 활동을 구체적으로 명시한 것이다. 일일교육계획안은 집단과 개인의 흥미, 요구 반영, 교사와 유아가 선택한 활동의 균형, 활동 특성에 따른 균형이 이루어지도록 한다(권영례, 2007). 여기에는 생활 주제, 소주제, 교육목표, 활동명, 평가가 제시된다. 뿐만 아니라 각 활동과 관련된 준비물, 활동전개 방법, 유의점, 활동시간대, 소요시간 등이 포함된다.

교육부(2000)는 일일교육계획안의 작성과 운영의 기본원리를 다음과 같이 제시한다.

① 일일교육계획안은 다음 날 활동운영에 영향을 주는 요인들을 고려하여 상황에 적합하게 계획되어야 한다.

② 하루일과에는 일관성이 있어야 한다. 이는 일과에 일종의 패턴이 있음을 의미한다. 일과의 패턴은 유아로 하여금 무엇을 언제, 어디서, 어떻게 해야 하는가를 알게 하여 유아가 안정감을 가지고 자신의 활동과 요구를 조절하며 능동적으로 활동할 수 있게 해준다.

③ 유아의 신체적 욕구나 리듬을 반영해 주어야 한다. 일과 계획을 할 때에는 간식, 배변, 휴식 등 유아의 신체적 욕구를 해결하는 시간을 적절하게 배치한다.

④ 유아의 흥미와 요구를 반영한다. 교사는 자신이 세운 계획에 유아들이 따라가도록 하기보다는 유아의 흥미와 요구를 반영할 수 있는 기회를 주어 유아의 능동적 참여를 도출해 낼 수 있어야 한다.

⑤ 활동 간 균형을 맞추어 배치한다. 일과 내에 동적 활동과 정적 활동, 실내 활동과 실외 활동, 개별 활동과 대 · 소집단 활동, 교사 선택 활동과 유아 선택 활동을 골고루 배치한다.

⑥ 여러 유형의 상호작용이 일어날 수 있도록 계획한다. 즉, 교사와 개별유아의 상호작용, 교사와 대 · 소집단 유아와의 상호작용, 유아와 유아 간의 상호작용, 유아와 교구와의 상호작용 등의 기회가 골고루 제시될 수 있어야 한다.

⑦ 융통성 있게 운영되어야 한다. 일일교육계획안은 주간교육계획안에 기초하여 작성되나 유아들의 흥미나 요구, 우발적인 사건 등을 간과해서는 안 된다. 교사는 순발력 있게 그러한 요소를 반영하여 계획을 수정할 수 있어야 한다.

⑧ 활동의 계획과 실행에 대한 평가를 한다. 교사는 활동의 목표가 어느 정도 성취되었는지, 계획대로 실행되었는지, 차질이 있다면 무엇 때문인지, 문제점은 무엇인지, 어떤 점이 수정 · 보완되어야 하는지 등에 대하여 반성하고 반드시 이를 기록으로 남겨 후속 활동 계획에 평가 결과를 반영시키도록 한다.

1-2. 일과 운영의 적절성

평가 지표	3. 개별 유아의 일일 활동계획과 평가 과정이 포함된 통합적인 일과 운영이 이루어지고 있다. 4. 교육활동 유형 간의 균형적인 안배가 이루어지고 있다.

선정된 교육내용과 활동을 놀이 속에서 균형있고 통합적으로 조직하여 일과를 운영하는지, 교육활동 유형 간의 균형적인 안배가 이루어지고 있는가를 평가하는 지표다.

(1) 지표별 평가기준

가. 1-2-3

3 개별 유아의 일일 활동계획과 평가 과정이 포함된 통합적 일과 운영이 이루어지고 있다.

평가 요소	• 당일 주제에 따라 자유선택활동, 대집단/소집단/개별 활동, 이야기나누기, 교재 · 교구 등이 연관성 있게 통합되어 운영되고 있는가? • 일과 중 유아들이 각자 자신이 하고 싶은 활동을 계획(선택) – 실행 – 평가하는 과정이 포함되어 있는가? • 일과 중 자유선택활동 시간을 충분히 포함하고 있는가? • 매일의 일과와 주간 교육활동이 연계 · 진행되면서 점차 심화되는가? ※ 주간 및 일일 주제와 관련되지 않거나 유치원 교육과정 내용과 연관되지 않은 별도의 활동을 지양함.

❑ 평가방법
- 서면평가: 해당 연도 유치원 운영계획서 준비
- 현장평가
  - 교육계획안에 주제 중심으로 교육내용 및 활동들이 연관성 있게 통합적으로 계획–실행–평가의 내용들이 포함되어 기술되어 있어야 한다.
  - 유치원 활동 일과 중 자유선택활동 시간이 계획되어 있어야 한다.
  - 특기적성교육의 내용이 포함되지 않도록 한다.
  - 주제에 따른 다양한 교육활동들을 계획하며 교육활동들이 상호연관성이 있어야 한다. 주제를 중심으로 당일 교육활동이 통합적으로 운영되어야 한다.
  - 주제를 중심으로 5개 생활 영역(건강, 사회, 표현, 언어, 탐구)이 균형있고 통합적으로 운영될 수 있도록 계획하고 실행한다.

❑ 준비해야 할 자료
- 교육계획안(현장평가 당일 교육계획안 포함)
- 포트폴리오

예시 10. 자유선택활동표

관련지표: 교육과정 영역 1-2-3

자유선택 활동표

[그림 1] 자유선택활동표

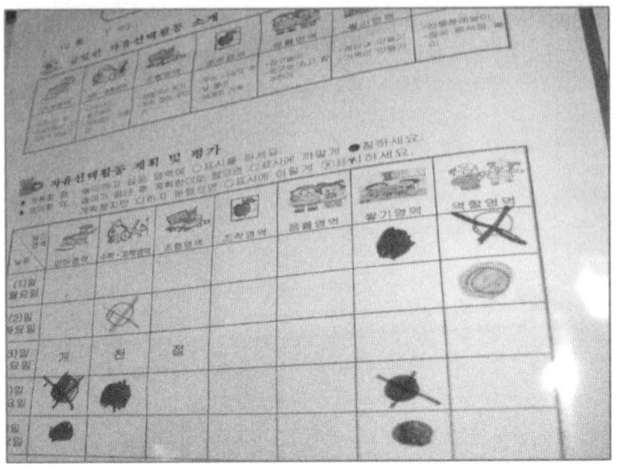

[그림 2] 자유선택 활동계획 및 평가

check point

유치원 일과 중 유아가 각자 자신이 하고 싶은 활동을 다양한 방법으로 계획-실행-평가할 수 있도록 한다. 또한 자유선택활동은 '자유선택활동 계획 및 평가'란에 유아 자신이 하고 싶은 놀이 활동을 계획란에 표시(선택)하고 자신이 계획한 곳에서 놀이하며(실행), 모이는 시간에 정리한 후 자신이 놀았던 곳을 표시(평가)하는 과정을 경험함으로써 유아의 놀이 선호도를 살펴보고 이를 하나의 기초자료로 다양한 놀이를 할 수 있도록 유도할 수 있다.

예시 11. 관찰 기록 포트폴리오
관련지표: 교육과정 영역 1-2-3

관찰 기록 포트폴리오

활동내용	유아들이 만든 그룹게임-"배들의 여행"(김치가 되기 위해 배추밭에서부터 옮겨온 배동이와 배동이 몸에서 나온 애벌레(실제 배추 관찰시 애벌레 나와 활동이 진행되었음)가 여행(애벌레→나비가 되기까지)의 과정을 게임으로 만듦(게임판, 주사위, 말, 규칙등을 만듦)
평가내용	

활동내용	(4세)-"내가 만든 애벌레는 몸통이 17개다"하며 전시되어 있는 자기 작품을 주변의 친구들이 함께 관심을 가지게 되고 애벌레 몸통 수세기 활동이 이루어짐
평가내용	

check point

교사는 자유선택활동시간 유아들을 관찰하며 다양한 방법을 활용하여 포트폴리오를 기록할 수 있다. 이러한 유아의 활동이 심화되고 확장되는 것을 도울 수 있으며 각 개별 유아에 대한 정확한 발달에 대한 이해를 가능하게 한다.

수학적 사고 – 크기와 측정의 개념을 이해, 적용하기

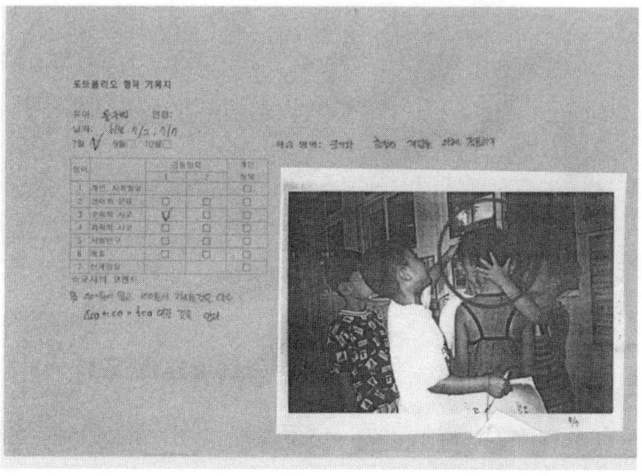

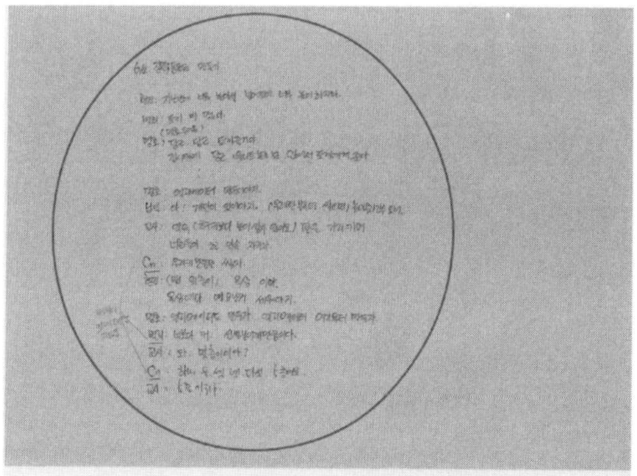

check point

포트폴리오 항목 기록지를 이용하여 유아의 활동에 대한 각 영역의 발달 정도를 상세히 기록할 수 있다. 또한 교사는 유아가 자유선택활동을 하는 동안 관찰을 하며 개별유아의 통합적이고 균형적인 일과 운영이 이루어질 수 있도록 도움을 줄 수 있다.

예시 12. 교육과정 통합 주간 계획 수정안
관련지표: 교육과정 영역 1-2-3

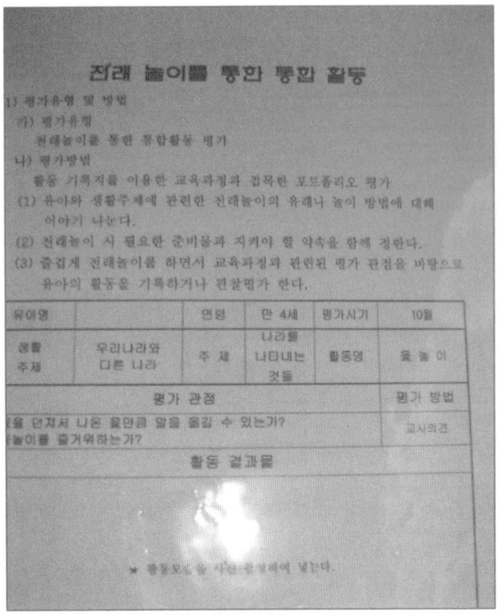

[그림 3] 통합교육활동계획안

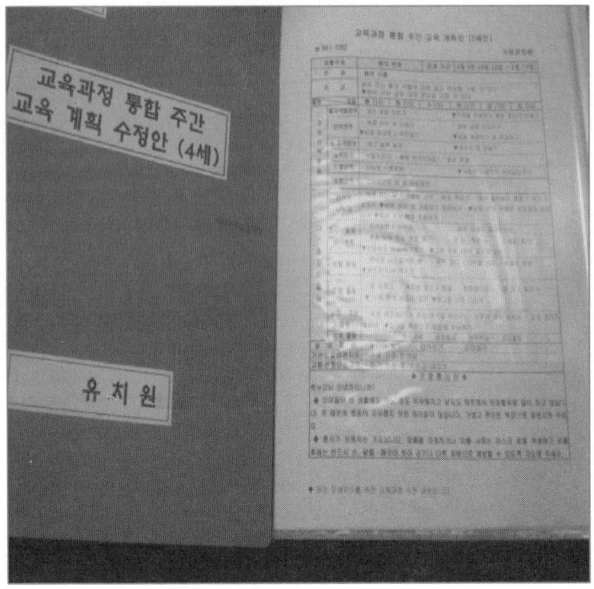

[그림 4] 교육과정 계획 수정안 파일

check point

유아의 교육활동은 당일 주제에 따라 연관성 있게 통합적으로 활동을 구성하여 통합적으로 운영하도록 한다. [그림 4]에서처럼 교육과정 통합 주간 교육계획은 동일 연령 교사협의를 통해 수정될 수 있으며 유아교육기관에서는 기록물을 보관하여 다음 교육계획에 반영하도록 한다.

나. 1-2-4

4 교육활동 유형 간의 균형적인 안배가 이루어지고 있다.

평가 요소	• 실내/실외, 대근육/소근육, 개별/소집단/대집단, 정적/동적, 유아주도 /교사주도 활동 등이 균형적으로 포함되어 있는가? • 실외활동이 충분하게 포함되어 있는가? ※ 가능한 한 하루 일과에서 균형을 이루는 것이 바람직하나, 반드시 매일 대비되는 활동을 모두 포함시키기는 어려우므로, 균형적인 활동 안배를 주간 단위에서 유지하는 것도 무방함.

❑ 평가방법

- 서면평가: 해당 연도 유치원 운영계획서 준비
- 현장평가
  - 교육활동이 주제에 따라 통합적으로 제시되고 하루일과가 균형적으로 이루어져야 한다.
  - 일일교육계획안에 실외놀이가 계획되어 진행되어야 한다.

❑ 준비해야 할 자료

- 교육계획안(현장평가 당일 교육계획안 포함)

예시 13. 일일교육계획안(실외놀이 포함)
관련지표: 교육과정 영역 1-2-4

일일교육계획안

반 이름	병아리반(만 4세)	시기	2009년 7월 1일 수요일	수업일수	93
생활주제	여름	주제	여름의 변화	소주제	여름을 시원하게 지내려면
목표	• 여름철 생활의 변화를 알고 그에 따라 건강한 생활을 할 수 있다. • 더운 여름을 시원하고 건강하게 보낼 수 있는 방법에 대해 알고 실천한다.				
일일시간표	~09:00 등원 09:00~09:50 놀이계획 및 자유선택활동 09:50~10:00 정리정돈 및 화장실 다녀오기 10:00~10:20 아침모임, 이주일의 동시(여름), 우유간식 10:20~10:40 이야기 나누기(여름을 시원하고 건강하게 지내려면) 10:40~10:50 동화(비를 내려주세요.) 10:50~11:20 작업(동극에 필요한 역할소품 만들기) 11:20~12:00 동극(비를 내려 주세요) 12:00~12:30 점심 12:30~13:00 바깥놀이 및 휴식 13:00~13:35 실외 게임(물총 게임) *우천시(실내게임): 부채질 하기 13:35~13:45 평가 13:45~13:50 귀가지도				

check point

유아교육기관에서는 유아의 전인적인 발달을 돕기 위하여 대・소근육 신체활동을 계획한다. 또한 교육활동의 내용 및 형태에 따라 집단크기를 개별, 소집단, 대집단으로 고르게 편성하고 유아주도, 교사주도 활동간 균형을 갖고 일과 운영은 동적 활동과 정적 활동으로 적절히 안배되도록 운영한다. 그리고 매일 일일교육계획안을 통해 하루 일과가 균형적으로 이루어지며 다양한 실외놀이가 포함・실행되도록 한다.

Tip 교육과정에 대한 이해

유치원 교육과정에서 통합의 개념은 유아의 전인교육과 효율적인 학습을 위하여 유아의 경험, 흥미 및 요구와 교육 내용 및 교수·학습방법을 통합하고, 유아와 유아 주변의 인적 및 물적 환경을 통합하며, 유아의 몸과 마음, 지성과 감성, 현실과 상상, 지식과 태도 및 기능 등을 통합할 수 있도록 교과목들을 통합적으로 재조직하고, 보고 듣고 느끼고 생각하고 표현하는 방법을 배우도록 하며, 학습한 지식 또는 사고 방법을 일상생활에서 활용하고 통합하여 새로운 지식과 사고 방법을 학습해 가도록 하는 것이다.

유아교육은 놀이 중심의 통합적인 교육과정으로 운영된다. 놀이는 유아가 자발성과 즐거움을 갖고 활동에 능동적으로 참여하게 하는 본질적 특성을 가지고 있으며 결과보다는 과정을 즐기면서 내적 동기에 의해 능동적으로 지식을 구성하도록 하는 교수·학습적 특성이 내재되어 있다.

● 등원

유아가 유아교육기관에 도착하면서부터 자연스럽게 하루 생활이 시작된다. 교사는 유아가 유치원에 등원할 때 눈, 코, 귀, 입 등을 살펴보고 열이 있는지 상처가 있는지 간단히 알아볼 수 있다(권영례, 2007).

- 유치원의 하루 일과는 유아가 등원하면서 자연스럽게 시작
- 교사는 유아의 등원 전 교실 점검과 교육활동 자료 준비를 완료
- 교사는 유아의 전체적인 건강과 심리상태를 점검

● 자유선택활동

자유선택활동 시간은 활동 영역별로 구성된 실내·외 환경에서 유아의 흥미, 요구, 발달수준에 맞는 놀이나 활동을 소집단 또는 개별적으로 자유롭게 선택하여 참여하는 시간이다. 이 시간의 활동을 계획하기는 개인별 자유선택활동 계획표나 교사가 준비한 계획판에 하고 싶은 활동을 활동 영역별로 계획하고, 실행하고, 끝나고 나서 실행 여부에 대해서 표시한다.

자유선택활동 시간 중 교사의 역할을 살펴보면 다음과 같다.

- 유아의 놀이를 관찰한다. 이때, 교사는 다양한 방법으로 기록할 수 있다.
- 교사는 교실 전체에 관심을 갖고 특별히 스스로 놀이계획을 못하거나 무엇을 해야 할지 결정을 내리지 못하거나 새로운 계획을 시도하는 유아에게 도움을 주어야 한다.
- 교사는 유아의 놀이에 대해 다양한 방법으로 놀이를 촉진시켜 준다.
- 교사는 유아에게 새로운 자료 및 아이디어를 제공하거나 유아가 자신의 놀이를 표상할 수 있도록 도와준다.

• 유아 간에 일어나는 문제와 갈등은 유아들이 스스로 규칙을 만들고 해결할 수 있는 기회를 제공한다.

● 정리정돈

유아는 활동과 놀이를 한 후에는 정리 · 정돈을 반드시 해야 한다. 정리정돈은 하루 일과 중 자유선택활동이나 대 · 소집단 활동 등을 마무리하는 시간에 반드시 필요한 부분이다. 자유선택활동에서 하나의 활동을 끝내고 다른 활동을 선택할 때 활동이 끝난 교구들을 제자리에 정리해 두어야 한다. 따라서 정리정돈은 유아들의 활동이 진행되는 과정에서 수시로 이루어진다.

● 대 · 소집단 활동

대집단 활동은 일반적으로 한 반 전체 유아를 말하나 전체를 정확히 반으로 나누어 구성한 집단을 의미하기도 한다. 반면에 소집단 활동은 한 반을 2~3개의 집단으로 나누어 보조교사가 돕거나 한 명의 교사가 시간대별로 집단을 다르게 하여 진행한다.

일반적으로 15~30분 정도 계획하고 운영하되 유아의 흥미와 욕구 및 상황에 맞게 융통성 있게 운영한다. 대집단 활동을 위해 알맞은 공간 및 집단의 형태는 활동의 특성, 유아 집단의 크기, 교재교구의 특성을 고려하도록 한다.

대 · 소집단 활동에는 이야기 나누기, 신체 및 음률, 게임, 동화, 동시, 동극, 과학, 요리, 현장학습, 간식과 점심, 휴식과 낮잠 등이 있다.

● 바깥놀이

유아교육기관에서 이루어지는 바깥놀이는 실외에서 이루어지는 모든 놀이, 즉 미끄럼, 그네, 시소, 정글짐, 터널 등의 큰 운동놀이기구를 이용한 놀이와 공, 훌라우프 등 작은 놀이기구를 이용한 놀이, 물 · 모래놀이, 동 · 식물 관찰하기와 기르기, 산책하기 등이다.

효율적인 바깥놀이를 위해서 실내 영역과 같이 몇 개의 영역으로 나누어 배치하는 것이 바람직하다. 교사는 전체 놀이 영역에서 활동이 어떻게 이루어지고 있는지 파악하고 사고를 예방하도록 한다.

● 간식 및 식사

유아교육기관에서 유아들은 간식시간을 통해 식사 예절을 기르게 되며 교사, 친구들과 이야기를 나눌 수 있는 교육적으로 매우 가치 있는 시간이다. 먼저 간식은 주식으로 부족한 영양을 제공해 주고 에너지를 축적해 주며 휴식을 취할 수 있게 한다.

점심은 유아들에게 필요한 양질의 영양을 제공함으로써 유아들의 신체적 · 정신적 · 사회적 · 정서적인 성장과 발달을 도모하기 위함이다. 간식시간은 유아의 연령이나 운영시간, 시기 등을 고려하여 오전 간식은 10~11시, 오후 간식은 4~5시가 적당하다. 간식과 점심의 양은 유아의 연령과 개인차를 고려하고 학기가 지남에 따라 간식과 점심의 준비나 정리를 유아가 도울 수 있는 범위 내에서 참여할 수 있게 계획 · 운영하도록 한다.

● 휴식 및 낮잠

활동을 열심히 하고 난 후에 이루어지는 휴식이나 낮잠은 유아의 피로와 긴장을 풀어주어 건강에 도움이 되며 이후 이어지는 활동에 새로운 힘과 여유를 준다.

유아는 활동과 놀이에 열중하다보면 휴식시간을 잊는 경우가 있다.

교사는 하루 일과의 특성이나 계절, 날씨 등을 고려하여 매일 일정하게 운영할 수도 있고 동적인 활동과 정적인 활동을 적절히 안배하여 휴식시간을 대신할 수 있다. 종일반의 경우에는 유아의 연령이나 활동량에 따라 융통성 있게 휴식 및 낮잠을 계획하는 것이 좋다. 휴식을 취하거나 낮잠을 자는 공간은 조명을 조절해 주고 특히 더운 여름이나 추운 겨울에는 실내온도 조절에 유의하도록 한다.

● 평가 및 귀가

평가는 귀가하기 전에 하루 일과 전체에 대한 평가를 하기도 하고, 각 대 · 소집단 활동 후에 필요한 경우 언제든지 평가가 이루어진다. 주로 하루 일과를 미치고 귀가하기 전에 반 전체 유아가 모여 하루 활동에 대한 평가와 귀가 지도 활동을 한다. 일반적으로 하루를 지내면서 가장 재미있었던 일들을 회상하여 보고 그 이유와 해결책 등을 이야기해 보는 것으로 이루어진다.

1-3. 교수 · 학습방법의 적합성

평가 지표	5. 유아교육에 적합한 교수 · 학습방법을 사용하고 있다. 6. 교사-유아 간에 질적인 상호작용이 이루어지고 있다.

유아교육에 적합한 다양한 교수 · 학습방법을 사용하고 교사-유아 간에 질적인 상호작용이 일어나고 있는지를 평가하는 지표다.

(1) 지표별 평가기준

가. 1-3-5

5 유아교육에 적합한 교수 · 학습방법을 사용하고 있다.

평가 요소	• 발표, 토의, 관찰, 실험, 조사, 견학, 체험 등 다양한 교수 · 학습방법을 사용하고 있는가? • 교육 내용 및 활동에 적합한 교재 · 교구와 교수 · 학습방법을 사용하고 있는가?

❑ 평가방법

• 현장평가

- 당일 교육활동 관찰을 통해 교육내용과 활동에 따른 효과적이며 다양한 교수 · 학습방법의 사용한다.
- 효과적인 교수 · 학습에 대한 내용들이 일일 계획안에 나타나야 한다.
- 교육내용과 활동에 적합한 다양한 교수매체를 활용한다.

❑ 관련자료

• 교육계획안(현장평가 당일 교육계획안 포함)

Tip 교사 중심 교수 · 학습방법과 유아 중심 교수 · 학습방법의 차이

준거	교사 중심	유아 중심
중심 인물의 행동	• 교사가 능동적 주도자다. • 교사가 목적 · 내용 · 방법 · 절차 등 모든 것을 결정한다. • 교사의 사고, 가치, 태도, 흥미 등이 수업을 지배한다. • 교사의 강력한 자아상이 수립되고 제시된다. • 교사가 수업활동의 거의 전부를 차지한다.	• 유아가 능동적 참여자다. • 유아가 개인으로 또는 집단으로 방법과 절차를 결정하는 경우가 많다. • 유아의 사고, 가치, 태도, 흥미 등이 수업에 적극 반영된다. • 유아 개개인의 자아상 확립을 존중한다. • 유아들이 수업활동의 많은 부분을 차지한다.
교수 · 학습의 목적	• 교사가 설정한 목표대로 유아를 변화시키는 데 있다. • 실제적 지시, 태도, 기능을 강조한다.	• 유아의 지적, 정서적, 기능적 자아 개발에 있다. • 행동적 지식, 태도, 기능을 강조한다.
교수 절차	• 교사가 수업목표를 제시해 주고 학습내용을 개관해 준다. • 교사는 유아의 발달 수준, 능력, 흥미에 대한 큰 배려 없이 목표와 내용, 방법을 선정한다. • 교수 · 학습과정에서 교사－유아, 유아－유아 간의 상호작용 기회가 별로 많지 않다. • 교사가 유아의 인지구조나 사전 지식 및 경험을 정리해 준다. • 교사는 중요한 정보를 선택해 주고 강조해 준다. • 교사는 유아의 기억을 돕기 위한 다양한 전략을 동원한다. • 교사는 질문에서 자신이 생각하는 정답을 유아가 맞히기를 기대한다. • 교사는 유아의 표현이나 느낌을 경청하거나 해석하거나 반응을 보이지 않는다. • 교사는 자신이 선정한 기준에 따라 학습 성패를 획일적으로 진단한다. • 측정 평가는 교사의 고유 권한이다.	• 유아가 학습목표를 인식하고 학습 내용을 계획한다. • 교사는 학습자의 발달 수준, 능력, 흥미 그리고 개인차를 고려하여 목표, 내용, 방법을 선정한다. • 교수 · 학습과정에서 교사－유아, 유아－유아 간의 상호작용 기회가 풍부하다. • 유아 스스로 자신의 인지구조와 사전지식 및 경험을 활성화시킨다. • 유아는 무엇이 중요한가를 자기 스스로 발견한다. • 유아는 자신의 기억을 높이기 위해 자기에게 적절한 방법을 탐색한다. • 유아 개개인이 생각하는 문제해결 방식이나 만들어 내는 답을 존중한다. • 유아는 자신의 표현이나 느낌을 존중하고 반응을 기꺼이 내보인다. • 유아는 자기 스스로 자신의 학습의 성패를 가름하는 방법을 찾고 또 성패 기준도 각기 정할 수 있는 기회를 부여 받는다. • 유아도 측정평가에 교수자와 함께 참여한다.

출처: 이성호(1999).

나. 1-3-6

6 교사-유아 간에 질적인 상호작용이 이루어지고 있다.

평가 요소	• 교사는 당일 주제 및 활동을 적절하게 전개하는가? • 교사가 유아의 호기심과 참여(동기)를 유발하는 질문을 적절히 사용하고 있는가? • 교사-유아, 유아-유아, 유아-교구 간의 상호작용을 촉진하는가?

❑ 평가방법

• 현장평가

-진행되는 교수 · 학습 과정에서 도입-전개-마무리 과정이 당일 주제 및 활동과 적절해야 한다.

-교사는 유아들의 상호작용을 격려하고 유아의 상호작용에서 다양한 유형의 질문을 사용한다.

-효과적인 교수 · 학습방법에 대한 내용들이 일일교육계획안에 나타나야 한다.

❑ 관련자료

• 교육계획안(현장평가 당일 교육계획안 포함)

예시 14. 일일교육활동계획안

관련지표: 교육과정 영역 1-3-6

일일교육활동계획안

<table>
<tr><td>생활주제</td><td>동물이 좋아요</td><td>주제</td><td colspan="3">공룡이야기</td></tr>
<tr><td>활동명</td><td>공룡이 되어 보아요.</td><td>집단형태</td><td>대집단</td><td>연령</td><td>만 5세</td></tr>
<tr><td>소요시간</td><td>40분</td><td>활동형태</td><td>신체표현</td><td>수준</td><td>Ⅱ수준</td></tr>
<tr><td>활동목표</td><td colspan="5">• 다양한 방법으로 신체를 움직여 공룡의 모습을 표현할 수 있다.
• 음악의 느낌과 리듬의 강약에 따라 신체를 움직여 본다.</td></tr>
<tr><td>단계 및 절차</td><td colspan="4">활동내용</td><td>자료 및 유의점</td></tr>
<tr><td>사전 활동</td><td colspan="4">〈역할놀이 영역－쥐라기 시대〉
• 쥐라기 시대 공룡의 생활모습을 친구들과 역할을 나누어 표현해 본다.</td><td>• 쥐라기시대 공룡들의 생김새나 특징을 창의적으로 표현할 수 있다.</td></tr>
<tr><td rowspan="2">도입</td><td colspan="2">교사발문</td><td colspan="2">유아예상반응</td><td rowspan="2">• 피아노
• 악보
• 동기유발을 위해 유아들이 직접 율동을 만들고 노래를 한다.
• 피아노
• 악보</td></tr>
<tr><td colspan="2">('내가 좋아하는 공룡' 노래를 부르며 율동을 한다.)
• 우리 친구들, 월요일에 배웠던 새 노래 '내가 좋아하는 공룡'노래를 다함께 불러 보아요.
〈노래 가사〉
내가 좋아하는 공룡은
티라노사우르스 티라노사우르스
내가 좋아하는 공룡은
티라노사우르스 티라노사우르스
힘세고 사나운 무서운 공룡
땅에 사는 공룡 땅에 사는 공룡 티라노사우르스</td><td colspan="2">－네.</td></tr>
<tr><td></td><td colspan="2">(여러 공룡들의 그림카드를 보여 주며 활동방법에 대해 이야기 나눈다.)
• 우리 친구들, 티라노사우루스의 발소리는 어땠을까요?
• 왜 큰 북소리일 것 같니? 왜 천둥소리일 것 같니?
• 그러면 브라키오사우르스 공룡이 커다란 나무에서 나뭇잎을 따 먹는 모습은 어땠을 것 같니?

• 아~~ 그래. 정말 그럴 수도 있을 것 같아요.</td><td colspan="2">－큰 북소리일 것 같아요.
－천둥소리일 것 같아요.
－천둥 치는 소리가 날 때 공룡이 생각나요.
－목이 길어서 나무랑 나무보다 키가 클 것 같아요 그래서 고개를 숙여서 나뭇잎을 먹을 것 같아요.
－아기니까 많이 못 먹을 것 같아요.</td><td>• 여러 공룡그림카드</td></tr>
</table>

(계속)

전개	• **공룡들이 재미있게 지내던 어느 날 이번에는 우리 귀여운 친구 아기 공룡 둘리의 걸음은 어땠을 것 같니?**	–키가 작아서 아장아장 걸을 것 같아요.	
	• **공룡들이 재미있게 지내던 어느 날, 하늘에서 얼음이 떨어지고 날씨가 몹시 추워졌어요. 그럴 때 공룡들은 어떻게 움직였을까요?**	–굉장히 빨리 뛰어갔을 것 같아요. –날카로운 이빨을 보일 것 같아요.	
	• 이제부터는 우리 친구들이 공룡이 살던 시대로 돌아가서 내가 공룡이 되었다고 생각하고 몸을 공룡처럼 움직여 볼 거예요. 우리 친구들, 신나고 재미있게 잘할 수 있겠니? (역할을 나눈다.)	–네.	
	• 이번 활동에서는 공룡뿐만 아니라 화산과 얼음, 태양이 될 친구들도 필요해요. 이 역할을 하고 싶은 친구 있나요? (대략 7~8명)	–제가 할래요/저도 하고싶어요.	
	• 그럼 이제 너희들이 맡은 역할에 어떤 준비물이 필요한지 서로 이야기를 나누어 보자. –공룡역할 유아들: 공룡모자–조형영역에서 미리 만들었음 –화산역할 유아들: 빨간 그물, 빨간 색종이 조각 –얼음역할 유아들: 신문지 뭉친 것 –태양역할 유아들: 빨간색 한지, 랜턴 여러 개 • **화산역할을 맡은 친구들은 어떤 준비물이 필요하니?** • **얼음역할을 맡은 친구들은 어떤 준비물이 필요하니?**	–빨간 그물하고요, 빨간 색종이 조각이요. –저는 신문지만 있으면 돼요.	• 공룡모자 • 빨강그물 • 빨강색 색종이 • 신문지 • 빨간색 한지 • 랜턴 • 가위 • 풀
	(모두 모여서 교사의 이야기와 음악을 듣고 그에 대한 느낌을 자유롭게 신체로 표현한다.) • 따사로운 햇살이 비춰지는 오후…공룡마을에서 여러 공룡들이 놀고 있었어요. • 알에서 깨어난 아기공룡들은 총총총 가볍게 뛰어다녔어요. • 스테고사우르스는 긴 꼬리를 천천히 흔들며 걸어 다녔어요. • 티라노사우르스는 앞발을 들고 쿵쿵거리며 소리를 질렀어요.		–음악: 영화 '쥬라기 공원' OST중에서… • 보조교사의 도움을 받아 비디오 촬영을 한다. • 유아들이 자유롭게 신체를 움직일 수 있도록 공간을 마련하고 위험한 물건이 있는지 확인한다. • 음악의 느낌과 리듬의 강약에 맞추어 신체를 움직여본다.

(계속)

	• 브라키오사우르스는 목을 쭉 빼고 높은 나뭇가지의 잎을 따 먹었어요. • 그때 갑자기 '펑'하는 소리가 나더니 화신이 폭발하였어요. • 공룡들은 재빨리 달아났어요(빨간색 그물 통과하기). • 조금 후에는 날씨가 너무 추워져서 하늘에서 얼음이 떨어졌어요(신문지 뭉친 것 던지기). 공룡들은 너무너무 추워서 몸을 떨었어요. • 또 어느 날은 해가 너무 뜨겁게 비춰져서(랜턴비추기) 공룡들이 하나, 둘씩 쓰러져 버렸어요. 그렇게 공룡들은 땅에 묻혀 버렸어요. (이번에는 음악만 듣고 신체표현을 해 본다.) • 이번에는 선생님께서 들려주시는 음악에 맞추어 우리 친구들이 움직여볼 거예요. 잘할 수 있겠니?	–네. 한 번 해볼래요.	
마무리	('아기 공룡 둘리'를 부르며 대집단 자리로 모여 앉는다.) (활동모습을 담은 비디오 테이프를 보고 평가해 본다.) • 공룡이 되어 보는 활동이 재미있었나요? • 선생님께서 너희들이 공룡으로 변한 모습을 비디오로 한 번 찍어 보았어요. • 그래, 그럼 한 번 보도록 하자. (비디오를 다 본 후) • 우리 선희는 어떤 공룡을 흉내낸 거니? • 너희들이 공룡이 되어 움직인 모습을 보니 기분이 어떠니?	–네. 또 하고 싶어요. –비디오 빨리 봐요. 선생님~~ –전 티라노사우르스 흉내냈어요. –재미있어요. –웃겨요.	

출처: 유민임(2009).

check point

교사는 유아의 창의적인 사고를 확장시켜 줄 수 있는 확장적이고 개방적인 질문으로 유아중심/유아와 유아/유아와 교구 간의 상호작용을 해야 한다. 여기서 유아중심이란 유아가 주체가 되어 발견하고 탐색하며 자신이 잘못 이해한 개념이나 지식을 주도적으로 발견, 수정, 확장할 수 있도록 하며 적절한 상호작용을 하는 것을 의미한다. 다음으로 유아와 유아는 일과 중에 이루어지는 대부분의 활동은 유아–유아 간의 상호작용이 많이 일어나도록 계획하여야 하며 마지막으로 유아–교구는 생활주제와 관련하여 유아발달과 흥미에 알맞은 교재・교구를 제공함으로써 다양한 교구・교재와의 상호작용 기회를 제공할 수 있다.

1-4. 평가의 적절성

평가 지표	7. 개별 유아의 발달 상황을 지속적으로 기록하고 활용한다. 8. 교사 자체평가를 포함한 교육과정 평가를 실시하고, 그 결과를 교육과정 개선에 활용한다.

교육과정과 개별 유아의 발달에 대한 평가를 하며 그 결과를 후속 교육계획에 반영하는가를 평가하는 지표다.

(1) 지표별 평가기준

가. 1-4-7

7 개별 유아의 발달 상황을 지속적으로 기록하고 활용한다.

평가 요소	• 관찰, 작품분석, 면담 등 교육적으로 바람직한 다양한 방법을 활용하여 유아 발달평가를 실시하고 있는가? ※ 유아의 성취를 직접적으로 평가하는 지필검사 형식의 도구 사용을 지양함. • 유아 발달 상황을 지속적으로 기록 · 점검하고, 그 내용을 교육과정 운영이나 학부모 면담 등에 활용하고 있는가?

❑ 평가방법

• 현장평가
  – 평가의 결과 활용을 위해 가정과의 연계를 위한 유아지도, 학부모와의 면담 시 활용, 교사의 교수 · 학습방법 및 개별 유아를 이해하는 데 활용한다.
  – 유아의 활동관찰을 통한 일화 기록, 유아 생활 영역별 평가표, 기본생활 습관 지도 평가, 수행평가 등이 다양하게 이루어진다.

❑ 관련자료

• 교육계획안(현장평가 당일 교육계획안 포함)
• 유아 평가 현황표
• 실시하고 있는 유아 발달 평가 도구 사본
• 평가 결과 활용에 대한 관련된 자료

Tip 유아를 위한 포트폴리오 활용 알아보기

교육은 평가에서 시작하여 평가에서 마무리된다고 할 수 있다. 교육의 계획부터 결과에 이르기까지 모든 과정에서의 평가는 유아의 발달과 학습을 위해 이루어져야 한다. 특히 유아교육에서의 평가는 유아를 서열화 시키거나 등급화시키기 위한 것이 아니라, 유아의 전인적 성장과 발달을 위해 유아가 현재 할 수 있는 수준과 유아의 잠재가능성 수준을 이해하고, 개별 유아의 수준에 적합한 교육적 조치를 통해 유아의 잠재 능력을 최대한 발휘할 수 있도록 돕기 때문에 반드시 필요하다.

● 포트폴리오에는 어떤 구성요소가 필요하나?

포트폴리오 평가에 들어가는 구성요소는 포트폴리오의 특성이나 개념에 따라 달라지며 어떠한 것이든 포함될 수 있다.

❑ 작품자료

포함될 자료들과 작품들은 포트폴리오의 유형과 목적에 의해 결정된다.

❑ 날짜

포트폴리오를 만들 때 작품들마다 만들어진 날짜를 기록하여 작품이 언제 완성되었는지 날짜를 부착해 둠으로써 일정한 기간 동안의 변화 양상의 확인이 가능하다.

❑ 분류표

포트폴리오 초기 작품부터 수정안, 마지막 완성작품까지 날짜와 작품의 배경이 되는 설명을 기록한 것이다. 작품마다 분류표는 보는 사람의 이해를 돕고 작품에 대한 또래의 조언이나 생각들은 작업이 끝난 후 결과를 재검토할 때 용이하다.

❑ 목표 설정지

목표설정은 활동을 어느 정도까지 할 것인지에 대한 진술로서 포트폴리오 계획 초기에 이루어져야 한다.

❑ 반성적 자기평가

자기평가는 포트폴리오 평가에서 핵심적인 정보가 될 수 있다. 유아는 학습한 바와 경험한 것을 스스로 정리할 수 있으며 교사는 자신의 의도, 목표 등의 달성 정도를 파악하여 종합적인 평가가 가능하다.

❑ 평가자들의 의견

포트폴리오 평가에서 평가자의 의견은 포트폴리오를 공유하는 것으로 유아에게 영향을 줄 수 있는 다양한 사람들이 작품에 대해 피드백을 제공하는 것이다. 여기에는 교사, 동료, 학부모, 그리고 사회지도자들이 참여할 수 있다.

예시 15. 관찰 일화기록
관련지표: 교육과정 영역 1-4-7

교사의 유아 활동관찰을 통한 일화기록

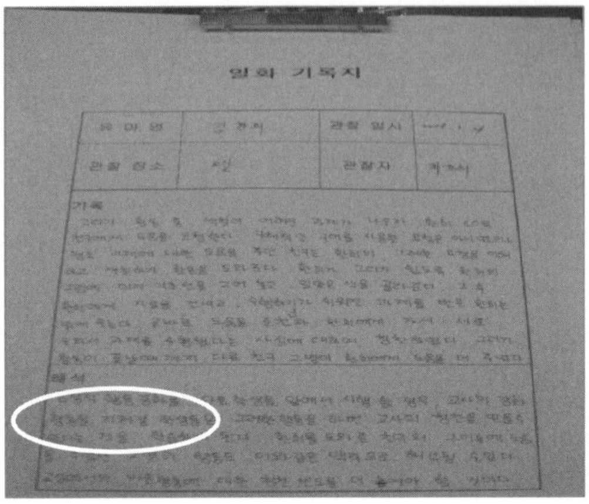

[그림 5] 관찰한 후 일화기록한 기록지

[그림 6] 활동관찰을 통한 평가

◐ 표현생활 영역의 포트폴리오 평가 - 새노래 부르기 평가 ◑

유아명(연령)	○○○ (만○세)	날 짜	2007. 7. 4
생활주제	건강한 몸과 마음	주 제	건강한 몸과 마음
활동명	'깨끗이 이를 닦아요' 노래 부르기		
평가관점	표현 - 표현 - 새노래 부르기 ·음악에 맞추어 노래를 즐겁게 부르는가? ·노래를 부르며 동작을 표현하는가?		
평가상황	대집단 활동 - 새노래 부르기		
평가유형	작업 표본(동영상)		
수집내용	깨끗이 이를 닦아요 노래를 배우고 난 후 익숙해졌을 때 음악에 맞추어 유아들과 정한 동작도 함께 따라하며 노래 부르는데 ○○는 함께 하지 않고 손톱을 뜯으며 가만히 앉아 있었다. 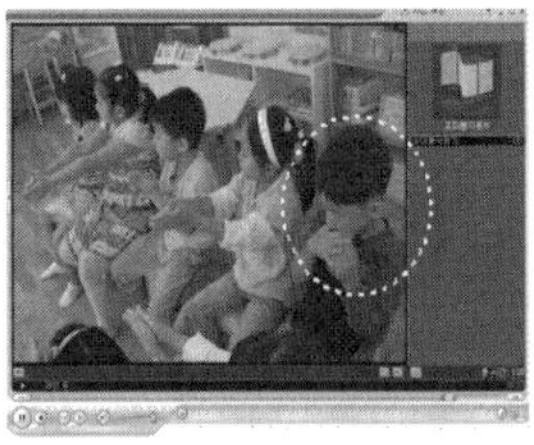		

유 아	○○○ (만○세)	날 짜	2007. 7. 3
활 동	목욕하기(신체표현)		
평가관점	*표현-표현-동작으로 표현하기		
수집내용	 		
관찰 및 의견	목욕하고 싶어 해서 시켜주었으나 막상 목욕하기가 시작되자 머뭇거렸다. 그리고 아이들 주위를 돌며 움직일 뿐 직접 표현을 하지 않고 마무리하였다. 평가시간에 "정현이가 목욕하는 모습을 보여주었으면 좋겠다." 라고 말하며 정현이를 친구들 앞에 불러내었다. 그리고 목욕하는 모습을 보여 달라고 요구하면서 친구들에게 정현이가 잘하게 박수를 부탁했다. 그러자 퍼프를 들고 몸을 천천히 씻는 모습을 표현하였다. 마치고 돌아오는 길에 안아주면서 정현이의 용기와 행동을 격려해주었다. 아직은 친구들 앞에서 보여주는 것을 부끄러워하지만 **오늘은 용기내서 표현한 것이 고마운 하루였다.**		
한마디	용기를 내는 ○○○		

[그림 7] 동영상 활용하기

check point

일화기록은 유치원에서 유아의 행동이나 특정 사건을 구체적이고 사실대로 기록하는 평가 방법으로 관찰 상황에서 모든 장면을 기록하기 어려운 경우, 메모지에 간단하게 메모한 후 일과가 종료된 후 기록하는 방법도 있다. 일화기록은 단순히 기록하는 것만으로 그 가치가 있는 것이 아니라 사실의 분석을 통한 바른 해석이다. 특히, 관찰 내용 분석이 유아의 진보를 도울 수 있는 자료로 활용될 수 있도록 한다.

예시 16. 유아 포트폴리오
관련지표: 교육과정 영역 1-4-7

유아들의 활동 결과물을 통한 포트폴리오

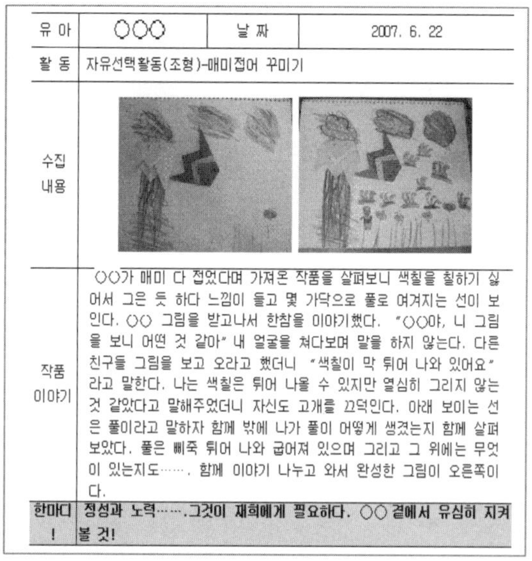

유 아	○○○	날 짜	2007. 6. 22
활 동	자유선택활동(조형)-매미접어 꾸미기		
수집 내용			
작품 이야기	○○가 매미 다 접었다며 가져온 작품을 살펴보니 색칠을 칠하기 싫어서 그은 듯 하다 느낌이 들고 몇 가닥으로 풀로 여겨지는 선이 보인다. ○○ 그림을 받고나서 한참을 이야기했다. "○○야, 니 그림을 보니 어떤 것 같아" 내 얼굴을 쳐다보며 말을 하지 않는다. 다른 친구들 그림을 보고 오라고 했더니 "색칠이 막 튀어 나와 있어요" 라고 말한다. 나는 색칠은 튀어 나올 수 있지만 열심히 그리지 않는 것 같았다고 말해주었더니 자신도 고개를 끄덕인다. 아래 보이는 선은 풀이라고 말하자 함께 밖에 나가 풀이 어떻게 생겼는지 함께 살펴보았다. 풀은 삐죽 튀어 나와 굽어져 있으며 그리고 그 위에는 무엇이 있는지도……. 함께 이야기 나누고 와서 완성한 그림이 오른쪽이다.		
한마디!	**정성과 노력…….그것이 재희에게 필요하다. ○○ 곁에서 유심히 지켜 볼 것!**		

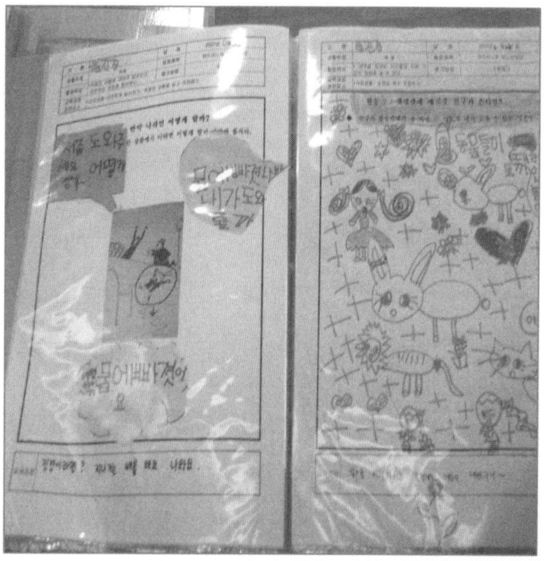

[그림 8] 유아의 활동 결과물 수집철

check point

유아가 만든 작품 혹은 그림은 유아의 성취를 평가하는 중요한 방법이 될 수 있다. 교육활동을 진행한 후나 진행하면서 교육내용에 대한 이해 정도를 파악하고 활동에 대한 유아의 흥미, 성취감 등을 알아 볼 수 있다. 따라서 교사는 교육목표에 적합하게 체계적인 계획을 세우고 지속적으로 자료를 수집해야 한다. 포트폴리오는 발달 영역, 흥미 영역, 생활 영역별 등으로 분류하여 수집할 수 있으며 작품을 수집할 때에는 이름, 일시, 작품에 대한 간단한 설명, 교사의 조언 등을 기록할 수 있다. 결과물의 내용이 없는 경우, 일화기록, 메모, 사진, 녹음 등을 이용하여 자료를 수집한다. 수집된 유아들의 결과물은 다음과 같이 활용될 수 있다.

- 다양한 방법으로 실시한 평가는 누가적으로 수집・분석용으로 활용함.
- 교육과정 운영과 학부모 개별 면담자료로 활용함.
- 개별 유아 발달을 도모하기 위한 기초 자료로 활용함.

예시 17. 유아관찰척도 평가지
관련지표: 교육과정 영역 1-4-7

유아관찰척도 평가지

원아명: ____________

교사명: ____________

영역	구분	항목	1회	2회	3회	4회
			3/31	6/31	9/31	12/31
건강생활	감각신체 인식(10)	1. 감각기관의 활용				
		2. 신체 인식 및 움직임				
	기본 운동능력 (20)	3. 이동 운동하기				
		4. 비이동 운동하기				
		5. 조작 운동하기				
		6. 신체활동 참여하기				
	건강 (35)	7. 몸을 깨끗이 하기				
		8. 주변을 깨끗이 하기				
		9. 적절하게 옷입기				
		10. 바른 식생활 하기				
		11. 적절하게 휴식하기				
		12. 질병예방하기				
		13. 즐겁게 생활하기				
	안전 (20)	14. 안전하게 놀이하기				
		15. 교통 안전 규칙지키기				
		16. 위험한 상황을 알고 대처하기				
		17. 환경오염이나 재해에 대비하기				
소계						
사회생활	기본생활 습관 (15)	1. 예절바르게 생활하기				
		2. 질서 지켜 생활하기				
		3. 아껴서 생활하기				
	개인생활 (15)	4. 나에 대해 긍정적으로 생각하기				
		5. 감정과 욕구 조절하기				
		6. 자기 일을 계획하고 실천하기				
	가정생활 (10)	7. 가족과 화목하게 지내기				
		8. 가족과 협력하기				
	집단생활 (20)	9. 다른 사람을 이해하고 존중하기				
		10. 공공규칙을 이해하고 지키기				
		11. 두레의 소중함을 알고 협력하기				
		12. 주변 지역에 관심가지기				

(계속)

	사회 현상과 환경 (35)	13. 직업에 관심가지기				
		14. 경제생활에 관심가지기				
		15. 환경 보전에 관심가지기				
		16. 우리나라의 상징과 전통에 관심가지기				
		17. 통일에 관심가지기				
		18. 세계 여러 나라의 문화에 관심가지기				
		19. 정보 자료에 관심가지기				
소계						
표현 생활	탐색 (15)	1. 소리 탐색하기				
		2. 형태 탐색하기				
		3. 움직임 탐색하기				
	표현 (40)	4. 여러 가지 소리 만들기				
		5. 노래 부르기				
		6. 리듬 악기 다루기				
		7. 그림 그리기				
		8. 만들기와 꾸미기				
		9. 동작으로 표현하기				
		10. 통합적으로 표현하기				
		11. 극 놀이로 표현하기				
	감상 (30)	12. 음악 감상하기				
		13. 자연과 사물 및 조형작품 감상하기				
		14. 춤 감상하기				
		15. 극놀이 감상하기				
		16. 예술적 표현 존중하기				
		17. 전통 예술에 친숙해지기				
소계						
언어 생활	듣기 (25)	1. 말소리 듣기				
		2. 낱말과 문장을 듣고 이해하기				
		3. 이야기 듣고 이해하기				
		4. 동화, 동요, 동시 듣기				
		5. 바른 태도로 듣기				
	말하기 (25)	6. 바르게 발음하여 말하기				
		7. 낱말과 문장을 말하기				
		8. 경험, 생각, 느낌 말하기				
		9. 상황에 맞게 말하기				
		10. 바른 태도로 말하기				

(계속)

	읽기 쓰기에 관심 가지기 (25)	11. 말과 글의 관계 알기				
		12. 글자에 관심가지기				
		13. 쓰기에 관심가지기				
		14. 책에 관심가지기				
		15. 읽어 주는 글을 이해하기				
소계						
탐구 생활	과학적 탐구 (25)	1. 우리 몸에 대하여 알아보기				
		2. 생물에 대하여 관심가지기				
		3. 자연 현상에 대하여 알아보기				
		4. 물체와 물질 탐색하기				
		5. 도구와 기계에 관심가지기				
	수학적 탐구 (35)	6. 분류하기				
		7. 순서 짓기				
		8. 수의 기초 개념 이해하기				
		9. 기초적인 측정과 관련된 경험하기				
		10. 시간에 대한 기초 개념 알기				
		11. 공간과 도형의 기초 개념 알기				
		12. 기초적인 통계와 관련된 경험하기				
	창의적 탐구 (15)	13. 주변 상황에 관심을 가지고 탐색하기				
		14. 다양하게 생각하기				
		15. 독특하게 생각하기				
소계						
합계			415	415	415	415

check point

유아 발달 상황을 지속적으로 기록·점검하고 그 내용을 통해 유아를 객관적으로 이해하고 학부모 면담 시 자료로 활용할 수 있다. 예를 들면 위에 제시된 것처럼 유치원 교육과정 생활 영역별로 관찰 척도를 만들어 사용할 수 있다. 제시된 관찰 척도 평가지의 경우 각 항목당 5점의 점수를 부여하여 총점을 내는 경우이나 각 유치원의 실정에 맞게 수정·보완하여 사용할 수 있다. 그러나 점수보다는 각 개별 유아의 변화과정에 더 초점을 맞추어 활용하는 것이 중요하다.

나. 1-4-8

8 교사 자체평가를 포함한 교육과정 평가를 실시하고, 그 결과를 교육과정 개선에 활용한다.

평가 요소	• 평가회, 협의회 또는 자체 제작 도구 등을 활용하여 교사 자체평가를 실시하고 있는가? • 교육적으로 적절한 방법과 도구 등을 활용하여 교육과정 평가를 실시하고 있는가? • 교사 자체평가 및 교육과정 평가결과를 교사의 교수 · 학습방법 개선 및 교육 계획 수립 등에 반영 · 활용하고 있는가?

❑ 평가방법

- 서면평가: 유치원 운영계획서, 자체평가보고서에 기록된 내용
- 현장평가
  - 교육과정에 대한 정기적인 평가계획을 수립하고 다양한 방법을 활용하여 정확한 평가가 이루어져야 한다.
  - 평가결과의 활용이 교수 · 학습방법 개선 및 유아 지도 방법 개선에 활용한 결과물이 필요하다.
  - 동료장학, 교사자기평가 등이 이루어진다.

❑ 관련자료

- 유아발달 상황 기록 자료 및 평가 도구 등
- 유아발달 평가 및 교육과정 평가 관련 문건, 도구나 자료
- 교사 자체평가 및 교육과정 평가 관련 자료 등

예시 18. 유치원 교육과정 평가
관련지표: 교육과정 영역 1-4-8

유치원 교육과정 평가

○○유치원

평가영역	평가내용	상	중	하	의견
유치원 운영계획	1. 운영방침의 뚜렷한 제시				
	2. 운영 평가 계획의 구체성				
교육과정	1. 5개 생활 영역이 통합적으로 지도되었는가?				
	2. 연간, 주간, 일일지도 계획하에 지도되었는가?				
	3. 유아의 흥미, 발달수준에 맞게 활동을 계획하였는가?				
기본생활 습관지도	1. 식사 전에 손을 씻도록 지도하였는가?				
	2. 유아 스스로 신발과 겉옷을 챙기도록 했는가?				
	3. 유치원의 질서와 규칙을 잘 지키도록 지도하였는가?				
교육 환경 및 교육자료	1. 유아의 활동공간이 잘 조성되었는가?				
	2. 교수자료는 적절히 활용되었는가?				
	3. 교재 교구는 연간 확보계획에 따라 확보되었는가?				
	4. 놀이시설이 안전하게 되어 있는가?				
부모교육	1. 홍보 및 실시 실적은?				
	2. 지역사회에서의 유치원에 대한 인식은?				
	3. 부모참여수업은 효과적으로 실시되었는가?				
종합평가					

check point

유아교육기관에서는 교육과정 전반에 걸쳐 교사간 평가·협의회 시간을 가지도록 한다. 교육과정 계획에서 실행, 평가에 이르기까지 교육과정 전반에 걸친 평가를 통해 그 결과를 교육과정 개선에 활용할 수 있다. 학기말 교사 스스로 한 학기 동안 교육과정을 계획하고 적용해 본 것에 대해 교육과정평가를 실시한다.

예시19. 자기장학 실시 후 평가도구
관련지표: 교육과정 영역 1-4-8

자기장학 평가도구

영역		단원		월·주					
주제									
목표									
일시		대상		평가자					
평가내용				평점					특기사항
				5	4	3	2	1	
1. 주제의 선정이 유아에게 적합하였나? 2. 목표는 유아의 수준에 맞게 세워졌는가? 3. 교사의 언어가 분명하였나? 4. 교사의 질문이 개방적이었나? 5. 유아가 흥미 있게 학습에 임했나? 6. 교사의 태도가 유아에게 친근감을 주었나? 7. 여러 가지 수업을 녹음하여 반성한 후 피드백 자료로 활용하였는가? 8. 자기지향적 연수 활동을 꾸준히 실시하였나? 9. 자기평가 자체가 잘 운영되고 있는가? 10. 수업 기술 향상을 위하여 교재 연구를 하였나? 11. 자료가 적절히 적합하게 제작되었는가? 12. 자료가 주제에 적합하게 제작되었는가?									
			합계						
❑ 자기장학을 실시한 후 좋았던 점은? ❑ 자기장학을 실시한 후 미비했던 점은?									

check point

자기장학 평가는 교사들의 전문성을 신장시키며 교사 자체평가를 해봄으로써 교사의 교수・학습방법 개선 및 교육계획 수립에 반영할 수 있다. 교사의 자기평가는 사명감과 연구 및 연수활동의 측면에서 교사 자신에 대한 형식적, 비형식적 평가를 실시하고 그 결과를 교수・학습방법 개선 및 향후 교육계획에 반영하여 교육과정운영계획 수립의 기초자료로 활용할 수 있다.

예시 20. 수업공개 평가표
관련지표: 교육과정 영역 1-4-8

수업공개 평가표

<table>
<tr><td>영역</td><td></td><td>단원</td><td></td><td colspan="5">월・주</td><td></td></tr>
<tr><td>주제</td><td colspan="9"></td></tr>
<tr><td>목표</td><td colspan="9"></td></tr>
<tr><td>일시</td><td></td><td>대상</td><td></td><td colspan="5">평가자</td><td></td></tr>
<tr><td colspan="4">평가내용</td><td colspan="5">평점</td><td>특기사항</td></tr>
<tr><td colspan="4" rowspan="2">1. 주제의 선정이 유아에게 적합하였나?
2. 목표는 유아의 수준에 맞게 세워졌는가?
3. 교사의 언어와 태도가 바람직했는가?
4. 교사의 질문이 개방적이었나?
5. 수업 기술을 위해 사전에 교재 연구를 하였는가?
6. 동료장학을 위해 자기 연수를 하였는가?
7. 동료장학 시 지적 사항을 시정하려고 노력하였는가?
8. 동료 교사와 상호 간의 수업 관찰에 대해 객관적 자료를 갖고 협의하였는가?
9. 동료 교사 사이에 인간관계를 위해 노력하였나?
10. 분석 평가된 자료를 차기 수업에 반영하였는가?
11. 자료가 주제에 적합하게 제작되었는가?</td><td>5</td><td>4</td><td>3</td><td>2</td><td>1</td><td rowspan="2"></td></tr>
<tr><td></td><td></td><td></td><td></td><td></td></tr>
<tr><td colspan="3"></td><td>합계</td><td colspan="5"></td><td></td></tr>
<tr><td colspan="10">❑ 동료장학을 실시한 후 좋았던 점은?
❑ 동료장학을 실시한 후 미비했던 점은?</td></tr>
</table>

check point

유아교육기관에서는 동일 연령 또는 전 교사들 간에 수업을 공개함으로써 수업의 계획, 실행, 평가, 교수・학습방법, 교재・교구선정 등에 따른 평가를 해야 한다. 동료장학의 경우, 수업을 공개하는 교사와 수업을 평가하는 교사 모두에게 교사로서의 전문성 발달을 위한 반성의 기회가 된다. 따라서 수업공개가 이루어지고 난 후, 협의회를 개최하여 수업 개선방안에 대한 논의가 이루어져야 한다. 단, 학급이 단일학급일 경우, 인근 유치원끼리 동료장학모임을 만들 수 있으며 초등학교 병설유치원의 단일학급일 경우에는 초등학교 저학년 교사들과 동료장학을 함으로써 유아교육에 대한 이해를 돕고 유・초 간의 협력의 장을 마련할 수 있는 기회를 제공할 수 있다.

예시 21. 수업활동 평가
관련지표: 교육과정 영역 1-4-8

수업활동 평가

1. 수업일: 200 년 월 일 요일
2. 활동주제:
3. 수업대상:
4. 수업자:
5. 평가자:

영역	평가내용	평점	비고
I. 학습 활동 계획	1. 학습목표를 구체적으로 진술했는가? 2. 교육과정의 지역화 및 기본생활습관, 생활 주제 중심의 통합 교육과정 운영이 적절한가? 3. 학습활동 내용은 유아의 흥미와 발달 단계를 고려하였는가? 4. 집단의 크기 및 주도적 역할에 대한 사전계획은 있었는가?	5 4 3 2 1 5 4 3 2 1 5 4 3 2 1 5 4 3 2 1	
II. 교수 기술	5. 개인차를 고려한 개별지도가 이루어지고 있는가? 6. 교수언어가 적절하여 유아에게 친근감이 있는가? 7. 유아들의 창의적 사고를 고려한 발문과 지명이 이루어지는가? 8. 영역별로 교사와 유아 간의 상호작용이 이루어지는가? 9. 발표 및 기본학습 훈련이 잘 이루어지는가?	5 4 3 2 1 5 4 3 2 1 5 4 3 2 1 5 4 3 2 1 5 4 3 2 1	
III. 자료 활용	10. 학습 자료를 적시에 투입 활용하는가? 11. 구체적이고 실제적인 경험을 제공하는 교육자료를 사용하는가? 12. 흥미영역이 효율적으로 배치되었는가? 13. 교수 · 학습활동에 적합한 자료를 적시에 제시하는가? 14. 향토자료를 수집하여 교육과정의 지역화에 관련지어 활용하는가?	5 4 3 2 1 5 4 3 2 1 5 4 3 2 1 5 4 3 2 1 5 4 3 2 1	
IV. 목표 달성도	15. 학습과정이 적시에 평가(형성평가)되고 있는가? 16. 학습목표 달성 여부의 확인을 통한 누가기록이 이루어졌는가? 17. 학습을 통한 행동의 변화를 개별적으로 분석 활용하는가? 18. 교사는 목표달성을 위한 자체평가를 하는가?	5 4 3 2 1 5 4 3 2 1 5 4 3 2 1 5 4 3 2 1	
V. 시간 운영	19. 지도절차 및 시간 배분이 합리적인가? 20. 개별화를 위한 활동간 순서가 적절히 이루어지는가?	5 4 3 2 1 5 4 3 2 1	
종합 의견	합 계		
	좋은 점: 개선할 점: ※ 평점계: 100점 만점 ※ 자기평점 확인: • 90~100점: 우수 • 80~80점 미만: 보통 이상 • 70~80점 미만: 보통 • 60~70점 미만: 개선 필요 • 60점 미만: 불만족		

check point

교수 · 학습활동의 계획이 바람직하게 설정되었는지, 교수 · 학습상황에서 교수기술의 적합성, 교재 · 교구 활용의 적합성 등에 대한 요소를 설정하여 평가할 수 있다. 여기서 평가자는 장학담당자, 원장, 원감, 동료교사 등이 될 수 있다. 유치원에서는 한 학기에 한 번 시행함으로써 교사의 교수 · 학습방법의 개선에 도움을 줄 수 있으며 이후 교육계획 수립에 반영 · 활용할 수 있다. 단, 점수보다는 각 항목의 내용에 대한 평점에 의미를 두는 것이 필요하다.

예시 22. 수업장학 협의 자료

관련지표: 교육과정 영역 1-4-8

수업장학 협의 자료

일시	년 월 일	반명		수업자	
주제		수업장면		참관자	(서명)

영역	요소	분석관점	수업경향			참관자 의견
			상	중	하	
수업설계	① 목표의 진술	수업목표가 수준에 맞으며 진술 원칙에 부합하고 실현가능성이 있으며 가치 있는 것인가?				
	② 교재준비	교수 내용에 대한 충분한 교재 연구가 이루어졌는가?				
	③ 일과계획	하루의 일과가 균형을 이루고 있는가? (실내 · 실외, 개별활동 · 집단활동 등)				
	④ 통합지도계획	교육활동이 유아의 건강, 사회, 언어, 표현, 탐구생활 영역을 통합적으로 지도할 수 있도록 계획되었는가?				
교사활동	① 교사발문	명료하고 간결하며, 유아의 사고를 촉진하는 발문인가?				
	② 상호작용	유아들의 의견을 존중하고 수용하며, 긍정적인 반응을 보이는가?				
	③ 개별화지도	유아들의 관심, 흥미, 능력별로 교육활동을 선택하여 참여할 수 있도록 기회를 주는가?				
	④ 수업과정의 준수	도입, 전개, 정리, 발전 과정이 계획대로 잘 이루어지고 있는가?				
	⑤ 자료의 활용	자료의 선택, 제시 방법이 적절한가?				
	⑥ 평가활동	교육목표 도달도와 유아의 만족도를 평가하고 있는가?				
유아활동	① 유아의 발언	알맞은 음성으로 자신의 의견을 분명히 말하는가?				
	② 의욕과 참여	자주적이고 적극적으로 학습에 참여하는가?				
	③ 학습방법의 훈련	유아 스스로 놀이를 선택, 계획, 활동, 평가하는가?				
	④ 학습 자료의 활용	학습 자료는 올바르게 선택 활용하고 있는가?				
	⑤ 또래 상호작용	활동 중에 또래들과 긍정적인 상호작용을 하면서 어울려 노는가?				
	⑥ 자기평가	유아 스스로 자기평가를 실시하는가?				
분위기 및 환경	① 학습 분위기	자신의 의견을 자유롭게 표현할 수 있는 허용적인 분위기인가?				
	② 선택활동 영역 구성	각 영역의 명칭이 제시되어 있는가?				
		유아들의 활동에 필요한 계획, 평가표와 이름표가 준비되어 있는가?				
		영역의 구성이 다양하고, 교사의 시선이 모두 미칠 수 있도록 개방적으로 구성되어 있는가?				
	③ 자료 선정 및 배치	영역마다 생활 주제와 관련된 자료들이 제공되어 있는가?				
		필요한 교재, 교구가 이용하고 정리하기 쉽게 배치되어 있는가?				
의견						

예시 23. 학부모 오리엔테이션 결과 평가
관련지표: 교육과정 영역 1-4-8

2008학년도 입학원아 학부모 오리엔테이션 결과 평가

<table>
<tr><td>행사명</td><td colspan="2">2008학년도 유치원 입학원아 학부모 오리엔테이션</td></tr>
<tr><td>유치원</td><td colspan="2"></td></tr>
<tr><td rowspan="2">일 시</td><td>시간 연장제</td><td>2008년 2월 15일 금요일 (15:30 ~ 16:30)</td></tr>
<tr><td>종일제</td><td>2008년 2월 16일 토요일 (10:00 ~ 11:00)</td></tr>
<tr><td>장 소</td><td colspan="2">유치원 놀이실</td></tr>
<tr><td>내 용</td><td colspan="2">1. 본원 교육과정 및 생활안내
2. 유치원 교육비 및 급식비 납입 안내
3. 설문지 작성
4. 학부모회 편성 안내</td></tr>
<tr><td>활동사진</td><td colspan="2"> </td></tr>
<tr><td>평 가</td><td colspan="2">1. 학부모들이 본원의 교육 프로그램과 일과 운영, 행사 활동 등에 높은 관심을 보였다.
2. 본원의 교육과정을 소개하는 슬라이드 자료를 활용하여 교육 활동에 대한 학부모들의 이해를 도울 수 있었다.
3. 2009학년도에는 본원에서 특색있게 실시하고 있는 행사 사진을 첨부하여 학부모들에게 홍보자료로 활용하도록 하는 것이 좋겠다.</td></tr>
</table>

check point

유치원에서는 신입생 부모 대상으로 교육기관의 교육과정에 대한 이해를 돕기 위해 교육과정에 대한 오리엔테이션을 시행할 수 있으며 그 결과는 유치원 운영의 수립과 개선에 반영하고 활용할 수 있다.

예시 24. 어머니 참여수업 운영평가
관련지표: 교육과정 영역 1-4-8

어머니 참여수업 운영평가

일 시	2008년 5월 31일 토요일 (1코스 9:00~10:30, 2코스 11:00~12:30)		
장 소	유치원 각 반 교실	참석인원	
활동내용	수수꽃다리반	쑥부쟁이반	
	1. 인사 나누기 및 출석 부르기	1. 인사 나누기 및 출석 부르기	
	2. 놀이계획 및 자유선택활동 소개	2. 놀이계획 및 자유선택활동 소개	
	3. 자유선택활동	3. 자유선택활동	
	4. 정리정돈 및 자유선택활동 평가	4. 정리정돈 및 자유선택활동 평가	
	5. 대집단활동(징검다리 건너기 게임)	5. 대집단활동(가족 자리 바꾸기 게임)	
	6. 일과 회상 및 귀가	6. 일과 회상 및 귀가	
활동사진			
평 가	1. 자모들이 자녀의 유치원 적응 정도와 발달 정도를 이해할 수 있었다. 2. 자모들이 놀이에 참여하여 자녀들과의 효과적으로 상호작용할 수 있는 방법에 대해 함께 생각해 보는 기회를 마련하였다. 3. 활동 시간에 늦는 자모들이 있어 활동 진행에 차질이 있었으므로 사전에 철저한 안내가 필요하겠다. 4. 자모와 유아들이 시간을 조절하여 각 활동에 골고루 참여할 수 있도록 중간에 시간에 대한 안내가 필요하다. 5. 여러 유아들과 상호작용할 수 있는 다양한 교구 준비가 필요하다.		

check point

교사는 부모참관 및 참여 수업을 실행한 후 자체 평가를 할 수 있다.

예시 25. 부모 참여수업 운영평가
관련지표: 교육과정 영역 1-4-8

부모 참여수업 운영평가

<table>
<tr><td rowspan="2">일 시</td><td colspan="3">시간연장반-2008년 3월 7일(금) 1코스 9:00~10:30, 2코스 11:00~12:30</td></tr>
<tr><td colspan="3">종일반-2008년 3월 5일(수) 1코스 9:00~10:30, 2코스 11:00~12:30</td></tr>
<tr><td>장 소</td><td>유치원 각 반 교실</td><td>참석인원</td><td>유치원 54명</td></tr>
<tr><td>활동내용</td><td colspan="3">1. 자유선택활동의 중요성 및 의의 소개
2. 자유선택활동 계획 및 평가 방법 소개
3. 자유선택활동 소개
4. 자유선택활동 참여
5. 자유선택활동 평가
6. 활동에 대한 학부모 평가</td></tr>
<tr><td>활동사진</td><td colspan="3"> </td></tr>
<tr><td>평 가</td><td colspan="3">1. 유치원 시설 및 흥미 영역, 교구, 유치원 교육활동 등 유치원교육에 대한 궁금증을 해소할 수 있는 계기가 되었다.
2. 자모들이 유치원에서 이루어지는 자유선택활동에 참여해 봄으로써 자유선택활동의 중요성과 자유선택활동에 대해 이해할 수 있었다.
3. 자모들이 유아들과 함께 놀이 계획표에 놀이 계획과 수행을 표시함으로써 유아들이 보다 쉽게 놀이 계획과 수행하는 방법을 이해할 수 있었다.</td></tr>
</table>

check point

유아교육기관에서는 부모대상으로 교육과정평가를 실시하고 교육과정계획 수립에 반영하도록 한다.

예시 26. 현장학습 평가표
관련지표: 교육과정 영역 1-4-8

현장학습 평가표

일시: ____________ 장소: ______________ 기록자: __________________

평가내용	예	아니요
1. 현장학습 시기는 적절했는가? 2. 현장학습의 목표가 무엇인지 확인하였는가? 3. 실행이 가능한 프로그램을 계획했는가? 4. 현장학습지까지 이동시간은 적절했는가? 5. 차량운행은 잘 이루어졌는가? 6. 수시로 인원을 점검했나? 7. 유아의 안전에 대하여 노력했는가? 8. 유아들에게 필요한 현장학습이었나? 9. 유아들이 (동물)에 관심을 보였는가? 10. 학부모들의 협조는 잘 이루어졌는가? 11. 유아와의 상호작용은 잘 이루어졌는가? 12. 모두에게 즐거운 현장학습이었는가?		
기타(다음 행사 시 개선사항, 참고사항 등)		

check point

교사 스스로 현장학습을 다녀오고 난 후, 목적, 시기, 일정, 안전, 교수·학습방법 등에 대한 평가를 한다. 그리고 다음 현장학습 시 개선해야 할 점, 이번 현장학습을 통해 알게 된 점 등에 대하여 상세하게 기록함으로써 교사의 교수·학습방법 및 현장학습계획 수립 등에 반영할 수 있다.

예시 27. 평가도구 및 시기

관련지표: 교육과정 영역 1-4-8

평가도구 및 시기

평가영역	평가내용	평가도구	대상	시기	비고
교육과정 운영평가	• 교육계획 수립 • 교수 · 학습방법 • 생활지도 • 교재, 교구 • 실내 · 외 시설 설비 • 교사 연수 • 부모교육 계획	교육과정 운영평가 척도	전 교원	2월	
	• 교육과정 편성 운영 • 종일반 운영	설문지	학부모	2월	
유아평가	학습 준비도 검사	학습 준비도 검사지	전 유아	가입학시	
	포토폴리오 평가	활동 결과물	전 유아	연중	
	유아 관찰 및 평가	• 일화기록 • 생활 영역별 발달 평가지 • 기본생활습관 지도 평가표 • 원아 발달평가표 가정통신문 발송	전 유아	수시 6월, 12월 매월(가정) 6월, 12월(유) 7월, 12월	
교사평가	교사 행동관찰 평가	교사 자기평가표	전 교원	2월	

check point

평가의 시기 및 도구는 각 유치원마다 유치원 실정, 학부모의 요구 등을 고려하여 계획할 수 있다. 평가는 교육과정 구성 요소의 중요한 부분으로 유치원 교육과정에서 평가의 대상으로는 교육과정 운영에 대한 평가, 유아평가, 교사평가로 나누어 볼 수 있다.

예시 28. 생활 영역별 활동 평가
관련지표: 교육과정 영역 1-4-8

생활 영역별 활동 평가(만 5세용)

평가일	2009. 6.	학급명 :	이름 :	평가자: (인)
	2009. 12.			

1: 미흡, 2: 보통, 3: 잘함

관찰 영역	관 찰 내 용	6월			12월		
		1	2	3	1	2	3
건강생활	1. 자세가 바르다.(앉을 때, 걸을 때, 서 있을 때)						
	2. 양발을 바꾸어 가며 계단을 오르내릴 수 있다.						
	3. 놀이 시설을 능숙하게 이용할 수 있다.						
	4. 한 발로 깡총뛰기를 할 수 있다.						
	5. 공을 던지고 받을 수 있다.						
	6. 매트에서 제시된 조건에 따라 구르기를 할 수 있다.						
	7. 물이나 우유를 흘리지 않고 컵에 따를 수 있다.						
	8. 다양한 모양으로 가위질을 할 수 있다.						
	9. 음식과 영양분의 관계를 알고 골고루 먹는다.						
	10. 교통규칙을 알고 잘 지킨다.						
탐구생활	1. 질문을 많이 한다.						
	2. 문제 상황이 생겼을 때 다양한 방법으로 해결을 시도한다.						
	3. 자연 현상에 대하여 관심이 있다.						
	4. 기본 도형과 색깔의 이름을 안다.						
	5. 도구와 기계가 생활에 주는 편리함에 대해 안다.						
	6. 사건을 순서에 따라 배열한다.						
	7. 사물을 두 가지 속성에 따라 분류한다.						
	8. 10까지는 합리적인 수세기를 한다.						
	9. 유치원 하루 일과의 순서를 안다.						
	10. 물건이 놓인 위치와 방향을 말할 수 있다.						
언어생활	1. 다른 사람의 이야기를 주의 깊게 듣는다.						
	2. 기초적인 낱말과 문장을 듣고 이해한다.						
	3. 자신의 의견을 분명히 말한다.						
	4. 상황에 따라 알맞게 말할 수 있다.						

(계속)

언어생활	5. 읽어준 글을 자기 생각대로 이해하여 순서대로 말한다.						
	6 .자기 이름과 간단한 글자를 쓸 수 있다.						
	7. 어른의 도움 없이 혼자 책을 읽는다.						
	8. 새로 내놓은 책에 관심을 가진다						
	9. 쓰기 도구를 바로 쥐고 문장을 쓸 수 있다.						
	10. 창의적으로 이야기를 꾸며 말할 수 있다.						
사회생활	1. 공동으로 사용하는 물건을 알고 소중히 다룬다.						
	2. 하고 싶은 일이나 놀이를 계획하고 마무리한다.						
	3. 자신의 감정을 조절하여 적절하게 표현할 수 있다.						
	4. 새로운 환경이나 교구에 흥미를 보인다.						
	5. 이미 진행되고 있는 놀이에 자연스럽게 참여한다.						
	6. 친구와 사이좋게 지낸다.						
	7. 다른 사람의 감정을 이해하고 그에 맞는 말이나 행동을 한다.						
	8. 친구와 물건을 나누어 쓸 수 있고 협동할 줄 안다.						
	9. 가족의 소중함을 알고 화목하게 지내려고 한다.						
	10.모든 직업은 소중하며 성의 차이가 없음을 안다.						
표현생활	1. 음악이나 악기소리에 맞추어 몸을 움직인다.						
	2. 악기를 연주하는 일에 관심을 보인다.						
	3. 자신의 생각과 느낌을 그림으로 표현할 수 있다.						
	4. 독창적이고 다양한 형태의 표현을 시도한다.						
	5. 여러 가지 재료를 이용하여 다양한 방법으로 만들고 꾸민다.						
	6. 역할놀이에서 맡은 역할을 잘 해낸다.						
	7. 놀이의 주제를 다양하게 선택한다.						
	8. 자연과 주위 환경에서 나는 소리를 듣고 구별한다.						
	9. 다양한 종류의 춤과 음악을 보고 듣고 느낌을 서로 나눌 수 있다.						
	10. 우리나라의 전통예술에 친숙해지고 관심을 가진다.						

check point

유아교육기관에서 교사들은 유아에게 적합한 자체 평가도구를 즉, 국가수준의 5개 생활 영역의 평가를 통해 유아들의 전인적인 성장을 도모할 수 있다. 평가도구는 교사 협의를 거쳐 지속적인 수정과 보완이 이루어지는 것이 좋다.

예시 29. 생활 영역별 활동 평가
관련지표: 교육과정 영역 1-4-8

생활 영역별 활동 평가(만 3, 4세용)

평가일	2009. 6.	학급명 :	이름 :	평가자: (인)
	2009. 12.			

1: 미흡, 2: 보통, 3: 잘함

관찰 영역	관 찰 내 용	6월			12월		
		1	2	3	1	2	3
건강생활	1. 자세가 바르다.(앉을 때, 걸을 때, 서 있을 때)						
	2. 계단을 오르내릴 수 있다.						
	3. 놀이 시설을 이용할 수 있다.						
	4. 한 발로 깡총 뛰기를 할 수 있다.						
	5. 이를 잘 닦고 손을 깨끗이 씻는다.						
	6. 매트에서 구르기를 할 수 있다.						
	7. 곽 우유를 혼자서 열고 마실 수 있다.						
	8. 모양대로 가위질을 할 수 있다.						
	9. 음식을 골고루 먹는다.						
	10. 교통규칙을 알고 잘 지킨다.						
탐구생활	1. 질문을 많이 한다.						
	2. 문제 상황이 생겼을 때 스스로 해결을 시도해 본다.						
	3. 날씨의 변화에 관심이 있다.						
	4. 기본 도형과 색깔의 이름을 안다.						
	5. 도구와 기계를 구분할 줄 안다.						
	6. 사건을 순서에 따라 배열한다.						
	7. 사물을 한두 가지 속성에 따라 분류한다.						
	8. 5까지는 합리적인 수세기를 한다.						
	9. 유치원 하루 일과의 순서를 안다.						
	10. 자신을 중심으로 왼쪽, 오른쪽을 안다.						
언어생활	1. 다른 사람의 이야기를 주의 깊게 듣는다.						
	2. 기초적인 낱말과 문장을 듣고 이해한다.						
	3. 자신의 의견을 분명히 말한다.						
	4. 상황에 따라 알맞게 말할 수 있다.						

(계속)

언어생활	5. 동시, 동화를 듣고 떠오르는 생각을 말할 수 있다.						
	6. 자기 이름을 쓸 수 있다.						
	7. 책보기를 즐겨한다.						
	8. 새로 내놓은 책에 관심을 가진다.						
	9. 쓰기 도구를 바로 쥔다.						
	10. 창의적으로 이야기를 꾸며 말할 수 있다.						
사회생활	1. 공동으로 사용하는 물건을 소중히 다룬다.						
	2. 하고 싶은 일이나 놀이를 선택할 줄 안다.						
	3. 자신의 감정을 조절하여 적절하게 표현할 수 있다.						
	4. 새로운 환경이나 교구에 흥미를 보인다.						
	5. 이미 진행되고 있는 놀이에 자연스럽게 참여한다.						
	6. 친구와 사이좋게 지낸다.						
	7. 다른 사람의 감정을 이해한다.						
	8. 놀이나 작업을 할 때 협동할 줄 안다.						
	9. 가족의 소중함을 안다.						
	10. 직업의 종류에 대해 안다.						
표현생활	1. 음악이나 악기소리에 맞추어 몸을 움직인다.						
	2. 악기를 연주하는 일에 관심을 보인다.						
	3. 자신의 생각과 느낌을 그림으로 표현할 수 있다.						
	4. 독창적이고 다양한 형태의 표현을 시도한다.						
	5. 여러 가지 재료를 이용하여 만들고 꾸미기를 좋아한다.						
	6. 역할놀이에서 맡은 역할을 잘 해낸다.						
	7. 놀이의 주제를 다양하게 선택한다.						
	8. 자연과 주위 환경에서 나는 소리에 관심을 가진다.						
	9. 다양한 종류의 춤과 음악 감상하기를 좋아한다.						
	10. 우리나라의 전통예술에 관심을 가진다.						

예시 30. 일일 교육활동 계획안
관련지표: 교육과정 영역 1-4-8

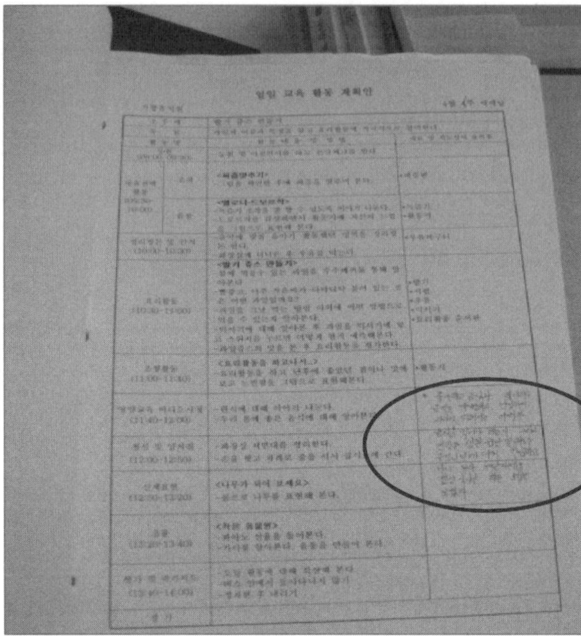

[그림 9] 일일 교육활동 계획안 한쪽을 활용하여 교사가 평가 기록한 내용

check point

교사의 유아는 유치원의 일과 속에서 생활과 교육활동 전반에 걸쳐 포괄적으로 이루어질 수 있다. [그림 9]에서처럼 일일 교육활동에 대하여 계획안 한쪽을 활용하여 유아들과의 교수·학습 계획에 대한 평가를 기록할 수 있다. 이러한 기록은 교사가 이후 활동을 계획하고 전개하는 데 적절한 지침이 될 수 있다.

2 교육환경 영역

교육환경 영역은 교육과정의 성공적 운영과 밀접한 관련이 있다. 특히 유아들의 경우에는 주변 환경과의 긴밀한 상호작용을 통해 학습하고 발달하므로 유치원의 교육환경을 어떻게 구성하고 제공하느냐 하는 것은 매우 중요하다. 교육환경 영역에서는 실내외 교육환경 및 시설과 설비가 적합한지, 교재 및 교구의 선정 활용 및 관리가 적절한지를 점검한다. 교육환경 영역을 각 지표별로 살펴보면 다음과 같다.

평가영역	평가항목	평가지표
교육환경	2-1. 교육환경의 적합성	9. 실내 교육환경의 적합성
		10. 실외 교육환경의 적합성
		11. 유아 발달 수준에 적합한 시설 · 설비
	2-2. 교재 · 교구의 적합성	12. 유아 발달 수준과 주제에 적합한 교재 · 교구의 구비 및 활용
		13. 교재 · 교구의 체계적인 관리 및 보관

교육환경 영역은 궁극적으로 교육환경의 전반적인 질을 개선하는 데 기여하며 유아교육기관의 질적 수준과 책무성 제고를 위해 필수적인 과정이라고 할 수 있다.

2-1. 교육환경의 적합성

평가 지표	9. 실내 교육환경 구성이 적절하고, 효율적으로 활용되고 있다. 10. 실외 교육환경은 다양한 활동이 이루어질 수 있게 구성되어 있다. 11. 유아의 발달 수준에 적합한 시설 · 설비가 구비되어 있다.

교육환경의 적합성은 실내 교육환경 구성이 적절하고 효율적으로 운영되는지, 실외 교육환경은 다양한 활동이 이루어질 수 있도록 구성되는지, 그리고 유아의 발달 수준에 적합한 시설 및 설비가 구비되어 있는지를 종합적으로 평가하는 지표다.

(1) 지표별 평가기준

가. 2-1-9

9	실내 교육환경 구성이 적절하고, 효율적으로 활용되고 있다.

평가 요소	• 실내 흥미 영역의 구성이 적합한가? –연령별로 적합한 종류와 수의 흥미 영역이 배치되어 있음. –흥미 영역은 물리적 · 기능적인 면(공간의 크기, 활동 관련성, 소음 정도 등)을 고려하여 효율적으로 구성되어 있고, 필요에 따라 융통성 있게 재구성되어 있음. ※ 유치원의 물리적 여건상 동시에 많은 수의 영역을 배치하지 못하는 경우에는 주별, 월별로 재구성하고 있는지, 또는 영역 간 연계 · 통합 구성을 하고 있는지를 점검함. ※ 반드시 물리적 공간 구분의 흥미 영역을 설치하지 않더라도 흥미 영역 구성의 특성이 반영된 공간 구성은 무방함. • 실내 공간의 전시 및 게시가 교육적 · 심미적인가? –주제와 연결되고, 유아들의 작품이나 활동 진행 과정이 포함되어 있음.

❑ 평가방법

• 현장평가
  –교실의 흥미 영역이 연령에 적합한 종류로 구성되어 있고 융통성 있게 재구성되어야 한다.
  –교실 환경이 여러 가지 흥미 영역으로 구성되어 있고 각 흥미 영역은 고려되어야 할 사항에 맞게 구성되어야 한다.
  –각 흥미 영역 간에 연계 및 통합적인 구성이 이루어져야 한다.
  –유아의 작품을 통해 주제와 관련된 활동 및 진행과정을 알 수 있도록 다양한 공간에서 전시되어야 한다.

❑ 관련자료

• 교육계획안(현장평가 당일 교육계획안 포함)
• 교실 평면도 및 사진자료
• 교실 흥미 영역의 재배치 기록사진
• 흥미 영역 배치 내역 및 재구성 내용이 포함된 교육계획안

예시 31. 교실 평면도
관련지표: 교육과정 영역 2-1-9

〈교실 평면도〉

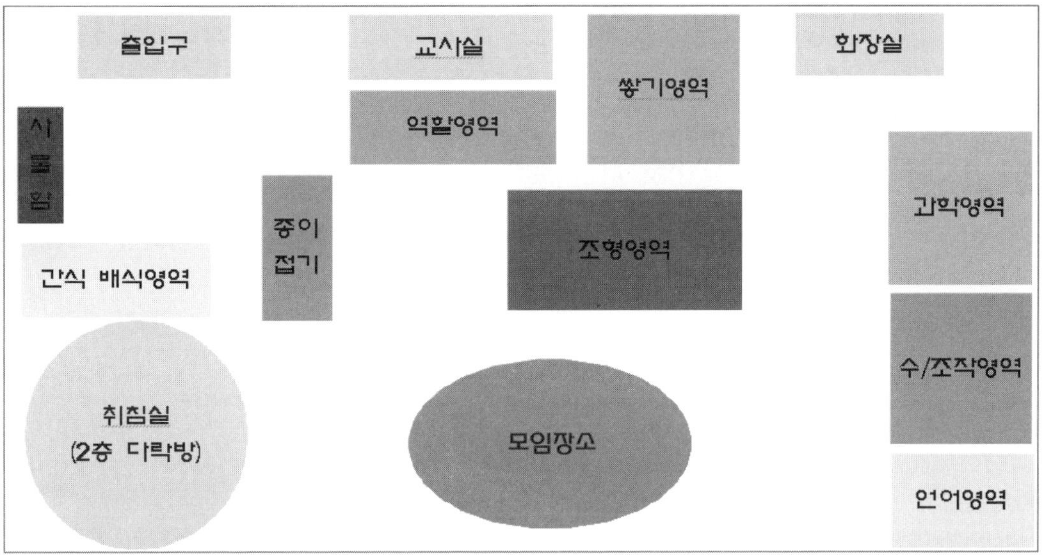

[그림 10] G유치원의 교실 영역 배치도

[그림 11] G유치원의 교실 전경

check point

유아교육기관의 교실은 유아의 흥미를 고려하여 흥미 영역으로 구성되며 교육계획에 따라 유사 영역 간에 통합 분리가 가능해야 한다. 따라서 교사는 물리적 · 기능적인 면을 고려하여 효율적으로 교실을 구성해야 한다. 이러한 교실평면도는 교사가 교실을 융통성 있게 재구성하기 위해 필요하다.

나. 2-1-10

10 실외 교육환경은 다양한 활동이 이루어질 수 있게 구성되어 있다.

평가 요소	• 실외 공간에는 각종 놀이기구를 비롯하여 물 · 모래놀이 영역, 자연체험 공간 및 휴식 공간 등 다양한 영역이 마련되어 있는가? • 실외 공간에서 다양한 활동이 이루어지고 있는가? ※ 실내나 옥상 등에 유원장과 유사한 공간을 설치 · 운영하는 경우에도 이러한 활동이 가능하면 무방함. ※ 주변에 지역 공동놀이터를 사용하는 경우에는 공동놀이터의 환경을 점검함.

❑ 평가방법

• 현장평가

 – 각종 놀이기구 및 물, 모래놀이, 식물 재배장, 동물 사육 공간, 휴식 공간 등이 다양하게 구성되어야 한다.

 – 일일교육계획안을 통해 실외놀이가 계획되어 있으며 실외활동이 다양하게 이루어져야 한다.

❑ 관련자료

• 교육계획안(현장평가 당일 교육계획안 포함)

• 유치원 현황표

• 건물대장 사본

• 실외 놀이공간 영역배치 사진자료

예시 32. 실외 놀이 영역 배치
관련지표: 교육과정 영역 2-1-10

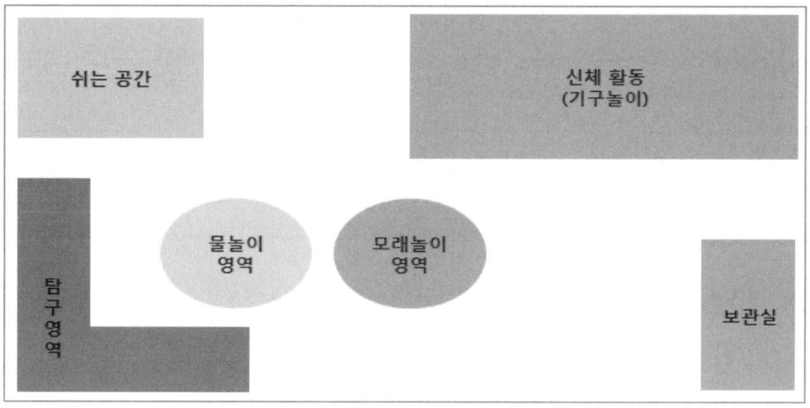

[그림 12] 실외 영역 배치도

[그림 13] 실외 영역 전경

check point

실외 놀이 영역은 실내 놀이 영역만큼이나 교육적으로 의미있는 공간으로 통합될 수 있다. 유아교육기관의 실외공간은 유아들이 실외에서 다양한 활동이 이루어질 수 있도록 각종 놀이기구를 비롯하여 물・모래 놀이 영역, 자연체험 공간, 휴식 공간 등 다양한 영역으로 구성해야 한다.

다. 2-1-11

11 유아의 발달 수준에 적합한 시설 · 설비가 구비되어 있다.

평가 요소	• 실내 시설 · 설비가 유아의 발달 수준에 적합한가? ※ 실내 시설 · 설비(예): 사물함, 책상, 의자, 교구장, 세면대, 화장실(변기), 계단 등 • 실외 시설 및 놀이 기구 등이 유아의 발달 수준과 유아교육 특성에 적합한가?

❑ 평가방법

• 현장평가

– 실내 시설 · 설비가 유아들의 발달 수준에 적합해야 한다.

사물함, 책상, 의자, 세면대, 계단, 변기 등의 크기 및 높이의 적절성

– 실외 시설 · 설비가 유아들의 발달 수준에 적합해야 한다.

– 당일 실내외 교육환경 관찰이 이루어진다.

– 시설 · 설비의 구비 및 관리 상황 관찰이 이루어진다.

❑ 관련자료

• 유치원 내의 시설 · 설비 목록대장

• 유치원 내의 각 학급별 시설 · 설비 목록표(만 3세반, 만 4세반, 만 5세반이 구분되어야 함)

• 유치원 외의 시설 · 설비 목록대장

2-2. 교재 · 교구의 적합성

평가 지표	12. 유아 발달 수준과 주제에 적합한 교재 · 교구를 구비하고 효과적으로 활용하고 있다. 13. 교재 · 교구를 체계적으로 정리 · 관리하고 있다.

교재 · 교구의 적합성은 유아발달 수준과 주제에 적합한 교재 · 교구를 구비하고 효과적으로 활용하는지와 교재 · 교구를 체계적으로 정리 · 관리하고 있는지를 평가하는 것으로, 평가지표는 다음과 같다.

(1) 지표별 평가기준

가. 2-2-12

12 유아 발달 수준과 주제에 적합한 교재 · 교구를 구비하고 효과적으로 활용하고 있다.

평가 요소	• 다양한 교재 · 교구를 충분하게 구비 · 활용하고 있는가? • 교재 · 교구가 유아의 발달 수준과 주제에 적합한가?

❑ 평가방법

• 현장평가

 –생활주제와 관련 있는 다양한 교재 · 교구를 구비하고 활용한다.

 –교재 · 교구가 유아의 발달 수준과 주제에 적합해야 한다.

❑ 관련자료

• 시설 · 설비 대장 및 관리 상황 증빙서류

• 교육계획안

• 교재 · 교구 대장

• 교재 · 교구 활용부

예시 33. 교재 · 교구 대장
관련지표: 교육과정 영역 2-2-12

교재 · 교구 대장

영역	교 구 명	원가	개수	가격	구입처 및 정보
조작	나무옷입히기－남자	36,000	1	36,000	보육사 카탈로그
	나무옷입히기－여자	36,000	1	36,000	보육사 카탈로그
	숫자놀이 실꿰기	37,000	1	37,000	보육사 카탈로그
	어릿광대나사끼우기	31,000	1	31,000	보육사 카탈로그
	플립 옷입히기 실꿰기	31,000	1	31,000	보육사 카탈로그
수	아기곰 분류하기	51,000	1	51,000	동심
	먹이주기 연상게임	112,000	1	112,000	보육사 카탈로그
	패턴학습 정원가꾸기	69,000	1	69,000	보육사 카탈로그
	택타일게임(모양맞추기)	57,000	1	57,000	보육사 카탈로그
	도형모자이크	44,000	1	44,000	보육사 카탈로그
역할	역할놀이 손인형	196,000	1	196,000	보육사 카탈로그
	목재 컷팅 푸드모음 A	73,000	1	73,000	보육사 카탈로그
	목재 컷팅 푸드모음 B	78,000	1	78,000	보육사 카탈로그
	전자레인지	41,000	2	82,000	보육사 카탈로그
과학	계량컵	23,500	1	23,500	동심
	동물줄자	16,000	1	16,000	동심
	온도계세트	32,000	1	32,000	보육사 카탈로그
	자석실험판	60,000	1	60,000	보육사 카탈로그
	돋보기실험판	60,000	1	60,000	보육사 카탈로그
	우리 몸 퍼즐세트	68,000	1	68,000	육영회
신체	칼라유니바	220,000	1	220,000	보육사 카탈로그
	주니어 농구공	28,000	2	56,000	동심
	주니어 축구공	28,000	2	56,000	동심
	주니어 배구공	28,000	2	56,000	동심
	소프트볼40	18,000	2	36,000	동심
	소프트볼60	29,000	2	58,000	동심
	소프트볼80	47,000	2	94,000	동심
	사방치기 놀이판	66,000	1	66,000	육영회
	전통놀이 소품세트	250,000	1	250,000	보육사 카탈로그
	고리던지기	19,000	2	38,000	동심
	개구쟁이 착지매트	260,000	2	520,000	동심

(계속)

언어	인형극틀	176,000	2	352,000	보육사 카탈로그
조형	투명이젤	390,000	1	390,000	동심
음률	리듬악기세트1	44,000	1	44,000	육영회
	리듬악기세트3	58,300	1	58,300	육영회
	실로폰－바다가재	26,000	1	26,000	보육사 카탈로그
	실로폰－물고기	26,000	1	26,000	보육사 카탈로그
	핸드드럼세트	84,000	1	84,000	보육사 카탈로그
컴퓨터	Sammy's Science House	25,000	1	25,000	인터넷－TV PARK
	Millie's Math House	25,000	1	25,000	인터넷－TV PARK
물, 모래놀이	물, 모래놀이 탁자(소형)	117,000	2	234,000	보육사 카탈로그
	물, 모래놀이 덮개	68,000	2	134,000	보육사 카탈로그
목공	목공놀이스테이션	170,000	1	170,000	보육사 카탈로그
	자동드라이버연장가방	58,000	1	58,000	보육사 카탈로그
	연장통	40,000	1	40,000	보육사 카탈로그
	작업용 헬멧	12,000	3	36,000	보육사 카탈로그

check point

유아교육기관에 교재·교구는 교육목표나 교육내용과의 관련성, 교구의 사용빈도, 교구나 자료의 난이도와 복잡성 정도, 교구와 자료의 무게 및 형태, 점유 공간, 보관장이나 선반 등의 요인을 고려하여 배열한다. 이때, 영역별 활동, 생활주제, 연령, 발달수준 등을 고려하여 구분하여 비치하며 [예시 33]에서 알 수 있듯이 흥미 영역별로 교재·교구를 구비하고 연령이나 유아의 수를 고려하여 적정량을 구비·활용할 수 있다.

예시 34. 교재 · 교구 자료 활용부
관련지표: 교육환경 영역 2-2-12

교재 · 교구 자료(이야기 나누기) 활용부

생활주제	분류 번호	활 동 명	구 분	나리반	종일반
유아용 자료	1	자연관찰 과학앨범 호랑나비①	동심		
	2	민들레②	〃		
	3	제비③	〃		
	4	무당벌레④	〃		
	5	개구리⑤	〃		
	6	장수풍뎅이⑥	〃		
	7	사슴벌레⑦	〃		
	8	해바라기⑧	〃		
	9	달팽이⑨	〃		
	10	가재⑩	〃		
	11	송사리⑪	〃		
	12	여치⑫	〃		
	13	매미⑬	〃		
	14	감자⑭	〃		
	15	고추잠자리⑮	〃		
	16	도토리	〃		
	17	철새	〃		

check point

교재 · 교구 자료 활용부는 유치원의 각 반에서 어떻게 교재 · 교구 자료가 활용되는지의 여부를 모든 교직원이 알 수 있으며, 교재 · 교구 자료 관리를 위해 필요하다. 또한 학기말 교재 · 교구 활용부를 통해 새로운 교재 · 교구의 구입이 어떤 것이 필요한지, 활용이 되지 않는 교재 · 교구는 어떤 것인지 알 수 있어서 이에 대한 체계적인 보충계획을 세울 수 있다.

나. 2-2-13

13 교재 · 교구를 체계적으로 정리 · 관리하고 있다.

평가 요소	• 교재 · 교구가 연령별, 주제별로 정리되어 있는가? • 교재 · 교구의 사용과 보관이 용이하도록 체계적으로 관리하고 있는가?

❑ 평가방법

• 현장평가

– 교재 · 교구가 연령별, 주제별로 정리되고 보관과 사용이 용이하도록 체계적으로 관리한다.

– 일일교육계획안에 연령, 수업유형, 흥미 영역에 따라 제시하는 교재 · 교구의 내용이 기재되어야 한다.

❑ 관련자료

• 교육계획안(현장평가 당일 교육계획안 포함)

• 교재 · 교구 대장 및 관리 상황 증빙서류

예시 35. 교재 · 교구 대장 및 관리
관련지표: 교육과정 영역 2-2-13

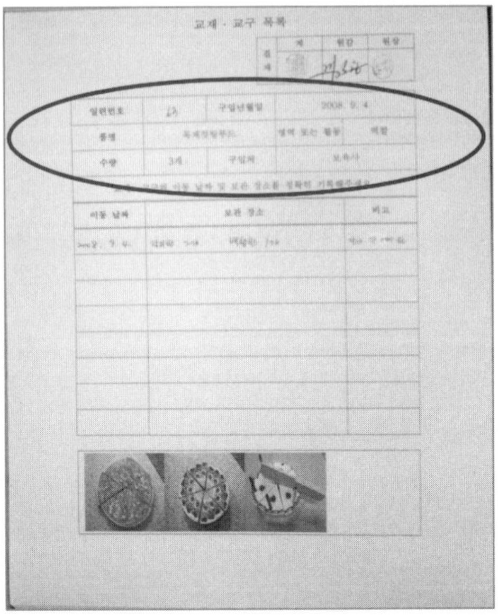

[그림 14] 교재 · 교구 대장

check point

교재 · 교구가 연령별, 주제별로 정리되고 보관과 사용이 용이하도록 하기 위하여 체계적인 자료관리가 필요하다. 따라서 유아교육기관에서는 각 교수 · 학습자료를 목록화시키며 목록표에는 일련번호, 구입년월일, 교구 · 교재명, 해당 영역 또는 활동, 보유 수량, 구입처, 사용날짜, 보관 장소, 교구사진 등이 포함되도록 한다. 혹시, 사용 중 훼손되거나 분실되는 경우에는 비고란에 기록하여 교재 · 교구를 관리하도록 한다.

예시 36. 교재 · 교구 목록표
관련지표: 교육과정 영역 2-2-13

교재 · 교구 목록

결재	계	원감	원장

일련번호	1	구입년월일	2008. 9. 4
품명	헝겊책 세트	영역 또는 활동	조작
수량	1	구입처	춘천 보육사

교재 · 교구의 보관 장소 및 이동 날짜를 정확히 기록해 주세요.

이동 날짜	보관 장소	비고

check point

교재 · 교구의 사용과 보관이 용이하기 위해서는 체계적인 관리가 필요하다. 따라서 유치원에서는 생활주제별, 연령별, 흥미 영역별, 종류별 등으로 분류한 후 교구 · 교재 목록대장을 구비하여 활용한다.

예시 37. 교재 · 교구 사진 대장
관련지표: 교육환경 영역 2-2-13

교재 · 교구 사진 대장

교재 · 교구명	인사를 잘해요	분류 번호	즐-조작-7
관련 주제	즐거운 유치원		
활동 형태 흥미 영역	조작	보관 장소	제 1 자료실(❷-1)
교재 · 교구의 구성 품목 내역	원목퍼즐		
자료사진			
사용상 유의점			

check point

유치원에서는 교재 · 교구 사진 대장을 이용하여 교재 · 교구를 체계적이고 효율적으로 사용할 수 있다. 이때 교재 · 교구명, 분류번호, 관련주제, 활동형태 흥미 영역, 보관 장소, 자료사진, 유의점 등을 기록할 수 있다. 위의 표를 살펴보면, 분류번호 즐-조작-7은 생활주제 중, 즐거운 유치원에서 조작 영역의 교구 중 7번을 뜻한다.

Tip 교재 · 교구의 적합성

유아교육기관의 비품 및 교재 · 교구는 유아의 연령, 발달수준, 활동 유형이나 활동목표, 비품 및 교구의 특성 등에 따라 분류한다. 유치원에서 기본적으로 갖추어야 할 교구의 품목과 기준에 대해서는 교육부고시(교육부고시 제1992-5호, 1992.2.29 개정)로 규정하였으며 유치원 교구의 기준으로 영역, 교구 종목, 규격, 소요기준 및 비고를 제시하고 있다.

〈유치원의 교구 기준〉

영역	교구종목	규격	소요기준
시청각기기	카세트 녹음기 VTR 사진기 슬라이드 환등기 환등기	라디오 겸용 보조기구 포함 스크린 포함 교육용	학급당 1 원당 1 원당 1 원당 1 원당 1
블록	유니트 블록세트 끼우기 블록세트 쌓기 블록세트 블록세트 소품		학급당 1 학급당 2 학급당 2 학급당 3
언어	책 책꽂이 그림동화 세트 융판동화 세트 융판 인형극 세트 인형극 틀 게임 세트 카드 세트	그림책, 동화책, 동요, 동시집	학급당 20 학급당 1 학급당 2 학급당 2 학급당 1 학급당 1 원당 1 학급당 2 학급당 2
역할놀이	소꿉놀이 의상 세트 소꿉놀이 인형 소꿉놀이 생활비품 병원놀이 세트	 그릇, 침대, 식탁, 이불, 베개, 전화, 싱크대, 조리대, 냉장고 모조 의료기구	학급당 5 학급당 3 학급당 1 학급당 1
수	수놀이 자료 게임 세트 퍼즐	10종(단추, 바둑알 등) 1조	학급당 1 학급당 3 학급당 3
과학	측정도구 세트 실험 및 관찰도구 세트	자, 저울, 계량컵, 온도계, 시계, 스포이트 등 거울, 자석, 확대경, 지구본, 핀셋, 프리즘, 손전등, 촉각판(비닐주머니) 등	학급당 3 학급당 5

(계속)

음률	피아노 리듬악기 세트 가락악기 세트 전통악기 세트	오르간 대치 가능 북, 탬버린, 트라이앵글, 캐스터네츠, 마라카스, 우드블록, 방울 등 리코더, 멜로디언, 기타 등 소고, 피리, 꽹과리, 장고, 북, 징 등	원당 1 학급당 3 학급당1 원당 5
대근육	매트 공 후프 줄 평균대	 줄넘기줄, 밧줄 등 균형잡기대 대치 가능	원당 1 학급당 3 학급당 3 학급당 3 원당 1
미술	그리기 도구 세트 만들기 도구 세트	화가, 롤러, 붓 등 가위, 점토판, 모형틀 등	학급당 2 학급당 10
모래놀이	모래놀이 교구	3종(삽, 채, 모래놀이, 소품 등) 이상 1조	원당 1
물놀이	물놀이 교구	4종(양동이, 물뿌리개, 호스, 물놀이 소품 등) 이상 1조	원당 1
목공놀이	목공놀이교구 세트 목공대	3종(유아용 망치, 유아용 톱, 자, 키, 공구 세트, 각종 나사 등) 이상 1조	원당 1 원당 1

유치원에 시설 · 설비기준은 고등학교 이하 각급 학교 설립 · 운영규정(일부개정 2007.5.2 대통령령 제20040호)에 따른다. 유치원의 시설 · 설비에는 교사용 대지, 교사, 체육장, 교지, 교구, 급수, 온수시설 등이 속한다. 유치원에서 갖추어야 할 시설 · 설비의 법적 기준을 살펴보면 다음과 같다(법제처 종합법령정보센터, 2007).

〈유치원의 시설 · 설비 기준〉

구분	기준	비고
시설	가. 건물의 1층 또는 2층을 사용하는 것을 원칙으로 한다. 다만, 건물 전체를 사용하는 경우에 한하여 3층까지 사용할 수 있다. 나. 시설면적(체육장 면적을 제외한다)은「고등학교 이하 각급 학교 설립 · 운영 규정」별표 1의 유치원 교사의 기준면적에 따른다. 다. 체육장 면적은「고등학교 이하 각급 학교 설립 · 운영 규정」별표 2의 유치원 체육장의 기준면적에 따른다. 다만, 지역적 특수성에 따라 체육장을 설치하는 것이 불가능한 경우에는 인근 놀이터를 활용할 수 있다. 이 경우 인근 놀이터 이용 계획서를 시 · 도 교육감에게 미리 제출하여야 한다.	「유아교육법 시행규칙」[별표 2] 유아교육위탁기관 지정기준
교사용 대지	교사용 대지의 기준면적은 건축관련법령의 건폐율 및 용적률에 관한 규정에 따라 산출한 면적으로 한다.	「고등학교 이하 각급학교 설립 · 운영 규정」 제4조

(계속)

교사	① 각급학교의 교사(교실, 도서실 등 교수 · 학습활동에 직 · 간접적으로 필요한 시설물을 말한다)는 교수 · 학습에 적합하여야 하고, 그 내부환경은 「학교보건법」 제4조의 규정에 의한 환경위생 및 식품위생 유지 · 관리에 관한 기준에 적합하여야 한다. ② 제1항의 규정에 의한 교사의 기준면적은 별표 1과 같다.	동 규정 제3조 [별표 1] 40명 이하: 5N㎡ 41명 이상: 80+3N㎡ (N=각급학교의 전 학년의 학생 정원)
체육장	① 각급학교의 체육장(옥외 체육장을 말한다)은 배수가 잘 되거나 배수시설을 갖춘 곳에 위치하여야 한다. ② 제1항의 규정에 의한 체육장의 기준면적은 별표 2와 같다.	동 규정 제6조 [별표 2] 40명 이하: 160㎡ 41명 이상: 120+N㎡ (N=각급학교의 전 학년의 학생 정원)
교지	각급 학교의 교지는 제4조의 규정에 의한 교사용 대지와 제5조의 규정에 의한 체육장의 면적을 합한 용지로서 교사의 안전 · 방음 · 환기 · 채광 · 소방 · 배수 및 학생의 통학에 지장이 없는 곳에 위치하여야 한다.	동 규정 제6조
교구	각급 학교에는 학과 또는 교과별로 필요한 도서 · 기계 · 기구 등의 교구를 갖추어야 한다. 제1항의 규정에 의한 교구의 종목 및 기준은 시도 교육감이 정하여 고시한다.	동 규정 제8조
급수 · 온수 공급시설	① 각급학교에는 급수시설을 두어야 하되, 수질검사결과 위생상 무해하다고 판명된 것이어야 한다. ② 학교에는 온수를 공급할 수 있는 시설을 갖추어야 한다.	동 규정 제10조

Tip 유아교육기관의 실내 환경 엿보기

유아교육기관의 실내 기본시설은 출입구 및 현관, 활동실, 화장실, 양호실, 조리실, 교재 · 교구실, 부모대기실, 창고 등이다. 실내시설은 유아들이 안전하고 건강하게 생활할 수 있으며 다양한 학습 경험을 할 수 있도록 환경이 구성되어야 한다.

● 교실

활동실은 유아들이 하루 중 가장 많은 시간을 보내는 곳으로 유아교육시설에서 가장 핵심이 되는 곳이다. 유치원 활동실의 크기는 반일반과 종일제인 에듀 케어반의 특성을 고려하여 설계한다. 에듀 케어반은 반일반과 달리 휴식과 낮잠을 잘 수 있는 공간이 필요하다.

[그림 15] 교실 전경

● 화장실

유아가 편리하게 대소변을 해결하고 씻을 수 있으며 건강과 청결을 유지하고 위생습관을 배우도록 환경을 조성한다. 통풍과 채광이 잘 되도록 하며 바닥은 미끄러지지 않도록 환경을 구성한다. 높이는 유아의 키에 알맞아야 하며 유아에게 적절한 세면대의 높이는 3세 45cm, 4세 50cm, 5세 55cm이다.

[그림 16] 화장실

[그림 17] 칫솔 살균기

[그림 18] 세면대

유아들의 이 닦는 습관형성을 돕기 위해 교사는 유아들이 즐겨 이를 닦을 수 있도록 적절한 높이의 세면대를 준비해 준다. 또한 칫솔의 위생적인 관리를 위해 소독기를 설치할 수 있다.

화장실의 물리적 시설은 유아로 하여금 배면에 관한 긍정적인 감정을 갖도록 하기 위하여 채광이 잘 이루어지게 하며, 실외 영역이 잘 보이도록 창을 설치하고 되도록 밝은 색을 사용하여 화장실이 주는 차가운 느낌을 줄여야 한다(Osmon, 1971).

● **유희실**

유희실은 유아들이 마음 놓고 뛰어 놀 수 있도록 바닥은 견고하고 청결을 유지되어야 한다. 교구 정리를 위한 수납장이 있으면 보다 쾌적하고 정돈된 공간이 될 수 있다. 이 밖에도 체육 설비와 놀이집, 소형 볼풀 장, 끌고 다니는 놀잇감, 승용완구 등으로 구성해 볼 수 있다(김혜경, 2005).

[그림 19] 유희실

● **자료실**

교재 · 교구는 교육활동에 필요한 방법으로 체계적으로 보관하는 것이 중요하다. 또한 교사들이 필요로 하는 활동자료나 교재 · 교구 대장과 목록표를 만들어 관리하며 자료는 교육주제, 영역, 연령, 사용빈도 등의 특성에 따라 기능적으로 분류 · 보관하도록 한다.

[그림 20] 자료실

또한 다양한 교구의 경우에는 교구를 찾기 쉽게 하기 위하여 사진에서처럼 안이 보일 수 있는 상자를 활용하는 방법도 있다.

● 양호실

유아교육기관에는 아프거나 다친 유아들이 간단한 치료와 안정을 위해 양호실을 갖추어야 한다. 양호실은 조용하고 아늑하며 따로 격리된 공간이 바람직하다. 양호실에는 침대, 약품장, 구급 약품을 비치한다.

● 현관 및 출입구

현관 및 출입구는 유아교육기관을 방문하는 사람을 맞는 곳으로 유아교육기관에 대한 첫인상을 주게 된다. 출입구의 분위기는 따뜻하고 부드러운 인상을 줄 수 있도록 하며 교사와 보호자가 유아에 대한 정보를 교환할 수 있는 환경을 구성하도록 한다.

[그림 21] 현관 및 출입구

● 부모들이 기다리는 장소

유아교육기관을 방문하는 방문객과 유아들을 등・하원 시키기 위해 잠시 유아교육기관을 방문하여 잠시 머물러 있을 수 있는 공간을 마련한다. 이 공간에서 부모들은 다른 유아의 부모와 만나고 교사로부터 유아의 성장과 발달에 대한 이야기를 들을 수 있다(신화식, 김명희, 2008). 이 공간은 하나의 독립된 공간으로 구성되기보다는 현관의 복잡하지 않은 한 공간을 지정하여 구성하거나 사무실, 교사실과 연결되는 공간으로 보모나 방문객이 편안하고 쉽게 이용할 수 있도록 한다. 또한 방문객들이 간단하게 차나 음료수를 마실 수 있는 개수대와 편히 앉을 수 있는 소파와 전화를 설치하는 것도 바람직하다(강문희, 윤애희, 이경희, 정정옥, 2007). 여기에는 유아교육기관의 소개글, 유아들의 현재 학습내용에 따른 기록물, 유아관련 도서 등을 비치할 수 있다. 또한 그림에서처럼 학부모 의견수렴함을 위한 코너를 만들어 수시로 유치원의 교육과정, 운영, 기타 등에 대해 의견을 수렴할 수 있다.

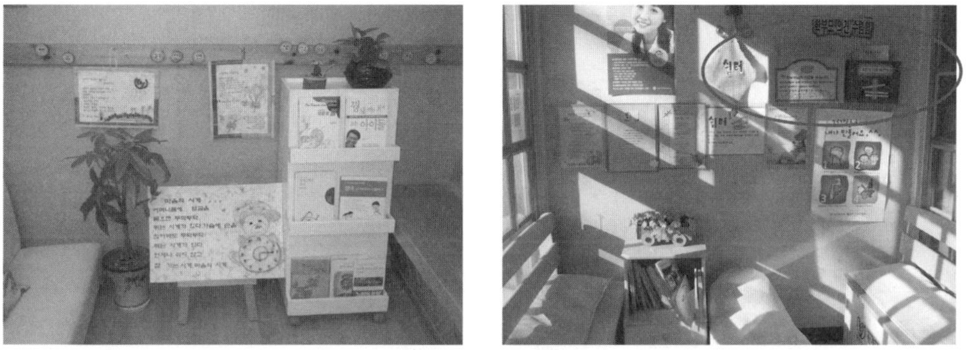

[그림 22] 학부모 대기실

Tip 활동실 흥미 영역 엿보기

유치원의 실내 환경은 흥미 영역으로 구성되며 사진에서처럼 여러 형태의 교구장이나 분리대 또는 기타의 방법으로 여러 가지 놀이 영역을 구분하는 것을 말하며 활동 영역이라고 한다. 흥미 영역은 독립성을 보장하는 영역인 동시에 연계성을 고려하는 것도 필요하다. 또한 연령에 따른 교실 환경을 구성해 줌으로써 유아들이 생활할 수 있도록 한다.

활동실을 흥미 영역으로 구성할 때 고려해야 할 원리에 대해 프로스트(Frost)는 네 가지 영역으로 구분하여 설명한다. 즉, 조용하고 건조한 영역, 활동적이며 건조한 영역, 조용하고 물이 있는 영역, 활동적이며 물이 있는 영역이며 표와 같이 나타낼 수 있다.

건조한 곳

조용한 곳 ↔ 활동적인 곳		
	책보기, 듣기, 이야기나누기, 동화, 쓰기, 소집단 활동	쌓기 놀이, 대근육 활동, 역할놀이, 목공놀이, 음률
	요리, 간식, 가위로 오리고 풀로 붙이기, 점토놀이	물, 모래놀이, 손 씻는 곳, 물감활동, 과학실험

물이 있는 곳

● 활동실 구성

① 언어 영역

언어 영역은 유아들이 안정된 분위기에서 읽고, 쓰고, 말하고, 듣는 놀이를 할 수 있게 구성한다. 교사들은 언어 영역을 구성할 때 동적 놀이가 이루어지는 영역과는 떨어진 공간에 배치한다. 또한 언어 영역은 교실의 채광이 좋은 장소를 선택하고 편안하게 앉을 수 있는 의자나 쿠션을 준비하는 것이 좋다. 단, 너무 많은 종류의 책을 준비하기보다는 생활주제나 계절 등을 고려한 다양한 종류의 책을 적당한 시기마다 교체해 주는 것이 필요하다.

[그림 23] 언어 영역

② 과학 영역

과학 영역은 유아들이 다양한 사물을 관찰하고 동·식물과 도구, 기계 등에 대해 호기심을 가지고 지속적으로 탐구하는 태도를 기르는 곳이다. 과학 영역은 조용하고 햇빛이 잘 들며 물을 쉽게 사용할 수 있는 곳에 배치한다. 또한 전기기구나 각종 실험기구를 안전하게 사용할 수 있도록 반드시 전기 콘센트에는 안전덮개를 씌우고 유아들의 왕래가 많지 않은 장소에 비치하는 것이 효과적이다.

[그림 24] 과학 영역

③ 수 · 조작 영역

수 · 조작 놀이 영역은 여러 가지 물건들을 조작해 봄으로써 눈과 손의 협응력, 기초적인 수 개념, 도형 및 공간 개념, 측정, 패턴, 자료수집 및 분류 등의 경험을 하는 공간이다.

유아들이 놀이에 흥미를 가지고 집중할 수 있도록 낮은 책상을 준비하고 바닥에 카펫을 깔아 준다.

[그림 25] 수 · 조작 영역

④ 음률 영역

음률 영역은 유아가 음악감상을 하거나 여러 가지 악기를 다루거나 음악에 맞추어 움직여 보는 영역이다. 따라서 이 영역에서 발생하는 소리와 움직임이 다른 영역에 방해하지 않도록 정적 영역과는 멀리 떨어진 곳에 배치하고 바닥에 카펫을 깔아서 소음을 방지하도록 한다.

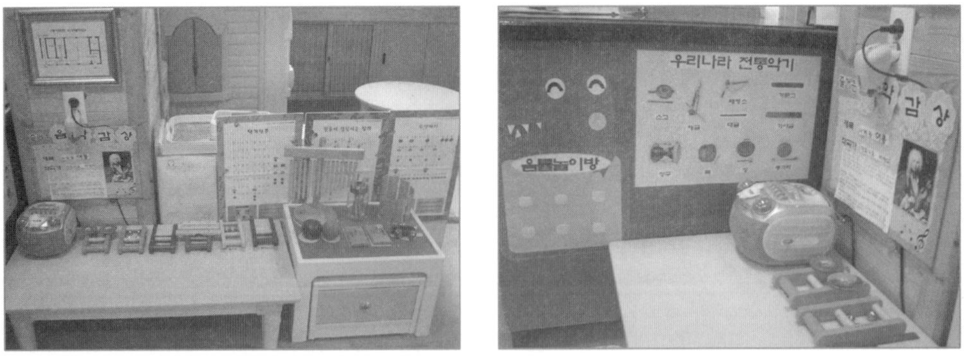

[그림 26] 음률 영역

⑤ 역할놀이 영역

역할놀이 영역은 유아가 극놀이 또는 역할놀이를 통해 가족의 역할, 다양한 직업의 기능 및 역할을 익히며 자신의 여러 가지 경험이나 생각, 느낌을 새롭게 창조해 보는 곳이다.

이 영역은 쌓기놀이 영역과 근접하여 배치하여 줌으로써 놀이의 확장을 돕는다. 또한 다양한 주방용품, 가정용품, 의상 등을 구비하여 유아들의 놀이를 격려한다. 이때, 놀잇감은 가정통신문을 통해 가정에서 사용하지 않는 용품들을 요청할 수 있다.

[그림 27] 역할놀이 영역

⑥ 조형놀이 영역

조형놀이 영역은 그리기, 만들기, 꾸미기, 구성하기 등과 같은 다양한 미술활동이 이루어질 수 있다. 따라서 여러 가지 미술재료와 도구를 충분히 제공함으로써 유아들의 창의적인 조형활동을 도울 수 있다. 이 영역에서 유아는 창의적인 미술활동을 통해 자신의 감정과 경험, 상상 등을 자유롭게 표현할 수 있게 된다.

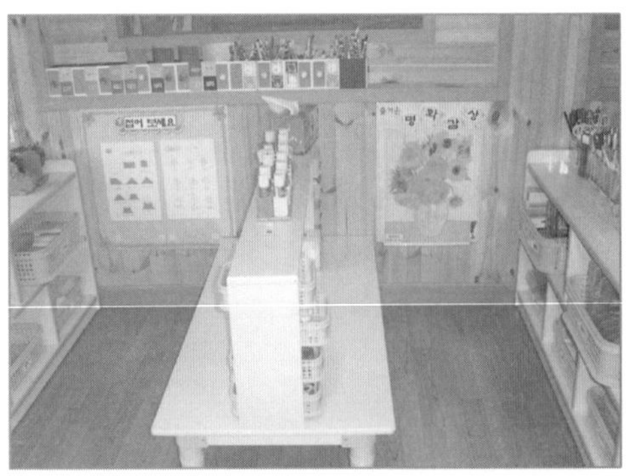

[그림 28] 조형놀이 영역

⑦ 쌓기놀이 영역

쌓기놀이 영역은 유아들이 다양한 크기와 모양의 블록과 소품들을 활용한 놀이를 할 수 있다. 유아는 쌓기놀이를 통해 사물의 형태, 크기, 높이, 위치 등의 개념을 습득하게 되고 조직적이고 체계적인 사고력을 가질 수 있게 된다. 쌓기놀이 영역은 역할놀이 영역과 인접하여 배치해 줌으로써 유아들의 놀이를 확장시킬 수 있다.

이 영역의 바닥에는 카펫을 깔아 주어 소음을 줄일 수 있어야 한다. 특히, 유아교육기관에서는 유니트 블럭, 카프라 블록과 같은 나무재질의 블록 등은 자주 블록의 상태를 재점검하여 블록의 훼손으로 인한 사고를 예방하도록 한다.

[그림 29] 쌓기놀이 영역

⑧ 목공놀이 영역

목공놀이 영역은 3~5명 정도의 유아들이 모여서 작업을 할 수 있는 공간으로 이곳에서 유아들은 다양한 물체에서 나는 여러 종류의 소리를 듣고 물체의 특성과 차이점에 대해 구별하는 능력을 갖게 된다. 그러나 목공놀이 영역의 경우 교사들은 안전관리에 유념해야 하고 항상 지켜보며 도움이 필요한 유아들에게 도움을 준다.

[그림 30] 목공놀이 영역

Tip 연령별 흥미 영역 구성의 유의점

각 연령별 활동실은 발달 특성과 선호도, 연령에 맞는 영역의 구성, 교사의 동선, 소음의 통제 등을 고려하여 구성되어야 하며 가구 및 교구·교재도 차별화되어야 한다. 예를 들면 어린 연령일수록 교구장의 높이는 낮고 연령이 높을수록 수량과 수납의 정도를 고려해야 한다. 따라서 교사들이 각 연령별 흥미 영역을 구성할 때 고려해야 할 점은 다음과 같다(신화식, 김명희, 2008).

● 3세

쌓기 영역	• 단순한 구조물을 구성함으로 기본 형태의 블록, 종이 블록, 손쉽게 끼우고 뺄 수 있는 블록을 제공한다. • 가볍고 커다란 스펀지나 우레탄 블록을 제공하며 다양한 종류보다 충분한 양을 준비한다. • 함께 세울 수 있는 나무인형 같은 소품도 제공한다.
조작 영역	• 퍼즐은 5~10쪽이 적당하며 손잡이가 있거나 배경판에 조각의 윤곽이 그려져 있어 맞추기가 쉬운 것이 좋다. • 다양한 감촉을 느낄 수 있도록 물건을 손으로 옮겨 담다가 점차 숟가락 등의 도구를 이용한다. • 찍찍이 붙이기, 단추 끼우기, 지퍼 올리기 등 일상생활 연습을 제공한다.
역할 영역	• 가정생활과 관련된 놀이가 많이 일어나므로 놀이용집, 엄마와 아빠의 옷, 인형 등의 자료를 실물이나 실물과 유사한 물건으로 제공하며 아늑한 분위기를 위해 가리개나 커튼을 사용하여 경계를 만든다.
언어 영역	• 말하기 활동을 유발할 수 있도록 거울, 전화기, 인형류, 인형극틀 등을 제공한다. • 카세트를 통해 동화를 듣고 즐길 수 있도록 한다. • 읽기와 쓰기의 기초 활동으로 같은 모양 짝짓기, 모양 변별하기, 밀가루 점토놀이, 구슬 꿰기 등을 제공하여 시각적 변별력, 눈과 손의 협응력, 소근육 발달이 이루어지도록 한다. • 일상생활, 동물, 촉감 등을 경험할 수 있는 책을 제공한다.
조형 영역	• 3~4가지 기본 재료를 자주 바꾸어 준다. • 손으로 잡기 편한 굵기의 크레파스를 제공하며 오리기보다는 찢어 붙이거나 점토 오리기 활동을 제공한다. • 우연한 결과를 즐길 수 있는 손가락 그림용 풀이나 밀가루 점토를 제공한다.
수학 영역	• 사물의 차이를 살펴보고 짝짓기 또는 분류할 수 있는 구체물을 제공한다. • 5까지 셀 수 있는 구체물을 제공한다.
과학 영역	• 다양한 감각경험을 위해 거울, 색안경, 잠망경, 촉감상자, 소리상자 등을 제공한다. • 거미, 개미, 달팽이, 거북 등 살아 있는 곤충이나 동물을 제시한다.
음률 영역	• 다양한 노래나 음악, 유아의 노래 등을 듣고 즐길 수 있도록 준비한다. • 간단한 생활악기나 리듬악기의 소리를 탐색하고 리듬감을 익힐 수 있는 활동을 제공한다. • 다양한 종류보다는 같은 악기를 여러 개 제공한다.
물·모래 영역	• 놀이대의 높이는 50~55cm 정도가 알맞으며 개인용 놀이대를 준비하는 것이 좋다. • 물을 따르고 담는 과정을 통해 정서적 긴장을 해소할 수 있는 다양한 용기를 준비한다. • 모래를 탐색하는 활동을 많이 하므로 모래에 물을 뿌려 주며, 다양한 형태의 용기, 모양 틀을 준비한다. • 모래 대신 다양한 감각을 경험할 수 있는 곡식 등을 제공한다.
컴퓨터 영역	• 컴퓨터 조작에 익숙해지도록 돕는 PICO 등의 사전경험을 제공한다. • 조작기능보다는 간단하고 흥미를 유발할 수 있는 소프트웨어를 준비한다. • 사용 과정을 사진이나 그림으로 알아보기 쉽게 제시한다.
요리 영역	• 재료를 탐색하거나 혼합하고 채워넣기, 바르기 등 단순한 요리활동이 적합하다. • 요리과정을 낱장 그림으로 그림 순서 카드를 제공한다.
목공 영역	• 설치할 필요는 없으며 흥미를 보일 경우 플라스틱으로 제작된 교구를 제공한다.

● 4세

쌓기 영역	• 복합적인 입체 구조물을 만들게 되므로 기본 형태 이외에 원기둥, 널빤지 형태와 같은 다양한 블록을 제공한다. 플라스틱 블록도 조각을 끼워서 구조물을 만드는 수준의 것으로 준비해 준다. • 블록과 함께 동물이나 사람 모형, 각종 자동차와 표지판 같은 생활주제와 관련된 소품을 함께 준비한다.
조작 영역	• 퍼즐은 10~20쪽이 적당하나 개인에 따라 그 이상도 가능하다. • 작은 물건을 옮겨 담는 도구(핀셋, 나무젓가락 등)의 난이도를 높이거나 옮기면서 분류하는 활동으로 확장한다.
역할 영역	• 다양한 블록, 전화기, 인형 같은 소품을 활용하게 다양한 주제극놀이가 활발하게 일어나도록 준비한다. 기본적으로 병원놀이, 가게놀이, 음식점 놀이, 운전놀이, 경찰놀이, 학교놀이 소품을 유아의 흥미에 따라 교체하여 제공한다.
언어 영역	• 유아 간 언어 상호작용을 장려하는 활동 자료(수수께끼 카드, 융판, 자석판 자료)를 제공한다. • 듣기를 위한 활동(지시에 따르기, 게임, 동화 듣고 회상하기)과 듣기와 읽기가 동시에 이루어질 수 있는 동화 테이프, 그림책 등을 제공한다. • 쓰기에 관심을 갖도록 모래상자, 소형 칠판, 색분필 등을 제공한다. • 유아의 생각을 교사가 적어서 전시함으로써 말이 글로 옮겨지는 과정에 관심을 갖도록 한다.
조형 영역	• 다양한 교재 · 교구를 제공한다. • 오리기 활동을 제공하며 여러 가지 색상을 경험하도록 한다. • 새로운 교재 · 교구의 기능과 사용 방법 및 주의사항을 자세히 설명한다.
수학 영역	• 비교 · 분류 · 순서 짓기 활동을 위한 구체물과 그림 자료를 제공한다. • 유아의 발자국이나 손, 끈, 블록 등의 임의 단위로 측정해 보는 경험을 제공한다.
과학 영역	• 자석, 스포이트, 프리즘 등의 도구를 제공하여 다양한 탐색활동이 이루어지도록 한다. • 동식물을 기르고 재배하는 경험을 제공하며, 성장 과정이나 변화를 그림으로 기록해 보도록 한다.
음률 영역	• 다양한 노래나 음악, 유아의 노래 등을 듣고 즐길 수 있도록 준비한다. • 리듬악기를 연주할 수 있도록 익숙한 노래와 다양한 리듬악기를 비치한다. • 창의적 표현을 할 수 있도록 리본 테이프, 스카프, 풍선, 끈, 고무줄 등을 제공한다.
물 · 모래 영역	• 놀이대의 높이는 55~60cm 정도로 여럿이 사용할 수 있는 것이 좋다. • 계량 기구를 제공하며 물줄기의 변화, 뜨고 가라앉는 물질의 특성 등을 실험할 수 있도록 한다. • 나무인형, 소꿉놀이 그릇, 모형 탈것, 블록 등을 제공하여 역할놀이로 확장하도록 한다.
컴퓨터 영역	• 주제와 관련이 있는 다양한 소프트웨어(그림 그리기, 글자 만들기, 동화 듣기 등)를 제공한다. • 컴퓨터를 켜고 끄는 방법, CD-Rom 사용법을 사진이나 그림으로 알아보기 쉽게 제시한다. • 인터넷을 이용하여 정보를 검색하는 경험을 제공한다.
요리 영역	• 3~4단계의 과정을 거쳐야 하는 요리활동을 제공한다. • 조리과정을 관찰할 수 있는 투명한 기구가 적합하다. • 요리순서 카드는 그림과 글자를 사용하여 제시한다.
목공 영역	• 스티로폼 판이나 두꺼운 골판지를 사용하다가 차츰 나무를 사용한다. • 나무를 붙일 때 접착제 사용의 주의점을 알려준다.

● 5세

쌓기 영역	• 블록 양을 늘리고 다양한 쌓기놀이를 위해 건축물 사진, 놀이방법을 소개한 책자를 비치해 주고 아이디어를 얻도록 배려한다. • 자신의 일상경험 재구성과 더불어 상상의 장면을 만들어가며 놀이하므로 다양한 소품(레미콘차, 잠수함 등)을 제공한다. • 상품화된 블록 외에 교사나 유아가 직접 제작한 깡통블록, 요구르트통 블록, 상자 같은 다양한 블록을 제공한다.
조작 영역	• 바느질, 리본 묶기, 허리띠 채우기 등을 제공한다. • 구성활동에 관련된 책이나 화보를 비치하며 각 교재 · 교구의 사용법이나 활동 순서 카드를 준비해 준다.
역할 영역	• 유아가 필요한 소품(의사 반사경, 간호사 모자, 생선, 과일, 돈, 지갑 등)을 직접 만들어서 놀이할 수 있도록 다양한 재료를 준비한다. • 필요한 규칙을 의논하여, 기록한 후 게시하도록 한다.
언어 영역	• 동시 감상, 동시 짓기, 동극, 이야기 꾸미기 등의 창의적 활동을 제공한다. • 다양한 장르의 책을 제공한다. • 극놀이 소품 중 읽기와 쓰기를 자극하는 화폐, 초대장, 메뉴판, 입장권 등을 직접 만들 수 있도록 자료를 제공한다. • 글자 크기나 모양을 자유롭게 바꿀 수 있는 컴퓨터를 활용한 쓰기 활동을 제공한다.
조형 영역	• 공동작업에 필요한 다양한 활동 자료를 제공한다. • 활동 순서 카드를 제공하여 스스로 작업 활동을 즐길 수 있도록 한다. • 활동 후에 이름, 작품 제목 등을 기록할 수 있도록 격려한다.
수학 영역	• 자, 체중계, 저울 등 표준 단위 측정 도구를 비치한다. • 그룹 게임이나 동화를 이용한 토의 등을 통해 일상생활에서 수학활동이 이루어지도록 한다.
과학 영역	• 다양한 측정도구(막대자, 줄자, 삼각자 등)를 제공하고 측정 내용을 그래프로 표현해 보도록 한다. • 과학적 탐색을 자극하는 그림책, 백과사전, 슬라이드, 녹음기, 카메라, OHP, 실물 화상기, 비디오를 활용한다. • 동식물을 기르고 재배하는 경험을 제공하며, 성장 과정이나 변화를 그림이나 글로 기록해 보도록 한다.
음률 영역	• 다양한 가락 악기를 제공한다. • 다양한 음악을 감상할 수 있도록 녹음기와 카세트 테이프를 제공하며 조작 방법을 표시해 준다. • 음악을 듣고 느낌을 그림으로 표현해 볼 수 있다.
물 · 모래 영역	• 놀이대의 높이는 60～65cm정도가 적당하다 • 계량 도구를 이용하여 물과 모래의 양과 무게를 측정해 보도록 한다. • 물을 이용한 실험과 역할놀이(빨래하기, 음료수 가게 놀이 등)를 할 수 있는 교재 · 교구를 제공한다. • 다양한 모래놀이(두꺼비집 짓기, 깃발 넘어뜨리기, 수로 만들기 등)를 통해 사회적 상호작용이 일어나도록 한다.
컴퓨터 영역	• 컴퓨터를 이용하여 언어활동을 할 수 있도록 한다. • 컴퓨터에서 작업한 결과물을 출력하여 조형활동에 활용하거나 쌓기놀이를 위한 소품을 만들어 본다. • 인터넷을 이용하여 정보를 검색하거나 유아에게 유익한 사이트를 활용할 수 있도록 한다.
요리 영역	• 썰기, 볶기, 조리기 등이 가능하므로 도마와 플라스틱 칼, 프라이팬 등을 제공하고 활용방법이나 주의점에 대해 자세히 이야기한다. • 요리책이나 스크랩북을 이용하거나 요리 순서표를 유아가 만들어서 사용해 본다.
목공 영역	• 설계도를 그릴 수 있는 종이와 쓰기 도구, 측정에 필요한 자 등을 제공한다.

Tip 유아교육기관의 실외환경 엿보기

실외교육환경은 유아의 연령적 특성을 고려하여 공간을 마련한다. 유원장의 면적은 나라마다, 학자마다 주장하는 기준이 다른데 데커와 데커(Decker & Decker, 2001)는 유아 1인당 최소한의 면적이 6.3m²이어야 하며 실외 공간 중 1/3은 조용한 활동공간으로 활용하고 나머지 2/3는 활동적인 놀이공간을 활용하는 것이 좋다고 하였다(신화식, 김명희, 2008). 또한 실외공간은 실내공간과 마찬가지로 동적 활동 영역과 정적 활동 영역으로 구분할 수 있으며 흥미 영역으로 구성할 수 있다.

- 실외 모래놀이 영역

모래놀이터는 밑부분은 자갈을 깔고 그 위에 벽돌을 놓고, 벽돌 위에 45~60cm 정도의 모래를 덮어서 만든다. 모래밭의 형태는 직사각형, 정사각형, 타원형 등 다양하게 만들 수 있으며, 타이어, 통나무, 콘크리트 등 여러 가지 재료를 활용하여 테두리를 만들어 영역 표시를 해둔다(신화식, 김명희, 2008).

[그림 31] 모래놀이 영역

모래밭의 모래는 최소한 1년에 한 번 씩은 갈아주거나 수시로 소독하여 먼지나 더러운 것이 쌓이지 않도록 해야 한다. 이영자 등(1993)은 모래를 소독하는 방법을 다음과 같이 제시하였다.

- 염소제 10mL에 물 3mL 정도의 비율을 희석시킨다. 모래의 양에 따라 희석액의 양을 조절한다.
- 희석한 염소제를 물뿌리개에 넣고 모래 위에 고르게 뿌린다.
- 희석액이 모래 밑으로 충분히 스며들도록 한다.
- 삽으로 모래를 파서 뒤집어 준다.
- 물을 물뿌리개에 담아 모래 위에 여러 번 뿌려 아래로 스며들어가게 한다.

● 물을 이용할 수 있는 영역

유아들이 언제든지 물을 사용할 수 있도록 모래놀이터에 인접하게 설치함으로써 유아들이 물과 모래를 함께 사용하여 다양한 놀이를 확장하여 할 수 있도록 배려한다. 실외환경에서 물을 이용할 수 있는 영역은 유아들이 실외놀이를 마무리하고 손을 씻을 수 있어서 유아의 청결지도에도 도움이 된다.

[그림 32] 수돗가

● 대근육 놀이공간

유아를 위한 대근육 놀이공간은 기어오르기, 매달리기, 미끄럼타기 등과 같은 여러 가지 운동을 할 수 있도록 준비된 공간이다. 대근육 놀이시설은 특징이나 용도에 따라 적절한 위치에 배치하고 안전하고 편리하게 놀이할 수 있도록 한다.

[그림 33] 대근육 놀이공간

● 휴식공간

휴식공간이란 유아가 실외놀이를 하다가 잠시 쉴 수 있는 공간으로, 이곳에서 유아들은 밀가루 반죽하기, 동화책보기, 휴식취하기 등을 할 수 있다. 교사는 이 영역에서 유아들이 다양한 활동을 계획하고 공간을 다양하고 융통성 있게 사용할 수 있도록 계획한다.

[그림 34] 휴식공간

● 놀이 정리창고

실외놀이 시 유아들이 사용했던 놀이기구를 정리할 수 있는 창고를 만들어 줌으로써 유아로 하여금 정리 · 정돈하는 습관을 갖도록 하는 데 효과적이다. 창고의 크기는 실외의 유동적 설비에 따라 달라지거나 보통 길이 3.6m, 폭 3m, 높이 2.1m 정도의 크기가 적당하다(이영자, 신동주, 2006).

창고의 내부는 선반을 설치하여 놀잇감의 양과 종류에 따라 효율적으로 수납할 수 있도록 하며 이동식 바구니를 이용하여 유아들이 손쉽게 정리할 수 있도록 한다.

[그림 35] 놀이 정리창고

● 동 · 식물 기르기 영역

식물 기르기 영역은 햇빛이 잘 들고 배수가 잘되고 통풍이 잘되는 곳에 설치한다. 식물을 기르기 위한 공간이 부족할 경우, 작은 화분이나 유치원의 자투리 공간을 활용할 수 있다. 꽃과 채소는 계절별로 적합한 것을 골라서 유아가 여러 가지 식물을 관찰하며 키워볼 수 볼 수 있는 기회를 제공한다.

동물 기르기 영역은 유아 주변의 친숙한 동물을 길러볼 수 있도록 한다. 유아들이 당번을 정해 먹이나 물을 주도록 할 수 있으며 유아가 기르는 동물의 성장 과정이나 변화를 그림이나 글로 기록할 수 있도록 한다.

[그림 36] 식물 기르기 영역(텃밭)

[그림 37] 동물 기르기 영역

3 건강 · 안전 영역

건강 · 안전 영역은 유아교육기관에서 유아의 건강관리를 위해 관련 정보와 영양관리를 통해 유아의 심신의 건강을 유지하고 안전한 환경을 제공하는 중요한 부분이다. 건강 · 안전 영역에서는 건강관리, 영양관리 및 안전관리가 적절하게 이루어지고 있는지를 점검하는 영역으로 각 지표별로 살펴보면 다음과 같다.

평가영역	평가항목	평가지표
3. 건강 · 안전(40)	3-1. 건강관리의 적절성(15)	14. 유아 건강 지도 및 관리(5)
		15. 시설 · 설비의 청결한 관리(10)
	3-2. 영양관리의 적절성(10)	16. 균형 있는 급 · 간식 시행 및 식습관 지도(5)
		17. 식재료의 위생적 관리 및 사용(5)
	3-3. 안전관리의 적절성(15)	18. 안전교육 실시 및 안전사고 대비책(10)
		19. 시설 · 설비의 안전한 관리(5)

3-1. 건강관리의 적절성

건강관리의 적절성은 유아교육기관에서 유아들을 대상으로 적절한 건강지도와 건강관리가 이루어지고 있는지 실내 · 외 시설설비는 항상 청결하게 유지되고 관리되고 있는지를 종합적으로 평가하는 지표다.

평가 지표	14. 유아에게 적합한 건강지도와 기본적인 건강관리를 실시하고 있다. (5점) 15. 시설 · 설비를 청결하게 유지 · 관리하고 있다. (10점)

(1) 지표별 평가기준

가. 3-1-14

14 유아에게 적합한 건강지도와 기본적인 건강관리를 실시하고 있다.

평가 요소	• 유아를 대상으로 청결 및 위생 지도(손닦기, 양치질 포함) 등을 실시하고 있는가? • 유아 건강검진을 1년에 1회 이상 실시하고, 관련 서류를 비치 · 보관하고 있는가? ※ 기본 건강검진 내역: 소아과, 치과, 안과 등 ※ 지역 여건상 건강검진 실시가 어려운 경우(병원 및 의사 확보가 어려운 경우)는 제외함. • 유아 건강검진 결과를 가정에 통보하고, 치료를 요하는 유아에 대한 적절한 조치를 취하고 있는가?

❑ 평가방법

• 현장평가

－유아 건강기록부가 비치되어 있어야 한다.

－유아 건강검진에 관한 원장 면담, 유아 건강지도에 관한 교사 면담이 이루어진다.

－교육계획안(건강지도 활동 포함 여부) 확인

❑ 관련자료

• 청결 관련 가정통신문

• 체력 · 구강 · 시력검사의 기록물

• 건강검진 안내자료

예시 38. 기본생활습관평가
관련지표: 건강 · 안전 영역 3-1-14

가정에서의 기본생활습관평가

원아명: ______________________

기본생활습관 지도 내용						
생활 덕목	평가내용	가정에서 평가			가정에서	
		◎	●	△	문제상황	통신란
예절	1. 부모님께 존댓말 사용하기					
	2. 바른말 고운 말 쓰기					
	3. 이웃어른 만나면 인사하기					
	4. 부모님 말씀 잘 듣기					
	5. 바른 자세로 식사하기					
청결	1. 식사 전, 용변 후 손씻기					
	2. 식사 후 이닦기					
	3. 놀잇감 사용 후 정리하기					
	4. 혼자서 옷 바르게 입기					
	5. 주변을 깨끗이 하기					
질서	1. 차례 잘 지키기					
	2. 일찍 자고 일찍 일어나기					
	3. 양보하기					
	4. 약속 지키기					
	5. 교통규칙 지키기					
절제	1. 조용히 하기					
	2. 군것질 많이 하지 않기					
	3. 감정을 절제할 줄 알기					
	4. 자기 물건을 잘 간수하기					
	5. 갖고 싶은 것 조절하기					
행 동 평 가 안 내						

▶ 평가방법: 1. 해당하는 평가란에 ○표를 합니다.
2. 문제 상황과 교사에게 하시고 싶은 말을 간략히 적습니다.

▶ 평가척도: ◎: 잘함 ●: 보통 △: 노력요함

check point

유아교육기관에서는 유아에게 적합한 건강지도를 위해, 유치원 일과 중에 수시로 청결지도를 해야 한다. 특히, 가정과 연계하여 기본생활습관이 잘 형성되도록 하기 위해 매월 1회 기본생활습관 평가서를 가정으로 보내서 유치원-가정이 연계하여 유아의 습관형성에 도움을 줄 수 있다.

예시 39. 건강기록부
관련지표: 건강 · 안전 영역 3-1-14

건강기록부

성 명		1학기				2학기	
		키	몸무게	시력	심장질환검사	키	몸무게
1	000	120.2	20.2	정상	정상	123.0	19.5
2	000	114.0	19.4	정상	정상	116.7	23.0
3							
4							
5							
6							
7							
8							
9							
10							
11							
12							
13							
14							
15							
16							
17							
18							
19							
20							
21							
22							
23							
24							
25							

check point

유아에게 적합한 건강지도를 위해 연 1회 이상 구강검진 및 연 2회 체격검사를 할 수 있다. 그리고 그 결과는 건강관리기록부를 작성하여 가정에 안내함으로써 유아를 위한 유치원–가정 간의 연계된 건강지도가 이루어질 수 있도록 해야 한다. 또한 학부모의 상담이 필요할 경우에는 전화상담을 통해 적절한 사후 조치가 이루어질 수 있도록 안내한다.

Tip 유아교육기관에서 필요한 의료도구 및 의약품

[유아교육기관에 필요한 의료도구 및 재료와 의약품]

		내용
의료도구 및 재료		탈지면, 붕대(대, 중, 소), 탄력붕대, 거즈, 반창고, 1회용 밴드, 물주머니, 구급낭, 소독용 가위, 소독용 핀셋, 설압자, 면봉, 신장계, 체중계, 청진기, 혈압계, 온도계, 생리식염수 등
의약품	피부에 바르는 약	소독약(암모니아, 과산화수소, 알코올, 요오드액 등), 소염진통제(안티프라민, 물파스 등), 글리세린 등
	먹는 약	소화제, 진통제, 해열제, 항생제, 변비약 등

출처: 신화식, 김명희(2008).

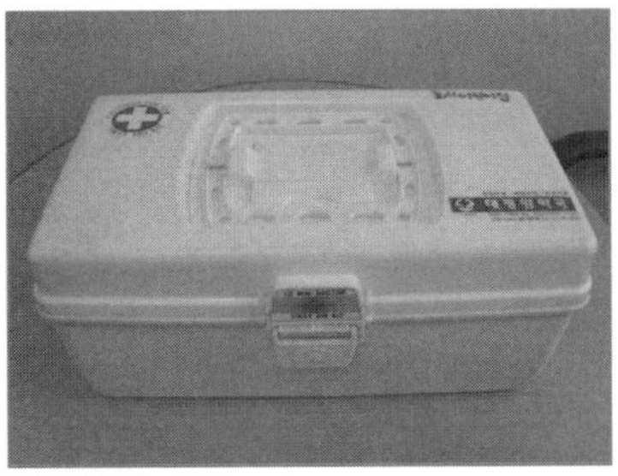
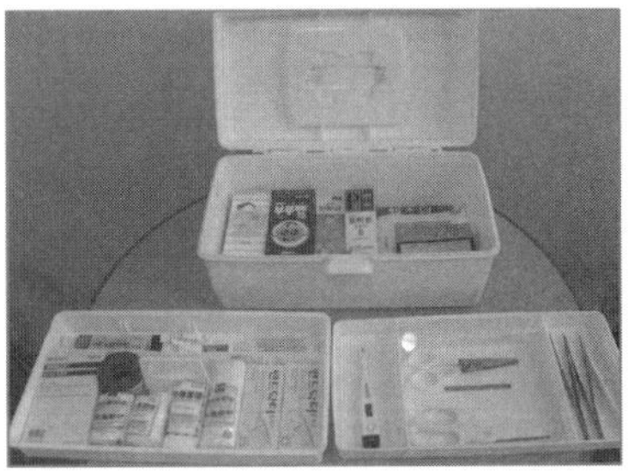

[그림 38] 유치원에 비치된 의료도구와 의약품

Tip 유아교육기관에서 이루어질 수 있는 청결 · 위생지도

유아교육기관에서 이루어지는 청결지도로는 이닦기, 세수하기, 목욕하기, 손씻기, 속옷 갈아입기, 단정한 옷차림하기, 손 · 발톱 깎기, 머리 손질하기 등과 같은 자기 몸에 대한 청결과 물건 정리, 정한 곳에 버리기, 집안 청소, 집주변 청소, 공공시설물 깨끗하게 사용하기와 같은 생활주변의 환경보전에 관한 청결, 우리 생활에서 발생하는 오염방지나 자연 보존과 같은 환경 보존에 관한 내용을 들 수 있다(교육부, 2000). 교사들이 유아교육기관에서 지속적으로 지도해야 할 청결 · 위생지도는 다음과 같다.

[청결 · 위생지도]

보건교육	• 각 연 1회 보건교사의 구강교육 및 월 1회 성교육 실시함. • 건강교육과 관련된 '보건 소식지' 매월 가정으로 발송함.
손 닦기	• 간식 및 점심 전, 실외 및 특정 놀이 후 1830운동 실시함. • 1830 – 하루에 8번씩 30초간 손을 씻어요.
이 닦기	• 점심 급식 후 3.3.3 양치지도 함. • 3.3.3 양치지도란 하루 3번! 식후 3분 이내 최소한 3분 동안 치아를 닦는다.

나. 3-1-15

15 시설 · 설비를 청결하게 유지 · 관리하고 있다.

평가 요소	• 실내외 시설 · 설비를 청결하게 관리하고 있는가? ※ 실내 시설 · 설비: 실내 놀이기구 및 놀이감, 각종비품(책걸상, 카페트/깔개, 침구 등), 교실, 복도, 계단, 화장실, 세면대, 조리실, 식기, 조리도구 등 ※ 실외 시설 · 설비: 실외 놀이기구, 모래놀이 · 물놀이 영역, 자연체험 영역 등 • 자외선 살균소독기를 설치 · 활용 · 관리하고 있는가? • 유아 개인용품에 대한 위생관리를 하고 있는가? ※ 개인용 칫솔 관리, 화장실에 핸드타올 또는 핸드드라이어 설치 등

❑ 평가방법

• 현장평가

– 시설 · 설비가 청결하게 관리되어야 한다.

– 실내외 시설 · 설비의 위생에 관련된 점검표가 비치되어 있어야 한다.

❑ 관련자료

• 위생점검 관련 자료(환경 위생점검표 등)

Tip 유아교육기관의 시설 · 설비 구분

유아교육기관의 교육시설이란 유아들의 교육을 위해 일정한 장소에서 계속적으로 활용할 수 있도록 설비되어 있는 일체의 물리적인 환경을 말한다. 유아교육기관의 시설 · 설비를 구분하여 세부적으로 살펴보면 다음과 같다.

[유아교육기관의 시설 · 설비 구분]

구분			내용
시설	외곽시설		대지, 담상, 외부 출입문, 현관, 실외놀이터, 창고, 식물 새배지 및 정원, 동물 사육장, 실외 화장실
	건물 시설	실내공간	활동실, 유희실, 사무실, 양호실, 조리실, 식당, 화장실, 세면실, 교사실, 교재실, 상담실
		내부시설	급수, 배수, 위생, 조명, 냉 · 난방 시설, 소방시설
설비	교재 교구		각 영역별 교재 · 교구, 실외 놀이기구
	비품		책상, 의자, 교구 정리장, 선반, 사무 가구 및 비품, 가전제품, 위생기구, 소방가구, 냉 · 난방기구

출처: 신화식, 김명희(2008).

● 유아교육기관 시설 · 설비의 특징은 무엇일까?

유아교육기관의 시설은 획일적이고 정형화된 고정된 학교시설과는 달리 유아들이 신체적으로나 정서적으로 안정감을 갖고 편안하게 생활할 수 있도록 부드럽고 온화한 분위기를 조성하여 유아가 가정처럼 편안하고 안락한 분위기를 느낄 수 있도록 만들어야 한다.

따라서 유아교육기관의 시설 · 설비도 유아교육의 방향과 목적에 따라 적절하게 계획 · 운영되어야 한다. 임재택(1999)은 일반적으로 유아교육기관의 시설이 갖추어야 할 바람직한 특성을 다음과 같이 제시하였다.

- 교육과정 운영에 적합할 것
- 안전과 건강에 대해 고려할 것
- 심미적인 부분을 고려할 것
- 상호 기능적인 부분을 고려할 것
- 융통성과 미래성을 고려할 것
- 경제적일 것
- 효율성과 이용도가 높을 것

예시 40. 칫솔 · 양치컵 소독점검
관련지표: 건강 · 안전 영역 3-1-15

칫솔 · 양치컵 소독 점검표

월																
3	1일 ( )	2일 ( )	3일 ( )	4일 ( )	5일 ( )	6일 ( )	7일 ( )	8일 ( )	9일 ( )	10일 ( )	11일 ( )	12일 ( )	13일 ( )	14일 ( )	15일 ( )	16일 ( )
	17일 ( )	18일 ( )	19일 ( )	20일 ( )	21일 ( )	22일 ( )	23일 ( )	24일 ( )	25일 ( )	26일 ( )	27일 ( )	28일 ( )	29일 ( )	30일 ( )	31일 ( )	
4	1일 ( )	2일 ( )	3일 ( )	4일 ( )	5일 ( )	6일 ( )	7일 ( )	8일 ( )	9일 ( )	10일 ( )	11일 ( )	12일 ( )	13일 ( )	14일 ( )	15일 ( )	16일 ( )
	17일 ( )	18일 ( )	19일 ( )	20일 ( )	21일 ( )	22일 ( )	23일 ( )	24일 ( )	25일 ( )	26일 ( )	27일 ( )	28일 ( )	29일 ( )	30일 ( )	31일 ( )	
5	1일 ( )	2일 ( )	3일 ( )	4일 ( )	5일 ( )	6일 ( )	7일 ( )	8일 ( )	9일 ( )	10일 ( )	11일 ( )	12일 ( )	13일 ( )	14일 ( )	15일 ( )	16일 ( )
	17일 ( )	18일 ( )	19일 ( )	20일 ( )	21일 ( )	22일 ( )	23일 ( )	24일 ( )	25일 ( )	26일 ( )	27일 ( )	28일 ( )	29일 ( )	30일 ( )	31일 ( )	
6	1일 ( )	2일 ( )	3일 ( )	4일 ( )	5일 ( )	6일 ( )	7일 ( )	8일 ( )	9일 ( )	10일 ( )	11일 ( )	12일 ( )	13일 ( )	14일 ( )	15일 ( )	16일 ( )
	17일 ( )	18일 ( )	19일 ( )	20일 ( )	21일 ( )	22일 ( )	23일 ( )	24일 ( )	25일 ( )	26일 ( )	27일 ( )	28일 ( )	29일 ( )	30일 ( )	31일 ( )	
7	1일 ( )	2일 ( )	3일 ( )	4일 ( )	5일 ( )	6일 ( )	7일 ( )	8일 ( )	9일 ( )	10일 ( )	11일 ( )	12일 ( )	13일 ( )	14일 ( )	15일 ( )	16일 ( )
	17일 ( )	18일 ( )	19일 ( )	20일 ( )	21일 ( )	22일 ( )	23일 ( )	24일 ( )	25일 ( )	26일 ( )	27일 ( )	28일 ( )	29일 ( )	30일 ( )	31일 ( )	
8	17일 ( )	18일 ( )	19일 ( )	20일 ( )	21일 ( )	22일 ( )	23일 ( )	24일 ( )	25일 ( )	26일 ( )	27일 ( )	28일 ( )	29일 ( )	30일 ( )	31일 ( )	

check point

유아교육기관에서는 시설 · 설비를 청결하게 유지하기 위해 유아의 개인용품에 대한 위생관리가 반드시 필요하다. 따라서 소독기를 설치하여 칫솔 또는 양치컵 등은 매일 소독해야 한다. 이때 점검표를 만들어 체계적인 관리를 한다면 위생적인 관리 · 보관이 이루어질 수 있다.

예시 41. 환경위생 점검표
관련지표: 건강 · 안전 영역 3-1-15

환경위생 점검표

[그림 39] 집단 급식소 전경

[유치원 환경위생 점검부]

항목	점검내용	점검일																															
		1	2	3	4	5	6	7	8	9	10	11	12	13	14	15	16	17	18	19	20	21	22	23	24	25	26	27	28	29	30	31	

※ 작성기준: 점검항목과 점검내용을 기록하고, 점검일자에 ∨ 체크합니다.

check point

유아교육기관의 시설 · 설비를 청결하게 유지하고 관리하기 위하여 유치원 환경위생 점검부를 활용하도록 한다. 놀잇감, 교실, 복도, 급식소, 조리실, 식기, 실외시설 · 설비, 방역 등에 대해 상세하게 항목을 정한 뒤 매일, 수시 유치원 환경위생에 대한 관리가 이루어지도록 한다.

예시 42. 살균소독기
관련지표: 건강 · 안전 영역 3-1-15

[그림 40] 현관의 자외선 손 소독기

[그림 41] 식기 살균소독기

check point

유아교육기관은 많은 유아들이 공동생활을 하는 곳으로 유아의 건강을 유지하기 위해서는 유아들이 사용하는 컵이나 접시, 수저 등의 위생적인 관리가 반드시 필요하다. 이를 위해 교실이나 식당에 식기 살균소독기를 구비할 수 있으며 복도 또는 유치원 현관에 손 소독기를 설치하여 유아의 청결한 건강 · 유지를 관리할 수 있다.

3-2. 영양관리의 적절성

영양관리의 적절성은 유아교육기관에서 유아를 위한 영양교육의 내용을 연간교육 프로그램에 반영하여 월간, 주간 및 일일 교육계획에 수립되어 균형 있는 영양의 급·간식이 이루어지고 있으며 급·간식 식재료를 위생적으로 관리·사용하고 있는지를 종합적으로 평가하는 지표다.

평가 지표	16. 균형 있는 영양의 급·간식 식단을 작성·시행하고 있으며, 식습관 지도를 하고 있다. (5점) 17. 급·간식 식재료를 위생적으로 관리·사용하고 있다. (5점)

(1) 지표별 평가기준

가. 3-2-16

16 균형있는 영양의 급·간식 식단을 작성·시행하고 있으며, 식습관 지도를 하고 있다.

평가 요소	• 영양 균형을 유지한 급식과 다양한 종류의 간식이 제공되고 있는가? ※ 간식은 식욕을 저해하지 않아야 하며, 인스턴트 음식, 탄산음료, 튀김음식, 과자·사탕류는 지양함. • 급·간식 식단표를 공개하고, 가정에 제공하고 있는가? • 유아 대상 식습관 및 영양지도를 하고 있는가?

❑ 평가방법

- 현장평가
  - 유아들의 영양균형을 이룰 수 있는 급·간식 식단표가 비치되어야 한다.
  - 급·간식 식단표가 공개되고 가정에 제공되어야 한다.

❑ 관련자료

- 급식단표
- 유아를 대상으로 진행된 식습관 및 영양지도를 한 내용

예시 43. 급 · 간식 식단표
관련지표: 건강 · 안전 영역 3-2-16

check point

유아교육기관에서는 유치원 홈페이지를 통해 급 · 간식 식단표를 공개함으로써 부모들에게 안내할 수 있다. 또한 매주, 매월 발송되는 교육활동 안내지를 통해 간식메뉴를 안내할 수 있다. 이때, 유아영양교육에 대한 부모교육도 함께 이루어질 수 있다.

3월 간식단표

월	화	수	목	금
3/31 바나나	4/1 전병	4/2 삶은 계란	4/3 오렌지	4/4 매쉬샌드위치
4/7 파인애플	4/8 봉쥬르치즈크라상	4/9 국회의원 선거일	4/10 사과	4/11 고구마 맛탕
4/14 키위	4/15 쁘띠만쥬	4/16 삶은 감자	4/17 딸기	4/18 3 · 4월생 생일잔치
4/21 바나나	4/22 후레쉬번	4/23 요리활동–까나페 만들기	4/24 방울토마토	4/25 군만두
4/28 참외	4/29 현장학습	4/30 고구마스틱	5/1 근로휴업일(휴원)	5/2 궁중떡볶이

예시 44. 영양지도
관련지표: 건강 · 안전 영역 3-2-16

[그림 42] 급식시간 교사와 영양사가 급식지도를 하는 모습

check point

유아교육기관에서 유아를 위한 영양교육의 여러 가지 내용을 연간교육 프로그램에 적절히 반영하고 그 연간교육 프로그램에 의거하여 월간, 주간 및 일일교육계획을 수립해야 한다. 유아를 위한 영양교육은 자연스러운 생활 경험 외에도 계획된 학습 경험에 의해 의미있게 이루어질 수 있다. 유아교육기관의 급식은 유치원 영양사의 지도 감독하에 실시되고, 매일 간식 및 급식시간을 이용하여 교사와 영양사는 올바른 식습관 지도를 실시하고 영양지도를 해야 한다.

[그림 43] 복도 한쪽 벽면을 활용하여 영양지도에 관련된 게시물 전시

Tip 식습관 · 영양지도

유아교육기관에서 이루어지는 식생활 습관 지도는 어려서부터 시작해야 하며 올바른 지도와 관리가 요구된다. 이를 위해서는 아동의 식품기호를 충분히 이해하고 결핍되기 쉬운 영양소를 보충하고 바람직한 식생활 습관을 형성해야 한다. 유아교육기관의 급식은 교육의 일환이며 영양교육과 식습관 형성에도 중요한 역할을 한다. 따라서 교사들은 점심 급식을 통해 유아들이 적절한 영양을 섭취하고 아울러 바람직한 식습관을 형성할 수 있도록 지도해야 한다. 유아교육기관에서 이루어질 수 있는 식습관 · 영양지도는 다음과 같다.

[식습관 · 영양지도]

점심시간 전	• 손 씻기, 식단 알기, 다양한 음식 지도
점심시간	• 올바르게 수저 사용하기, 바른 자세로 앉기 • 처음 나온 음식 한두 번 먹어보기 • 급식소에서 돌아다니지 않기 • 입안에 음식 있을 때 다 먹고 말하기
점심시간 후	• 의자 바르게 밀어 넣기, 잔반 한곳에 모아버리기 • 교실에 갈 때 걸어서 가기

나. 3-2-17

17 급 · 간식 식재료를 위생적으로 관리 · 사용하고 있다.

평가 요소	• 신선한 식재료를 구입하고, 검수 절차를 거치고 있는가? • 신선한 식재료를 위생적으로 보관 · 사용하고 있는가? ※ 식재료의 유통기간을 확인함. • 보존식을 시행하고 있는가?

❑ 평가방법

• 현장평가

－급 · 간식 식재료가 검수결과를 거치면서 구입되어야 한다.

－신선한 식재료의 위생적인 보관을 위해서 식재료에 유통기한이 표기되어 있어야 한다.

－유아의 급 · 간식 식재료를 위생적으로 관리하여 만일에 일어나는 일을 대비하기 위해서 보존식이 보관되어 있어야 한다.

❑ 관련자료

• 급간식 식단표

• 식재료 검수 또는 관리 · 점검표

예시 45. 식재료 검수표
관련지표: 건강 · 안전 영역 3-2-17

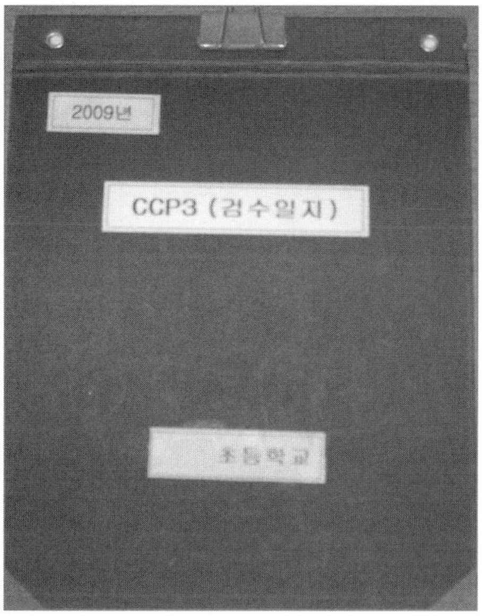

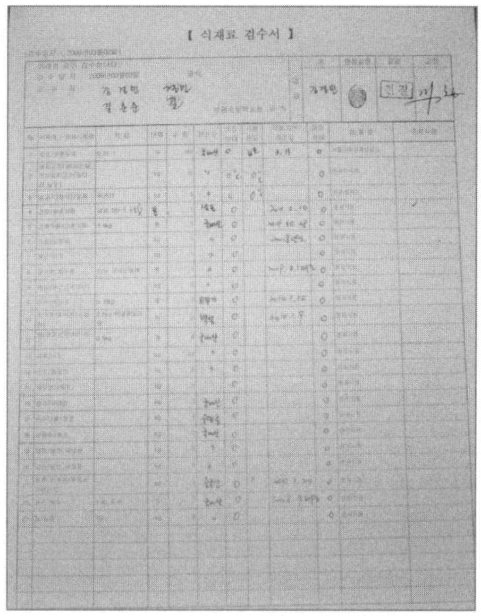

[그림 44] CCP 검수일지 및 식재료 검수서

check point

유아교육기관에서는 급 · 간식 식재료를 위생적으로 관리 · 사용하여 유아의 건강을 도모해야 한다. 이때 식재료 구입 및 검수 절차를 강화하기 위하여 HACCP 시스템을 시행할 수 있다. 식재료는 당일 사용할 양을 구입하며 복수 검사를 통해 검수가 철저히 이루어지도록 한다.

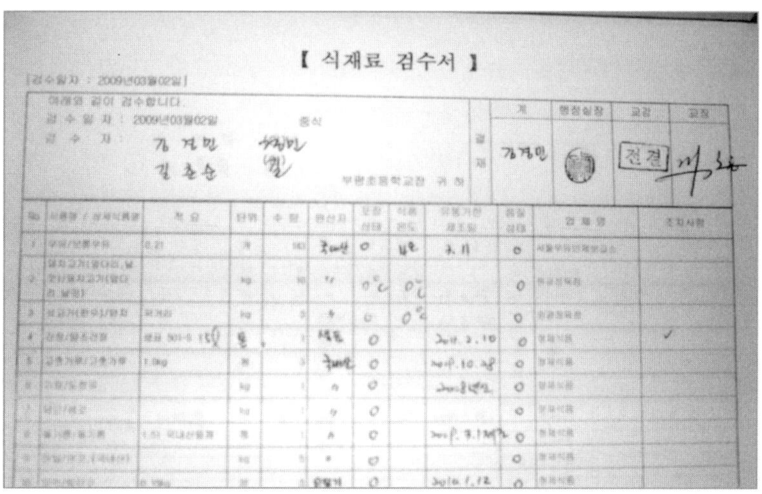

[그림 45] 식재료 검수

예시 46. 냉장 · 냉동고 온도관리표
관련지표: 건강 · 안전 영역 3-2-17

CCP. 냉장 · 냉동고 온도관리

<table>
<tr><th rowspan="3">월일</th><th rowspan="3">확인
시간</th><th colspan="4">온 도 (℃)</th><th rowspan="3">청결도
확인</th><th rowspan="3">덮개
확인</th><th rowspan="3">분리보관여부</th><th rowspan="3">점검자
서명</th></tr>
<tr><th colspan="2">식품의 저장용</th><th rowspan="2">보존식</th><th rowspan="2">우유</th></tr>
<tr><th>냉장고</th><th>냉동고</th></tr>
<tr><td>6/2</td><td>AM
8:30</td><td></td><td></td><td></td><td></td><td></td><td></td><td></td><td></td></tr>
<tr><td>월</td><td>PM
3:30</td><td></td><td></td><td></td><td></td><td></td><td></td><td></td><td></td></tr>
<tr><td>6/30</td><td>AM
8:30</td><td></td><td></td><td></td><td></td><td></td><td></td><td></td><td></td></tr>
<tr><td>화</td><td>PM
3:30</td><td></td><td></td><td></td><td></td><td></td><td></td><td></td><td></td></tr>
<tr><td>7/1</td><td>AM
8:30</td><td></td><td></td><td></td><td></td><td></td><td></td><td></td><td></td></tr>
<tr><td>수</td><td>PM
3:30</td><td></td><td></td><td></td><td></td><td></td><td></td><td></td><td></td></tr>
<tr><td>7/2</td><td>AM
8:30</td><td></td><td></td><td></td><td></td><td></td><td></td><td></td><td></td></tr>
<tr><td>목</td><td>PM
3:30</td><td></td><td></td><td></td><td></td><td></td><td></td><td></td><td></td></tr>
<tr><td>7/3</td><td>AM</td><td></td><td></td><td></td><td></td><td></td><td></td><td></td><td></td></tr>
<tr><td>금</td><td>PM</td><td></td><td></td><td></td><td></td><td></td><td></td><td></td><td></td></tr>
<tr><td colspan="2">관리기준</td><td colspan="8">* 냉장실 5℃ 이하, 냉동실 −18℃ 이하
* 냉장 · 냉동고가 2개일 경우, 각각의 냉장고에 대해 작성</td></tr>
<tr><td colspan="2">검색방법</td><td colspan="8">* 냉장 · 냉동고의 온도 측정
* 빈도: 1식 제공 시 2회/일(출근 후, 퇴근 전)</td></tr>
<tr><td colspan="2">개선조치</td><td colspan="8">* 냉장 · 냉동고 온도 조정, 고장 시 수리의뢰</td></tr>
</table>

확인자:

check point

급 · 간식의 위생적인 관리를 위하여 유아교육기관에서는 냉장 · 냉동고의 온도관리를 할 필요가 있다. 즉, 보존식, 우유간식 등이 보관된 냉장 · 냉동고의 온도와 청결상태, 기타 보관여부 등에 대한 관리를 통해 위생적인 관리가 이루어질 수 있다. 이때, 냉장고는 5℃ 이하, 냉동고는 −18℃ 이하의 온도가 유지되도록 한다.

예시 47. 보존식
관련지표: 건강 · 안전 영역 3-2-17

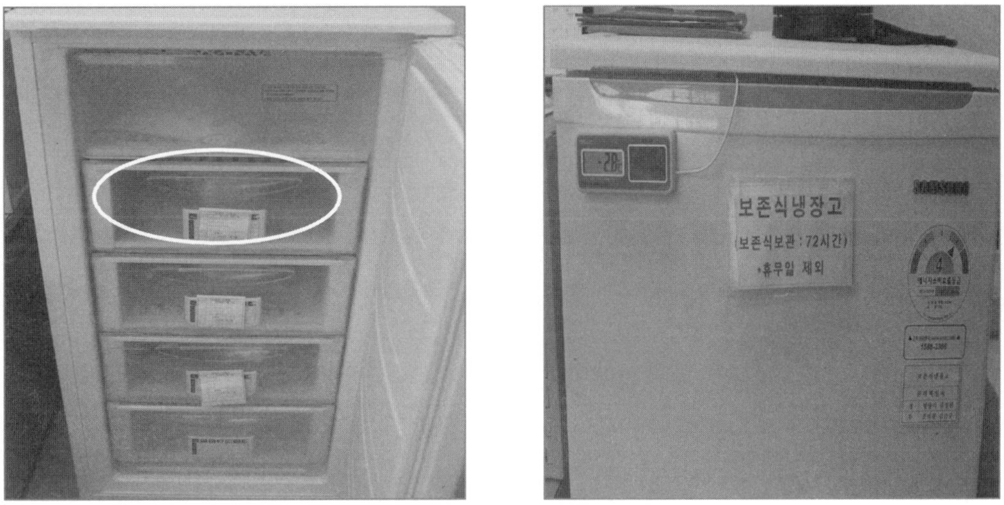

[그림 46] 보존식 냉장고의 내 · 외부

[그림 47] 보존식

check point

유아교육기관은 예기치 않은 사고발생에 대비하여 식단별 1인분의 양을 배식 직전에 소독된 보존식 전용 용기에 음식 종류별로 각각 100g 이상을 −18℃ 이하에서 72시간 이상 보관해야 한다.

예시 48. 급식 모니터링 점검표
관련지표: 건강 · 안전 영역 3-2-17

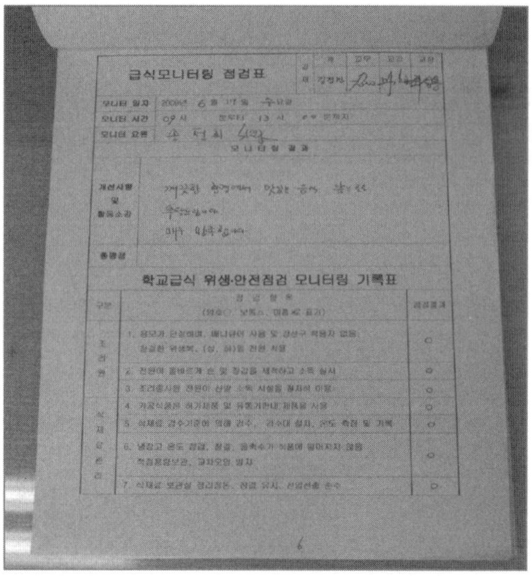

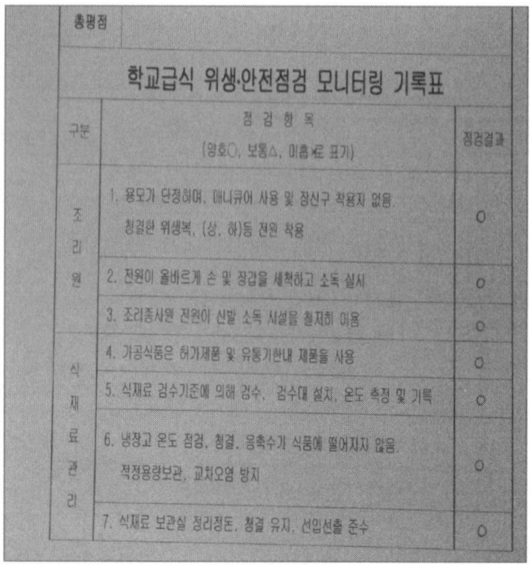

구분	점검항목 (양호○, 보통△, 미흡× 표기)	점검결과
조리원	1. 용모가 단정하며, 매니큐어 사용 및 장신구 착용치 않음. 청결한 위생복, (상, 하)등 전원 착용	○
	2. 전원이 올바르게 손 및 장갑을 세척하고 소독 실시	○
	3. 조리종사원 전원이 신발 소독 시설을 철저히 이용	○
식재료관리	4. 가공식품은 허가제품 및 유통기한내 제품을 사용	○
	5. 식재료 검수기준에 의해 검수, 검수대 설치, 온도 측정 및 기록	○
	6. 냉장고 온도 점검, 청결, 응축수가 식품에 떨어지지 않음. 적정용량보관, 교차오염 방지	○
	7. 식재료 보관실 정리정돈, 청결 유지, 선입선출 준수	○

[그림 48] 급식 모니터링 점검표

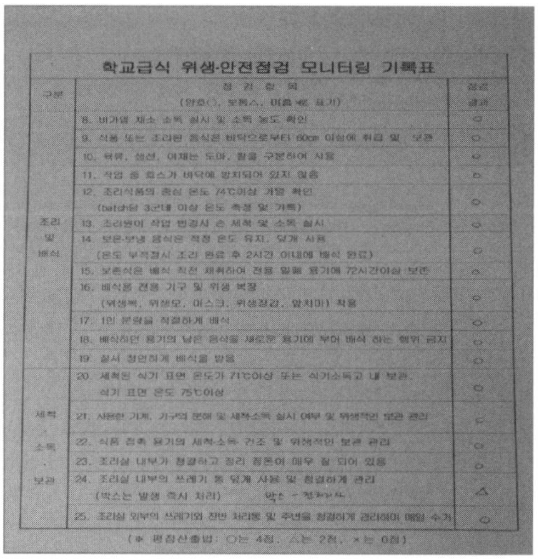

학교급식 위생·안전점검 모니터링 기록표

구분	점검항목 (양호○, 보통△, 미흡× 표기)	점검결과
조리 및 배식	8. 비가열 채소 소독 실시 및 소독 농도 확인	○
	9. 식품 또는 조리된 음식은 바닥으로부터 60cm 이상에 취급 및 보관	○
	10. 육류, 생선, 야채는 도마, 칼을 구분하여 사용	○
	11. 작업 중 호스가 바닥에 방치되어 있지 않음	○
	12. 조리식품의 중심 온도 74℃이상 가열 확인 (batch당 3군데 이상 온도 측정 및 기록)	○
	13. 조리원이 작업 변경시 손 세척 및 소독 실시	○
	14. 보온·보냉 음식은 적정 온도 유지, 덮개 사용 (온도 부적절시 조리 완료 후 2시간 이내에 배식 완료)	○
	15. 보존식은 배식 직전 채취하여 전용 밀폐 용기에 72시간이상 보존	○
	16. 배식용 전용 기구 및 위생 복장 (위생복, 위생모, 마스크, 위생장갑, 앞치마) 착용	○
	17. 1인 분량을 적절하게 배식	○
	18. 배식하던 용기의 남은 음식을 새로운 용기에 부어 배식 하는 행위 금지	○
	19. 질서 정연하게 배식을 받음	○
세척·소독·보관	20. 세척된 식기 표면 온도가 71℃이상 또는 식기소독고 내 보관. 식기 표면 온도 75℃이상	○
	21. 사용한 기계, 기구의 분해 및 세척소독 실시 여부 및 위생적인 보관 관리	○
	22. 식품 접촉 용기의 세척·소독 건조 및 위생적인 보관 관리	○
	23. 조리실 내부가 청결하고 정리 정돈이 매우 잘 되어 있음	○
	24. 조리실 내부의 쓰레기 통 덮개 사용 및 청결하게 관리 (박스는 발생 즉시 처리)	△
	25. 조리실 외부의 쓰레기와 잔반 처리통 및 주변을 청결하게 관리하며 매일 수거	○

(※ 평점산출법: ○는 4점, △는 2점, ×는 0점)

[그림 49] 유치원 급식 위생 · 안전점검 모니터링 기록표

check point

유아교육기관에서는 식재료 구입 · 검수절차를 강화하여 급 · 간식 식재료를 위생적으로 관리 · 사용해야 한다. HACCP 시스템 시행은 위해 중점 요소를 집중적으로 관리할 수 있으며 유아들이 먹는 식자재는 위생적으로 보관해야 한다. 유치원에서는 부모를 대상으로 위생 · 안전 모니터링을 할 수 있으며 그 결과는 유아의 급 · 간식의 위생적인 관리를 위해 반영되어야 한다.

예시 49. 급식 모니터링 점검표
관련지표: 건강 · 안전 영역 3-2-17

급식 모니터링 점검표	결재	계	교사	원감	원장

모니터 일자	2009년 6월 17일 수요일	
모니터 시간	09시 00분부터 13시 00분까지	
모니터 요원	송 ○○ (인)	
모니터링 결과		
개선사항 및 활동소감	깨끗한 환경에서 맛있는 음식 앞으로도 부탁드립니다. 매우 만족합니다.	
총평점		
학교급식 위생 · 안전점검 모니터링 기록표		
구분	점 검 항 목 (양호○, 보통△, 미흡×로 표기)	점검결과
조리원	1. 용모가 단정하며, 매니큐어 사용 및 장신구 착용자 없음 청결한 위생복(상, 하) 등 전원 착용	○
	2. 전원이 올바르게 손 및 장갑을 세척하고 소독 실시	○
	3. 조리종사원 전원이 신발 소독 시설을 철저히 이용	○
식재료관리	4. 가공식품은 허가제품 및 유통기한 내 제품을 사용	○
	5. 각 재료 검수기준에 의해 검수, 검수대 설치, 온도 측정 및 기록	○
	6. 냉장고 온도 점검, 청결, 응축수가 식품에 떨어지지 않음. 적정용량보관, 교차오염방지	○
	7. 식재료 보관실 정리정돈, 청결 유지, 선입선출 준수	○
조리 및 배식	8. 비가열 채소, 소독 실시 및 소독 농도 확인	○
	9. 식품 또는 조리된 음식은 바닥으로부터 60Cm 이상에 취급 및 보관	○
	10. 육류, 생선, 야채는 도마, 칼을 구분하여 사용	○
	11. 작업 중 호스가 바닥에 방치되어 있지 않음	○
	12. 조리식품의 중심 온도 74℃ 이상 가열 확인 (batch당 3군데 이상 온도 측정 및 기록)	○
	13. 조리원이 작업 변경 시 손 세척 및 소독 실시	○
	14. 온도 · 보냉 음식은 걱정 온도 유지, 덮개 사용	○
	15. 보존식은 배식 직전 채취하여 전용 밀폐 용기에 72시간 이상 보존	○
	16. 배식용 전용 기구 및 위생 복장(위생복, 위생모, 마스크, 위생장갑, 앞치마) 착용	○
	17. 1인 분량을 적절하게 배식	○
	18. 배식하던 용기의 남은 음식을 새로운 용기에 부어 배식하는 행위 금지	○
	19. 질서 정연하게 배식을 받음	○
세척 · 소독 · 보관	20. 세척된 식기 표면 온도가 71℃ 이상 또는 식기소독고 내 보관, 식기 표면 온도 75℃ 이상	○
	21. 사용한 기계, 기구의 분해 및 세척 · 소독 실시 여부 및 위생적인 보관 관리	○
	22. 식품 접촉 용기의 세척 · 소독 · 건조 및 위생적인 보관관리	○
	23. 소리실 내부가 청결하고 정리 정돈이 매우 잘 되어 있음	○
	24. 조리실 내부의 쓰레기통 덮개 사용 및 청결하게 관리 (박스는 발생 즉시 처리)	△
	25. 조리실 외부의 쓰레기와 잔반처리로 및 주변을 청결하게 관리하며 매일 수거	○

check point

급식 모니터링의 경우, 부모 중 희망자를 선정하여 실시할 수 있다. 부모들은 조리원, 식재료관리, 조리 및 배식, 세척 · 소독 · 보관 등에 대하여 모니터할 수 있다. 이는 유아교육기관의 급 · 간식 식재료의 위생적인 관리와 사용을 위하여 반드시 필요하다.

예시 50. 조리실 위생점검표
관련지표: 건강 · 안전 영역 3-2-17

조리실 위생점검표

점검내용	점검일			
1. 조리실은 깨끗하며 환기기 잘 되고 있다.				
2. 냉장고와 조리대 및 건조대, 조리도구와 식기들이 깨끗하며 식기류가 건조하게 보관되고 있다.				
3. 유효기간 이내의 식품들이 냉장고에 청결하게 보관되고 있다.				
4. 우유는 냉장고에 청결히 보관하고 남은 우유는 반드시 폐기한다.				
5. 우유병은 사용할 때마다 매번 소독한다.				
6. 배식 후 남은 잔반과 쓰레기는 반드시 당일 폐기한다.				
7. 쓰레기통과 잔반 수거통은 반드시 뚜껑이 달린 것으로 사용하고, 청결하게 관리되고 있다.				
8. 조리사는 머리 수건과 앞치마를 착용한다.				
9. 조리사는 손을 자주 씻고 손톱을 짧게 자른다.				
10. 조리실에는 조리사 외에 외부인이 함부로 들어가지 않는다.				

check point

유아교육기관에서는 조리실 위생점검표를 활용하여 위생적인 관리 및 조리가 될 수 있도록 한다. 즉, 조리실의 환기상태, 조리실의 위생상태, 조리사의 위생상태 등에 대한 점검을 매일 함으로써 위생적인 관리가 이루어질 수 있도록 한다.

예시 51. 영양지도계획
관련지표: 건강 · 안전 영역 3-2-17

교육목표 구현 계획					
부서명					
업무명	급식소관리, 영양관리				
세부 추진 계획					
실천항목	세부실천계획	목표량	대상	추진시기	비고 · 예산
1. 급식 운영의 내실화	1. 연간 급식운영계획서 수립	1	전 유아	3월	
	2. 저소득층자녀 급식비 지원사업	연중	전 유아 (저소득, 특수)	연간	
	3. 급식수요자 만족도 조사	1	전 유아	9월	
	4. 학부모(급식소위원) 급식 모니터링 실시	4	학부모	5, 7, 9, 11월	
2. 급식의 안전성 확보	1. 급식소 위생안전점검실시	연중	급식담당		
	2. 조리원 위생안전교육	매월	급식담당		
	3. HACCP 적용 및 일지기록	연중	급식담당		
	4. 식재료 검수	연중	급식담당		
	5. 청소계획 및 실시	연중	급식담당		
	6. 쇠고기유전자 검사 실시	4회	영양교사		
3. 영양관리 및 식생활 지도 강화	1. 급식 식단계획 및 실시	5회	전체	3, 5, 7, 9, 11월	
	2. 급식영양표시제 실시	연중	전체		
	3. 식사지도 및 영양상담	연중	전체		
	4. 우유 급식	연중	전체		
	5. 음식물 쓰레기 줄이기 실천	연중	전체		

check point

유아교육기관에서는 급식운영의 내실화와 급식의 안전성을 도모하기 위하여 연간 영양지도 계획을 수립할 수 있다. 이는 체계적인 급식소관리를 돕고 유아의 영양관리 및 식생활 지도를 도울 수 있다.

3-3. 안전관리의 적절성

교수 · 학습과정을 통하여 안전교육이 잘 이루어지고 있는지, 안전사고 대비책은 체계적으로 수립되어 있는지, 유치원 실내 · 외의 다양한 시설과 설비가 안전하게 설치되고 철저하게 관리되고 있는지를 평가하는 지표다.

평가 지표	18. 유아, 교사를 대상으로 안전교육을 실시하고, 안전사고 대비책이 마련되어 있다. (10점) 19. 시설 · 설비를 안전하게 관리하고 있다. (5점)

(1) 지표별 평가기준

가. 3-3-18

18 유아 · 교사를 대상으로 안전교육을 실시하고, 안전사고 대비책이 마련되어 있다.

평가 요소	• 유아를 대상으로 하는 안전교육을 수시로(또는 주기적으로) 실시하고 있는가? ※ 유아 대상 안전교육: 교통안전(안전한 보행 및 등 · 하원 차량 이용 포함), 놀이시설 안전 및 놀이 규칙, 아동학대(성폭력 포함), 유괴, 소방 대피훈련, 자연재해대피훈련 등 • 정기적으로 실시하는 안전교육 외에도 일과 중 교육활동 주제와 관련하여 안전교육이 적절히 포함되어 있는가? • 교사를 대상으로 하는 안전교육을 수시로(또는 주기적으로) 실시하고 있는가? ※ 교사대상 안전교육: 안전관리 지도법, 응급처치법, 화재 및 화상 대처, 아동학대 및 유괴, 식중독, 교통안전, 놀이시설 안전, 소방대피훈련, 자연재해대피훈련 등 • 유아를 위한 상해보험에 가입하고, 이를 가정에 공지하고 있는가? ※ 학교안전공제회 가입 가능함. • 시설을 위한 재난 보험에 가입하고, 이를 가정에 공지하고 있는가? ※ 교육시설재난공제회 가입 가능함. • 사고 발생에 대비하여 적절한 수습책이 마련되어 있는가? ※ 학부모 비상연락처 비치, 각종 응급처치 약품 구비, 구급요법에 관한 안내 책자 비치 등 ※ 비상시 사용 가능한 비상구 및 대피장소가 건물 내에 있는지 확인함. • 유치원 차량 보험에 가입하고, 등 · 하원 시 성인이 차량에 동승하고 있는가? ※ 차량 운행을 하는 경우에만 해당함 • 급 · 간식 식단표를 공개하고, 가정에 제공하고 있는가? • 유아 대상 식습관 및 영양지도를 하고 있는가?

❑ 평가방법

• 현장평가

– 유아를 대상으로 하는 시설 · 설비가 안전하게 구성되어 있어야 한다.

– 위생점검 관련자료 확인

– 안전점검표 확인

－각종 보험가입 증서(또는 보험료 지급 서류) 확인
－교육계획안(안전교육 및 비상훈련) 확인
－비상연락처, 응급처치약품 등 비치 실태 관찰
－안전교육 실시 관련 교사 면담, 안전사고 대비책 관련 원장 면담

❑ **관련자료**

• 위생점검 관련자료(환경위생점검표 등)
• 연간 안전교육계획서
• 차량운행일지
• 투약의뢰서
• 각종 안전교육실시 후 평가서(재해대피훈련, 소방대피훈련, 교통안전교육 등)

예시 52. 연간 안전지도 계획
관련지표: 건강 · 안전 영역 3-3-18

연간 안전 생활 지도 계획

추 진 내 용	지도시기	지 도 방 법	비 고
유아교육기관의 실외 시설 설비	연 중	현장교육	
유아교육기관의 실내 시설 설비	연 중	현장교육, 그림자료	
안전한 놀이감 선택 및 관리	연 중	직접체험	
일상생활에 쓰이는 기구 및 도구	연 중	도구 사용법 지도	
위험한 장소에 대한 안전 높은 곳에서의 추락사고	연 중	계단의 안전한 설치 및 관리	
평면에서 넘어지거나 미끄러지는 사고	연 중	활동실에 미끄럼 방지책으로 매트 활용	
이물질 흡입으로 인한 결석	연 중		
성폭력 사고에 대한 안전	연 중	유괴 및 미아사고를 예방하기 위한 지도 실시	
환경 및 공해에 대한 안전	연 중	오염된 수질, 대기, 토양 등의 위험에 대한 안전 지도	
화재 및 화상에 대한 안전	연 중	불이 우리 생활에 끼치는 영향 지도	
동물이나 곤충에 대한 안전교육	연 중	동물이나 곤충을 접했을 때 지켜야 할 안전 지도	
안전사고에 대한 응급처치의 필요성 및 기본 방향	연 중	사고에 대비하는 기본지침을 세워서 지도	
질병예방 및 간호의 필요성	연 중	충분한 영향과 휴식, 청결한 환경과 위생습관 지도	
유해식품에 대한 안전	연 중	불량식품 및 유해식품에 대한 지도	
흡연예방교육	연 중	흡연예방교육지도	
실종 및 유괴예방교육	연 중	유괴 및 실종예방교육	

check point

유아는 신체 발달 특성상 주변의 사물이나 환경에 대한 호기심이 높고 탐구하려는 충동이 강한 반면 신체기능의 발달이 미숙하여 균형을 유치하는 능력이나 운동기능이 충분히 발달되어 있지 않아 항상 사고의 위험성을 안고 있어 유아기부터 체계적인 안전교육을 실시하는 것이 중요하다. 따라서 유치원에서는 첫째, 유아들이 안전하게 활동할 수 있는 적절한 환경을 조성한다. 둘째, 가정과의 연계를 통한 안전에 관한 부모교육을 실시한다. 셋째, 안전을 위한 연간교육계획을 세우고 주별 안전생활 실천카드를 활용할 수 있다.

예시 53. 안전생활 연간계획
관련지표: 건강 · 안전 영역 3-3-18

안전생활 연간계획

월	주	실천 카드 내용
3	3	• 횡단보도를 바르게 건너요
	4	• 가위로 장난하지 않아요.
4	1	• 놀이기구를 바르게 타요.
	2	• 애완동물을 함부로 만지면 안돼요.
	3	• 혼자 있을 때 문을 함부로 열지 않아요.
	4	• 낯선 사람을 조심해요.
5	1	• 좋은 접촉과 나쁜 접촉이 있어요.
	2	• 위험한 물건을 만지지 않아요.
	3	• 길을 잃었어요.
	4	• 애완동물을 안전하게 다루어요.
	5	• 동물 중에는 위험한 동물도 있어요.
6	1	• 무단횡단을 하지 않아요.
	2	• 뜨거운 것은 조심해요.
	3	• 현장학습 갈 때 지켜야 될 약속을 지켜요.
	4	• 비 오는 날 조심해요.
7	1	• 바깥놀이 할 때도 지켜야 할 약속이 있어요.
	2	• 물놀이는 어른과 함께 가요.
9	1	• 유치원 올 때 무단횡단하지 않아요.
	2	• 찻길에서 자전거를 타지 않아요.
	3	• 교통표지판 이름을 알아요.
	4	• 멈춰서 살펴보아요.
10	1	• 지구가 아파요.
	2	• 자전거나 롤러스케이트를 안전하게 타요.
	3	• 위험한 물건은 만지지 않아요.
	4	• 위험한 물질을 만지지 않아요.

check point

유아교육기관에서는 연간 안전교육을 수립하여 수시, 주기적으로 안전교육을 실시해야 한다. 유아교육기관에서 이루어질 수 있는 안전교육으로는 교통안전, 놀이시설안전, 아동학대 및 성폭력, 유괴 및 미아예방교육, 소방대피 훈련, 지진 대피 훈련 등이 있다. 교사는 항목을 세분화하여 매주 계획적으로 실시하고 평가하며 기록하도록 한다.

예시 54. 투약의뢰서
관련지표: 건강 · 안전 영역 3-3-18

투 약 의 뢰 서

금일 자녀의 투약을 (양호)선생님께 의뢰합니다.

- 반　　명 :
- 아 동 명 :
- 증　　상:
- 약의 종류:　　　　　　　　　　(보관 장소: 실온 · 냉장)
- 투약 용량 :
- 투약 시간:

년　월　일　요일

의뢰자　　　　　(인)

※ 투약으로 인한 책임은 의뢰자가 집니다.

투 약 보 고 서

○○○ 아동에 대해 의뢰하신 내용대로 투약하였음을 보고합니다.

년　월　일　요일

담당교사　　　　　(인)

- 특이사항 :

check point

유아교육기관에서는 유아가 입학할 때, 부모에게 투약에 대한 사전 안내를 한다. 따라서 유치원에서 유아에게 투약을 해야 할 경우, 부모는 투약의뢰서를 작성하여 유아 편으로 약과 함께 보낼 수 있도록 한다. 그리고 교사는 투약의뢰서 내용에 따라 투약을 한 후 투약보고서를 부모에게 보내야 한다. 투약의뢰서에는 유아명, 증상, 약의 종류, 투약 용량, 투약시간 등의 내용이 들어가야 한다.

예시 55. 차량운행일지
관련지표: 건강 · 안전 영역 3-3-18

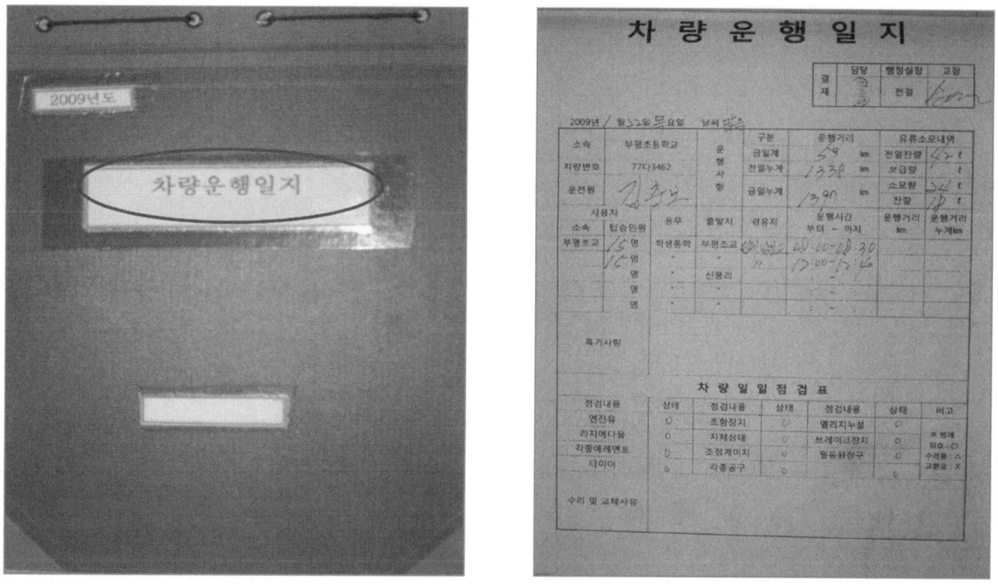

[그림 50] 차량운행일지

check point

유아교육기관에서 차량을 운행할 경우, 매일 차량운행에 대한 점검을 통해 안전사고에 대비하도록 한다. 차량운행일지에는 차량의 기본사항, 운행 시 특기사항, 사용자, 일일 점검, 운행사항, 운행시간 등에 대해 작성한다.

예시 56. 차량안전지도 계획통신문
관련지표: 건강 · 안전 영역 3-3-18

1, 2호 통학버스 운행 및 안전 지도 계획

2009년 3월

1. 목적

교통사고의 위험으로부터 학생을 보호하여 안전하게 학교에 등·하교 할 수 있도록 한다.

2. 방침

가. 구조라 초등학교 폐교로 인한 원거리 통학생을 수송한다.
나. 학교 계획에 따라 운행하되 학교장의 명령이 있을 시 추가로 운행할 수 있다.(노선도참조)
다. 통학생들이 최소한 08:40분까지는 등교할 수 있도록 한다.
라. 본교 학생 이외의 사람(마을 주민, 타교 학생)은 탑승 할 수 없다.
마. 운전원은 대형 면허를 소지해야 한다.
바. 통학버스는 통학생들의 등·하교 시에 이용할 뿐만 아니라, 학교장의 명령이 있을 경우 학교의 각종 교육활동(체험활동, 단체 이동시 등)에 이용 할 수 있다.

3. 학생 통학 버스의 요건

가. 색상 - 황색
나. 어린이 보호표시 부착(앞, 뒤)
다. 표시등 설치 : 앞과 뒤에 적색과 황색 각각 2개
라. 종합보험에 가입
마. 거제 경찰서장에 교부받은 신고필증

4. 통학버스 운행 지침

가. 학생 통학버스는 특별보호를 받으므로 반드시 정차 시에는 점멸등을 설치하고 가동한다.
[통학버스가 도로에 정차하여 점멸등 등 학생이 타고 내리는 중임을 표시하는 장치를 가동 중인 때에는 학생 통학버스가 정차된 차로와 그 옆 차로를 통행하는 자동차의 운전자는 일시 정지하여 안전을 확인한 후 서행해야 한다(도로교통법 제48조의 3)]
나. 학생 통학버스임을 표시하고 운행하는 경우 모든 차는 학생통학버스를 앞지르지 못한다(도로교통법 제48조의 3). 그러므로 학생 통학버스임을 표시하고 운행해야 한다.
다. 신고필증을 학생통학버스 안에 상시 비치하여야 한다(도로교통법 제48조의 4).
라. 학생 통학버스는 버스 전용차선을 통행할 수 있다.
마. 운전원은 도로교통법을 준수하고 안전운행에 유의해야 한다(도로교통법 제48조의 4).
운전원은 어린이, 유아가 탈 때 좌석에 앉은 것을 확인하고, 내릴 때는 자동차로부터 안전한 거리에 떨어져 있는 것을 확인 한 후 출발시켜야 한다.

5. 교직원의 탑승 지도

가. 운행자의 의무사항
학교 통학버스를 운행할 시에 초·중등 교육법 규정에 의해 탑승 지도해야 한다(도로교통법 제48조의 6).
나. 요일별로 돌아가며 담당교직원이 동승 지도한다.
다. 저학년은 하교 시 하차 지도를 중점적으로 한다.

check point

유아교육기관에서는 학기 초, 차량안전지도 계획을 수립해야 한다. 이때, 계획을 수립하는 목적과 방침, 통학버스의 운행지침, 교직원 탑승지도 등에 대해서 구체적인 계획을 세울 수 있다. 이후 계획은 가정통신문, 유치원 홈페이지, 부모교육 등을 통해 안내하여야 한다.

예시 57. 화재대피 훈련일지
관련지표: 건강 · 안전 영역 3-3-18

화재대피 훈련일지(제5회)

1. 실시한 시기	2008년 9월 3일 11시 00분~ 11시 10분(소요시간 10분)	
2. 참 가 자	교사 4명, 업무종사원 1명, 유아 52명 총 57명	
3. 역할 담당	구 분	담 당 자
	유 아 대 피	각 반 담임
	화 재 신 고	○○○
	다친 유아치료	○○○
	실 내 확 인	○○○
	소요시간 측정	○○○
	최종인원점검	○○○
4. 불난 위치 및 대피 경로		
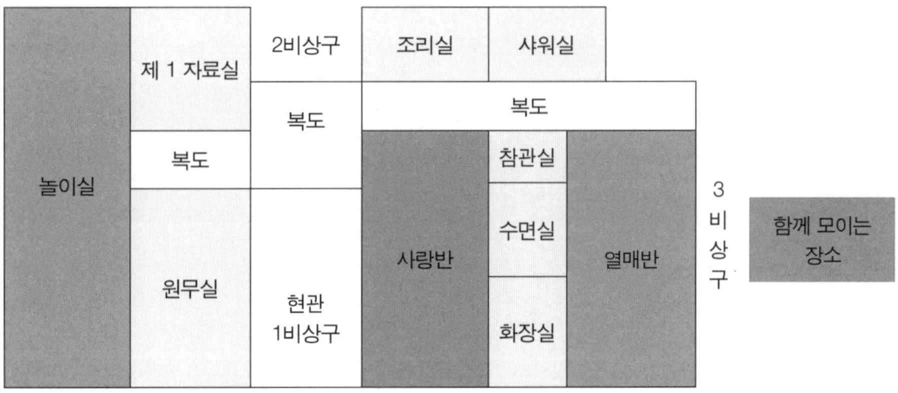		
5. 화재발생신호	방송 차임벨	
6. 중 점 사 항	옷옷으로 입을 막고 대피경로를 따라 차례로 대피하기 빠른 시간 내에 대피하기	
7. 사용된 물품 및 용 도	구급상자, 초시계, 방송 엠프, 집합 팻말	
8. 평가	개학 후 처음 실시하는 화재대피 훈련이었으나 소방교육 후 이야기를 나눈 다음 실시하여 유아들이 대피 경로를 정확히 인지하고 바른 대피방법으로 신속히 대피하였다. 유아들이 대피하는 것이 익숙해졌으므로 다음 달 화재 대피 훈련은 사전 예고 없이 실시하기로 하였다.	

check point

교사는 월 1회 소방대피 훈련을 계획 · 실시 · 평가할 수 있다. 소방대피 훈련이 실시되기 전 모든 교사들은 시기와 참가자 그리고 각자 역할분담 등에 대한 협의가 이루어져야 한다. 또한 훈련이 종료된 후, 협의를 통해 평가를 하고 이후 계획에 대해 논의한다.

예시 58. 화재비상대피도
관련지표: 건강 · 안전 영역 3-3-18

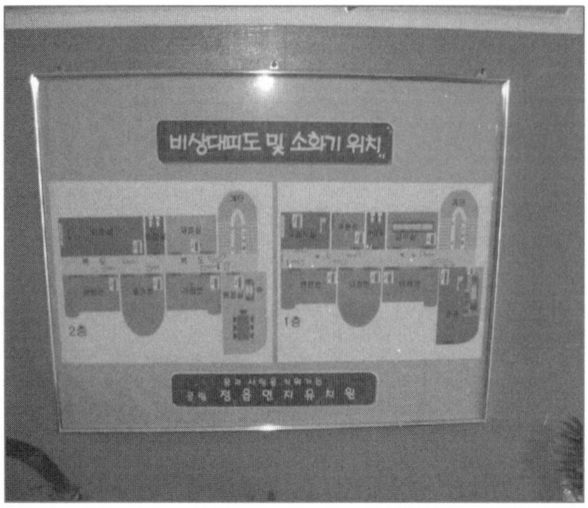

[그림 51] 소화기 위치

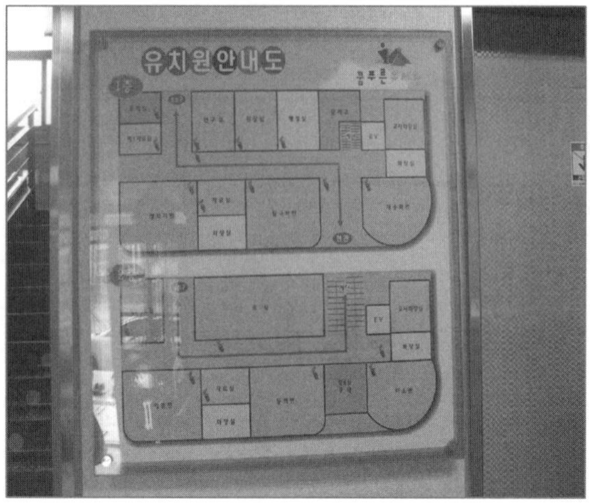

[그림 52] 비상 탈출 계획로

check point

유아교육기관에서는 사고발생에 대비하여 비상시 대피할 수 있는 비상탈출로가 정해져 있으며 유아나 교사들이 항상 쉽게 볼 수 있는 교실, 복도, 현관 등에 부착한다. 또한 교사들은 유아에게 계획적, 비계획적으로 지속적인 지도가 이루어지도록 한다.

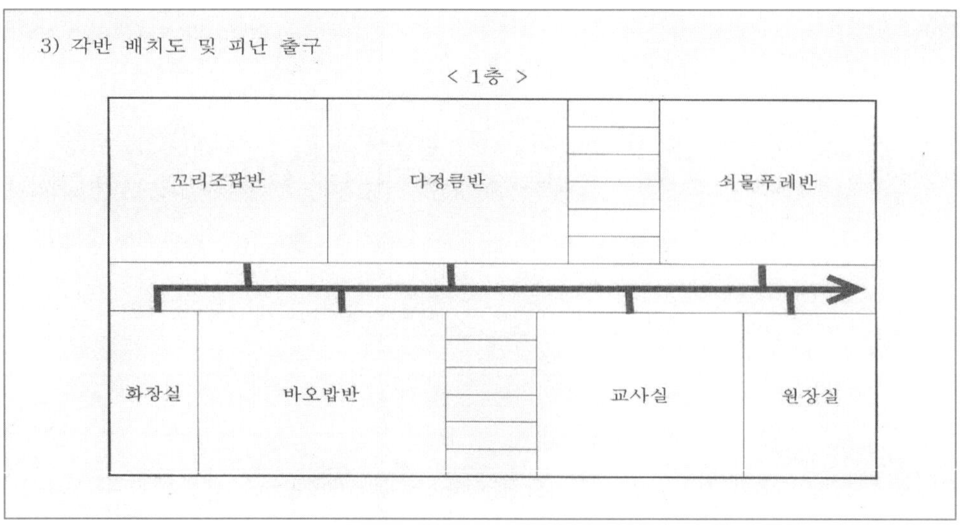

[그림 53] 복도에 부착된 피난 출구

예시 59. 화재대피 자위 소방대 조직도
관련지표: 건강 · 안전 영역 3-3-18

화재대피 자위 소방대 조직도

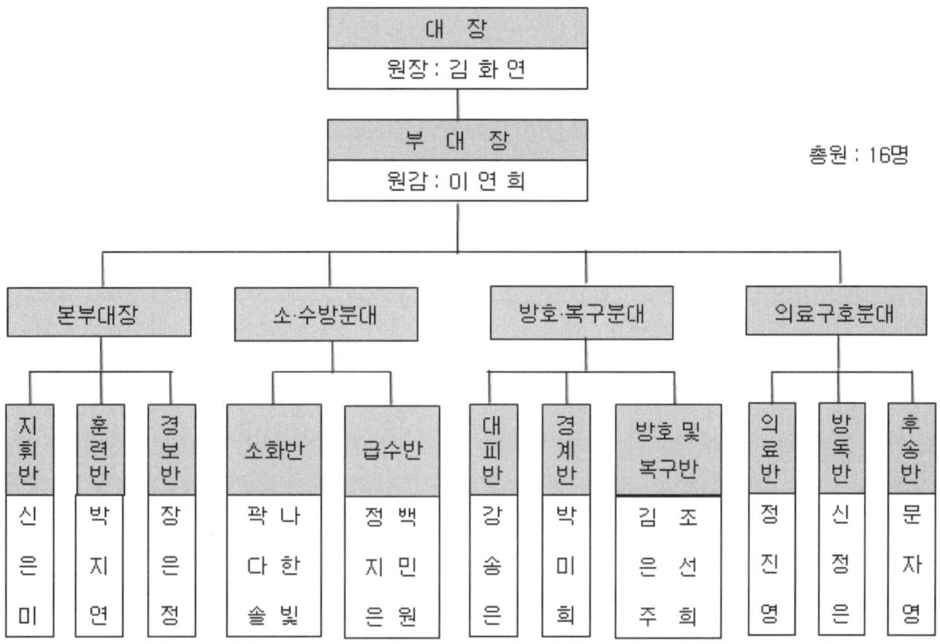

[그림 54] 화재 대피 훈련

check point

유아교육기관에서는 유치원교육 수립 시, 화재 대피 자위 소방대를 조직할 수 있다. 이는 사고 발생시, 업무 분담역할에 따라 신속하게 대처할 수 있다. 각 유치원에서 교사는 월 1회 유아와 함께 소방대피 훈련을 실시하도록 한다. 각 유치원의 실정에 맞게 자위 소방대를 구성할 수 있다(예시는 모두 가명임).

예시 60. 사고처리보고서
관련지표: 건강 · 안전 영역 3-3-18

사고 처리 보고서

○○ 유치원	결재	담 임	원 감	원 장

상해일자		시간		날씨	
원아명		성별		생년월일	
목격자					
부모에게 연락한 사람		연락한 시간			

상해가 일어난 장소				
1. 실외놀이장	2. 놀이실	3. 화장실	4. 복도	5. 주방
6. 자전거	7. 대근육활동실	8. 교사실	9. 식당	10. 계단
11. 모름	12. 기타(		)	

상해가 일어난 기구				
1. 오르기 기구	2. 미끄럼틀	3. 그네	4. 운동장표면	5. 모래상자
6. 자전거	7. 기타(		)	

상해의 원인(서술하시오)

1. 바닥으로 떨어짐: 떨어진 높이 약 M 바닥형태:
2. 뛰거나 발을 헛디뎌 넘어짐
3. 유아에게 물림
4. 기타 ( )

check point

유아교육기관에서는 사고 발생에 대비하여 적절한 수습책이 마련되어 있어야 한다. 그리고 유치원에서 부득이 사고 발생 시, 신속하게 대처하고 사고 처리가 종료된 시점에서 사고 처리 보고서를 작성하여 비치하도록 한다. 교사는 상해가 일어난 원인에 대해 면밀히 검토함으로써 이후 사고 발생률을 낮출 수 있도록 해야 한다.

예시 61. 비상연락망 및 응급처치 동의서
관련지표: 건강 · 안전 영역 3-3-18

비상 연락망 및 응급처치 동의서

반 이름: ____________________ 유아 이름: ______________ 성별: (남 · 여)

사고 발생 시 응급처치는 부모님의 동의를 얻어야 함을 이해합니다. 따라서 귀 기관에서는 사고 시 응급처치에 대한 신속한 동의가 이루어지도록 다음의 연락처로 연락을 취해주시고, 귀 기관에서 다음의 절차에 따라 응급 처치를 하는 경우 그 권한을 귀 기관에 위임할 것에 동의합니다.

날짜: ______________ 부모 이름: ___________________ 서명 또는 인

〈응급처치의 절차〉

1. 사고 발생 시 가장 먼저 부모님께 연락합니다.

(시간/기간) (전화번호)

어머니와는 ________________동안에 ☎________________로 연락할 수 있습니다.

________________동안에 ☎________________로 연락할 수 있습니다.

아버지와는 ________________동안에 ☎________________로 연락할 수 있습니다.

________________동안에 ☎________________로 연락할 수 있습니다.

2. 부모님과 신속하게 연락이 되지 않을 경우 부모님이 정해주신 다음의 사람들에게 연락합니다.

이름 ______________는 ☎________________로 연락할 수 있습니다.

유아와의 관계 ______________________

이름 ______________는 ☎________________로 연락할 수 있습니다.

유아와의 관계 ______________________

3. 필요한 경우 119 구조대의 연락을 할 것이며(기관에서 지정하는 의료기관이나, 부모님이 정하신 의료기관)으로 응급수송할 것입니다. 비용은 보호자 부담으로 합니다.

4. 의료기관 수송 후에는 다음 의료보험 관련 정보를 주어 신속한 치료를 받을 수 있도록 합니다.

의료보험 종류: ______________________

번 호: ______________________

기 관: ______________________

check point

유아교육기관에서는 사고 발생에 대비하여 부모들에게 학기 초 응급처치 동의서를 받아 보관해야 한다. 사고 발생 시, 응급처치에 동의서는 응급처치에 대한 동의를 구하는 것으로 사고가 신속히 처리될 수 있다.

예시 62. 원아사고일지
관련지표: 건강 · 안전 영역 3-3-18

유치원 원아사고 내용일지

( )반

순	일시	성명	성별	유형별 사고내용	사고내용 (구체적)	처리방법	비고

check point

유아교육기관의 교사는 유치원에서 일어난 유아의 사고일지를 기록할 수 있다. 여기에는 사고가 일어난 일시, 유아 이름, 유형별 사고내용, 처리방법 등을 기록한다.

예시 63. 안전사고일지
관련지표: 건강 · 안전 영역 3-3-18

안 전 사 고 일 지

<table>
<tr><td>점검일시</td><td>2009년 월 일 요일</td><td>반 명</td><td rowspan="2">결
재</td><td>담 임</td><td>원 감</td><td>원 장</td></tr>
<tr><td>유치원명</td><td>○○유치원</td><td></td><td></td><td></td><td></td></tr>
<tr><td colspan="7"></td></tr>
</table>

<table>
<tr><td colspan="4">인 원 현 황</td><td colspan="2" rowspan="2">재해발생현황</td></tr>
<tr><td colspan="2">교 직 원</td><td colspan="2">학 생</td></tr>
<tr><td>남</td><td>명</td><td>남</td><td>명</td><td>전월누계</td><td>명</td></tr>
<tr><td>여</td><td>명</td><td>여</td><td>명</td><td>월 현계</td><td>명</td></tr>
<tr><td>계</td><td>명</td><td>계</td><td>명</td><td>합 계</td><td>명</td></tr>
</table>

<table>
<tr><td rowspan="2">분 야</td><td rowspan="2">점 검 항 목</td><td colspan="3">점 검 결 과</td><td rowspan="2">개선 요망사항</td></tr>
<tr><td>양호</td><td>보통</td><td>불량</td></tr>
<tr><td rowspan="9">교실</td><td>1. 유리창 파손 여부</td><td></td><td></td><td></td><td></td></tr>
<tr><td>2. 정리정돈 및 청결 유지 상태</td><td></td><td></td><td></td><td></td></tr>
<tr><td>3. 실 · 내외 환기 및 조명 상태</td><td></td><td></td><td></td><td></td></tr>
<tr><td>4. 소음, 진동 상태 여부</td><td></td><td></td><td></td><td></td></tr>
<tr><td>5. 온도, 습도 상태</td><td></td><td></td><td></td><td></td></tr>
<tr><td>6. 돌출부 등 위험 요소 유무</td><td></td><td></td><td></td><td></td></tr>
<tr><td>7. 책걸상의 안전도 및 못 등의 손질</td><td></td><td></td><td></td><td></td></tr>
<tr><td>8. 전기 콘센트 등의 안전조치</td><td></td><td></td><td></td><td></td></tr>
<tr><td>9. 기타</td><td></td><td></td><td></td><td></td></tr>
<tr><td rowspan="3">운동장</td><td>1. 철봉대, 씨름장 등 각종 체육 시설의 안전성</td><td></td><td></td><td></td><td></td></tr>
<tr><td>2. 운동장의 청소상태 및 관리상태</td><td></td><td></td><td></td><td></td></tr>
<tr><td>3. 기타 놀이터의 안전유무</td><td></td><td></td><td></td><td></td></tr>
<tr><td rowspan="5">놀이실</td><td>1. 못 등 위험 돌출부 유무</td><td></td><td></td><td></td><td></td></tr>
<tr><td>2. 계단의 파손 여부</td><td></td><td></td><td></td><td></td></tr>
<tr><td>3. 불균형한 계단은 없는가?</td><td></td><td></td><td></td><td></td></tr>
<tr><td>4. 전기스위치, 전선 등의 안전성</td><td></td><td></td><td></td><td></td></tr>
<tr><td>5. 기타</td><td></td><td></td><td></td><td></td></tr>
<tr><td rowspan="5">화장실</td><td>1. 청소 청결상태(악취제거)</td><td></td><td></td><td></td><td></td></tr>
<tr><td>2. 출입문 상태</td><td></td><td></td><td></td><td></td></tr>
<tr><td>3. 변기의 안전성</td><td></td><td></td><td></td><td></td></tr>
<tr><td>4. 전기스위치, 전선 등의 안전</td><td></td><td></td><td></td><td></td></tr>
<tr><td>5. 기타</td><td></td><td></td><td></td><td></td></tr>
<tr><td rowspan="3">기타</td><td>1. 유치원 담장의 안전상태</td><td></td><td></td><td></td><td></td></tr>
<tr><td>2. 유치원 주변 건널목의 안전도</td><td></td><td></td><td></td><td></td></tr>
<tr><td>3. 기타</td><td></td><td></td><td></td><td></td></tr>
</table>

나. 3-3-19

평가 요소	• 실내외 시설 · 설비가 유아가 사용하기에 안전한가? • 실내외 시설 · 설비에 대한 안전관리가 철저하게 이루어지고 있는가? ※ 안전점검 항목에는 전기, 가스, 소방 등도 포함됨.

19 시설 · 설비를 안전하게 관리하고 있다.

❑ 평가방법

• 현장평가

－실내외 시설 · 설비가 유아들이 사용하기에 안전하게 구성되어야 한다.

－실내외 시설 · 설비에 대한 안전관리가 철저하게 계획되어 이루어져야 한다.

－안전관리를 위해 월 · 주 별에 대한 안전 점검이 이루어져야 한다.

❑ 관련자료

• 위생 점검 관련 자료(환경 위생 점검표 등)

• 시설 안전점검 일지(안전점검표)

• 교육계획안(연간 안전교육 계획 등)

• 보험가입 증서

• 안전사고 보고서

Tip 유아를 위한 실내시설의 안전관리

유아교육기관은 다른 연령의 다른 학교 시설과는 다른 특성을 지니는데 각 기관의 철학적 방향과 교육목표, 유아를 지도하는 교사의 능력, 교육활동의 유형과 편의성, 비품과 교구활용의 용이성, 작업 장소와 놀이 장소의 인접성, 보고 듣기의 용이성 및 유아들의 안전성을 고려하여 계획되고 운영되어야 한다(김주건, 1997). 특히, 유아교육기관의 실내 · 외 시설 설비는 유아들의 안전을 최대한 고려해야 한다.

● 교실 출입문

유아교육교실의 출입문은 유아들이 쉽게 여닫을 수 있도록 가볍고 안전해야 한다. 또한 출입문 틈에 손, 발 등이 끼는 사고의 발생을 방지하기 위하여 끼임방지용 도구를 이용하도록 한다. 또한 손잡이는 유아의 허리 높이보다는 높고 눈높이보다는 조금 낮은 위치에 둔다(노명희, 윤은종, 안연경, 2006).

[그림 55] 교실 출입문

● 화장실

유아교육기관의 화장실은 활동실과 실외 놀이터 양쪽에서 출입이 가능하도록 배치하고 환기장치를 설치한다. 대변기가 놓인 화장실은 낮은 칸막이를 설치하여 교사의 감독이 가능하도록 하며 높이는 90cm정도가 적당하다(노명희, 윤은종, 안연경, 2006). 또한 바닥은 유아들이 미끄러지지 않도록 미끄럼 방지타일로 마감처리를 하거나 그림과 같이 설치를 하여 유아들의 안전에 도움을 주도록 한다.

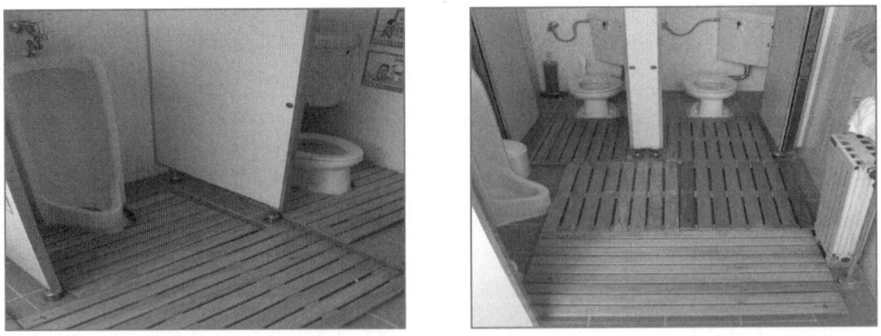

[그림 56] 화장실 바닥

● 정수기 사용

유아교육기관에서 정수기를 유아들이 직접 사용하게 할 경우, 온수사용에 대한 지도를 통해 뜨거운 온수로 인한 화상의 사고를 예방하도록 한다.

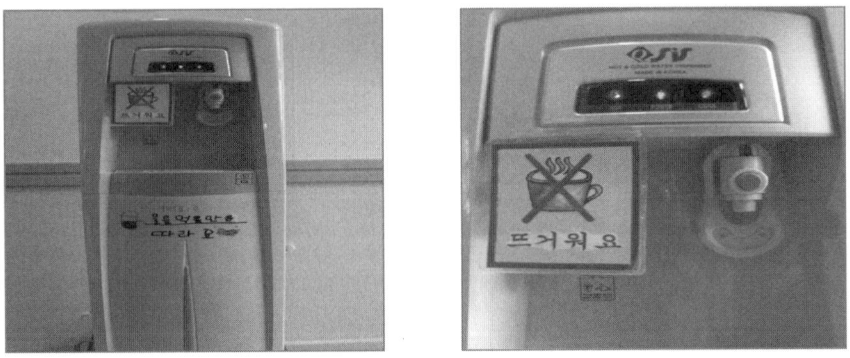

[그림 57] 정수기

● 전기사용

유아교육기관은 카세트와 컴퓨터 등을 사용할 수 있는 전원이 교실 벽에 설치되어 있다. 그러나 유아들은 호기심이 많은 시기로 사고를 예방하기 위하여 교실, 및 기타 활동실의 모든 콘센트는 덮개가 있는 안전콘센트를 설치하도록 한다.

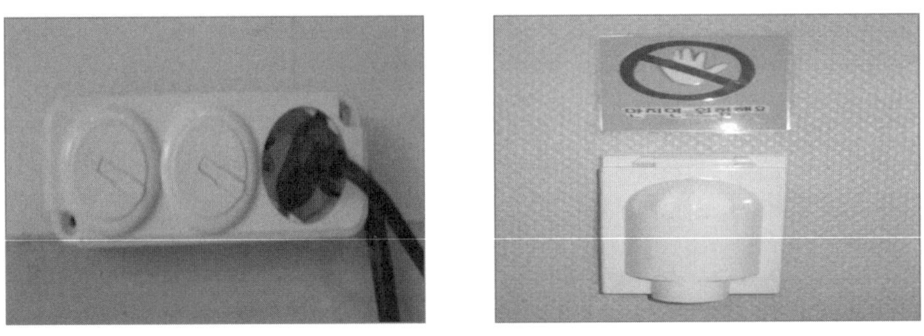

[그림 58] 전기콘센트의 안전캡

● 소화기 비치

투척용 소화기는 분말소화기보다 가벼워서 유아들이 사용하기에 편리하다. 유아교육기관에서는 안전을 위해 소화기를 시설에 비치하고 유아들에게 수시로 사용법과 주의할 점에 대한 지도가 이루어져야 한다. 현재, 유치원에 대한 투척용 소화기 비치를 의무화하였다. 투척소화기의 경우 최소 수량은 소화능력단위 1단위 4본으로 구성되어 있다.

[그림 59] 투척소화기와 분말소화기

● 비상구 유도등

유아교육기관에서는 복도와 계단 등에 비상구를 알리는 비상구 유도등이 비치되어 있어야 한다. 간혹, 유도등의 고장으로 더 큰 사고를 불러올 수도 있다. 따라서 유아교육기관에서는 화재발생시 유아들이 신속하고 안전하게 대피할 수 있는 비상구 유도등의 점등여부를 수시로 확인하도록 한다. 또한 화재대피 훈련 시, 유아들이 비상구 유도등을 따라 화살표방향으로 몸을 낮추고 대피할 수 있도록 지도한다.

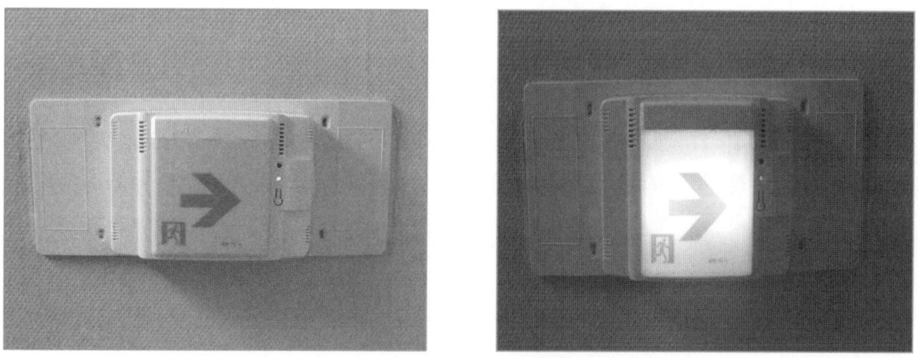

[그림 60] 비상구 유도등

예시 64. 연간 안전교육 계획안

관련지표: 건강 · 안전 영역 3-3-19

연간 안전교육 계획안

만 5세

월	주	주제	내용
3	1	안전하게 걷기	• 안전한 길로 다녀요.
	2	신호등보기	• 좌우를 살핀 후 신호등의 색을 보고 파란불에 건너되 깜빡일 땐 건너지 않아요.
	3	교통수단 이용(Ⅰ)	• 버스 타고 내릴 때 줄을 서요. • 안전벨트를 해요.
	4	교통수단 이용(Ⅱ)	• 차창 밖으로 손, 얼굴 등을 내밀지 않아요. • 차창 밖으로 쓰레기 버리지 않아요.
4	1	안전한 놀이	• 차도에서 놀지 않아요. • 다른 친구 또는 사람의 안전을 살펴주어요.
	2		
	3		
	4		
5	1	교통안전 표지	• 다양한 교통 표지판의 의미를 알아요. • 표지판에 따라 행동해요.
	2		
	3	자동차와 보행자	• 차가 오면 도로 가장자리에 잠시 멈추었다가 가요. • 횡단보도가 아닌 곳으로 건너지 않아요.
	4		
	1	교통안전 요원	• 교통안전을 위해 애쓰시는 분들을 알아요.

월	주	주제	내용
9	2	낯선 사람이 다가와요	• 낯선 사람이 다가와서 따라가자고 하면 따라 가지 않아요. • 강제로 손목이나 신체를 잡을 경우 싫다고 크게 의사 표현을 합니다. • 주변 사람들에게 크게 외쳐 도움을 요청합니다. • 급소를 세게 치고 달아납니다.
	3		
	4		
	5		
	1		
10	2	길을 잃었어요	• 길을 잃었을 때 도움을 줄 수 있는 경찰서, 119등의 기관을 찾거나 주변사람들에게 도움을 요청하여 집으로 전화합니다. • 제일 처음 헤어졌던 장소에서 기다립니다. • 먼 곳으로 가지 않습니다.
	3		
	4		
11	1	화재안전	• 불이 난 상황을 알고 가까운 이웃에게 알리고 또는 화재 신고를 해요. • 유독가스가 심할 경우 수건에 물을 적셔서 입을 막고 자세를 낮추어서 출입구를 찾아요.
	2		
	3		
12	4	겨울철 교통안전	• 호주머니에 손을 넣고 다니면 위험해요. • 겨울철 놀이의 안전사고에 대해 알아보기 • 눈길이나 얼음길에서 조심해서 걸어요.
	1		
	2		
	3		

(계속)

6	2	교통안전의 생활화	• 골목길에서 갑자기 뛰어 나오지 않아요. • 도로에 갑자기 뛰어 들어가지 않아요. • 길 가장자리를 따라 걸어요. • 복잡한 거리는 어른 손을 잡고 다녀요. • 비오는 날 우산을 바로 들고 밝은색 옷을 입어요.	1	3	응급처치	• 어른들이 안 계실 때 다치거나 아플 때 119에 신고 전화를 해요. • 응급상황에 대처법을 알아요.
	3				4		
7	4	공공장소에서의 안전	• 차례로 줄을 서요. • 시끄럽게 떠들지 않아요. • 배려하는 마음 가져요.	2	1	학교 가는 길	• 학교 가는 길을 알아두어요. • 안전한 보도로 다녀요.
	1						
	2						
	3						
8	3	집에 혼자 있어요	• 문단속을 잘해요. • 낯선 사람이 방문했을 때 함부로 문을 열지 않아요. • 부모님께 연락하여 이 사실을 알려요. 그렇지 않을 경우 경찰서로 연락해요.		2		
	4				3		
	1						

check point

유아교육기관에서는 유치원 교육계획 수립 시, 연간 안전교육 계획을 수립하여 실시하도록 한다. 따라서 교사는 체계적인 안전교육 계획을 세우고 실천해야 하며 유아에게 효과적으로 전달할 수 있는 여러 가지 활동방법을 고려해야 한다. 그 활동방법으로는 주제 선정에 따른 통합적 접근방법에 의한 안전교육, 상황에 근거한 안전교육, 부모에 의한 안전교육, 전문 단체에 의한 안전교육 등이다. 또한 각 내용은 유아의 연령과 각 개별 유아의 특성을 고려하여 각 상황에 맞는 적절한 교육을 반복적으로 실시하도록 한다. 그리고 주간 교육계획안에 안전교육지도를 가정에 안내하여 가정-유치원 간의 연계성을 높이며 매일 일과 활동 중에 안전교육지도를 지속적으로 지도할 수 있도록 한다.

예시 65. 실내 · 외 위생안전점검표
관련지표: 건강 · 안전 영역 3-3-19

3월 실내 · 외 위생안전점검표

※ 예-○표, 아니요-×표

영역	내용	1주	2주	3주	4주
교실	교실 바닥은 청결한가?				
	교구장은 잘 정리되어 있는가?				
	환기는 잘 되고 있는가?				
	교실내 냉 · 난방으로 적정 온 · 습도를 유지하는가?				
조리실	조리 도구는 위생적인가?				
	컵, 수저, 포크, 그릇 등은 소독되어 있는가?				
	식재료들의 유통기한은 잘 지켜지는가?				
	조리용 재료가 남아 있지 않은가?				
	냉장고 안은 잘 정리되어 있으며 청결한가?				
	식기도구나 그릇 등이 잘 정리되어 있는가?				
	세정도구(행주, 수세미)는 청결히 유지되고 있는가?				
	싱크대 선반과 조리실 바닥은 청결한가?				
	쥐, 파리 등 해충류가 없는가?				
	가스, 수도꼭지는 잘 잠겼는가?				
	문단속, 전열기 코드는 뽑았나?				
놀이실	놀이실 바닥은 깨끗한가?				
	창문 및 창틀에 먼지가 없는가?				
	놀이 기구 등이 잘 정리되어 있는가?				
	환기는 잘 되고 있는가?				
낮잠실	낮잠실 바닥은 깨끗한가?				
	이불, 베개는 잘 정리되어 있는가?				
	냉 · 난방으로 적정 온 · 습도를 유지하는가?				
	환기 및 통풍은 잘 되고 있는가?				
화장실	화장실 바닥은 깨끗하며 물기가 없는가?				
	변기 및 쓰레기통은 깨끗한가?				
	세면대는 깨끗한가?				
복도	복도 바닥은 깨끗한가?				
현관	현관은 깨끗한가?				
실외놀이터	떨어진 휴지나 쓰레기가 없는가?				
	놀이 기구는 청결한가?				
비고 보완점					

check point

유아교육기관의 실내 · 실외 시설 · 설비가 유아가 사용하기에 위생적인지에 대한 점검이 필요하다. 이를 위해 각 유치원에서는 유치원 실정에 적합한 안전점검표를 수정 · 보완하여 사용할 수 있다.

예시 66. 안전관리점검표
관련지표: 건강 · 안전 영역 3-3-19

안전관리점검표

점검일시	200 년 월 일 요일
유치원명	

결재	행정책임자

분야	점 검 항 목	점검결과			개선요구 사항
		양호	보통	불량	
유치원 전반	1. 안전 · 보건관리 조직구성 및 운영 2. 각종 안전관리대장 작성 · 관리 3. 각종 안전표지 부착 및 관리 4. 안전 교육실시 철저 5. 사고분석 및 재방지대책 수립				
교실	1. 책 · 걸상의 안전도 및 못 등의 손실 여부 점검 2. 전기콘센트 등의 안전조치 등 점검 3. 유리창 교체 및 청소 여부 4. 정리정돈 및 청결유지 상태 5. 실내 환기 및 조명상태 6. 교실에 적정 소음수준도 유지 7. 기타				
운동장 등 놀이 시설	1. 철봉대, 씨름장 등 각종 체육시설의 안전성 2. 운동장의 청소 및 관리 3. 기타 놀이시설 안전 유무 4. 기타				
복도 및 계단	1. 복도 및 계단의 파손, 돌출부 유무 등 2. 계단 및 난간의 안전 유무 등 3. 교실복도 등 소화 설비 설치 유무 4. 교실, 복도 등 전기로 인한 위험 방지 유무 5. 기타				

check point

유아교육기관에서 유아가 사용하는 시설에 대한 안전은 무엇보다 중요하다. 따라서 교사는 매일 출 · 퇴근 시, 유치원의 전반적인 안전 즉, 교실, 놀이터, 놀이시설, 복도, 계단 등에 대한 면밀한 안전점검을 해야 한다.

예시 67. 교실안전점검표
관련지표: 교육과정 영역 3-3-19

교실안전점검표

점 검 내 용	점검 상태		조치사항
	예	아니요	
1. 의자나 책상 등의 설비 중 부서지거나 날카로운 부분이 없고 못이나 부품 등이 빠져 나와 있지 않다.			
2. 문이 부드럽게 열리고 닫히며 손끼임 방지장치가 있다.			
3. 벽면에 돌출된 부위가 없다.			
4. 비가 올 때 천장이나 벽에서 누수되는 곳이 없다.			
5. 깨진 유리창이 없고 창틀에 파손된 부분이 없다.			
6. 교구장, 수납장, 벽의 선풍기, 창문, 형광등, 게시판 등이 흔들리지 않는다.			
7. 교구장, 수납장 등은 안전을 위해 아래쪽에 무거운 물건을 보관하고, 선반에는 물건이 떨어지지 않도록 지지대를 설치한다.			
8. 놀잇감이 부서지거나 날카로운 모서리가 없다.			
9. 놀잇감에 유해색소가 칠해져 있거나 칠이 벗겨져 있는 부분이 없다.			
10. 영아가 삼킬 만한 작은 놀잇감 · 부품이 없다.			
11. 바닥이 미끄럽거나 돌출된 부분이 없고 압핀이나 못 등이 떨어져 있지 않다.			
12. 선풍기에 안전망이 씌어져 있으며, 과열되었는지 확인한다.			
13. 창문에 안전장치와 방충망이 되어 있다.			
14. 손상된 전선이 없다.			
15. 콘센트에 안전뚜껑이 덮여 있다.			
16. 약품이나 교사용 가위, 세척제 등의 위험한 물건은 영유아의 손이 닿지 않는 곳에 보관되어 있다.			
17. 칠판 · 융판 등이 견고하게 부착되어 있다.			

check point

교사는 매월, 매주, 매일 교실의 안전점검을 해야 한다. 이때 안전점검이 체계적이기 위해서는 각 유치원 실정에 적합한 점검표를 활용할 수 있다.

예시 68. 교실 안전 점검 내용
관련지표: 교육과정 영역 3-3-19

교실 안전 점검 내용

구분	점검 내용
설비 책상, 의자, 교구정리장, 개인사물함, 책꽂이 기타	• 표면은 부드러운가? • 날카로운 모서리는 없는가? • 못이나 부품 등이 빠져나와 있지 않는가?
놀이기구 장난감, 교재, 교구 기타	• 망가져 위험한 것은 없는가? • 날카로운 모서리는 없는가? • 부품이 빠진 것은 없는가?
바닥과 벽	• 바닥에 돌출된 부분은 없는가? • 바닥이 미끄럽진 않는가? • 바닥의 자재가 탄력성이 있는가? • 바닥에 압핀이나 못 등이 떨어져 있지 않는가? • 기타 위험물은 없는가?
창문	• 깨진 유리창은 없는가? • 환기와 안전을 위해 창문의 윗부분을 열 수 있게 되어 있는가? • 안전장치가 되어 있는가? • 창문의 높이는 바닥으로부터 50~70cm정도인가?
전기, 약품	• 손상된 전선은 없는가? • 콘센트의 안전뚜껑이 덮여 있는가? • 성냥, 화약약품, 세제 등 위험물의 보관 장소가 따로 마련되어 있는가?
기타	• 채광이나 조명시설은 잘 되어 있는가? • 쓰레기통은 위생적인가? • 소화기는 제자리에 잘 비치되어 있는가?

check point

교사는 모든 시설 · 설비가 유아의 발달 수준에 적합한지를 점검해야 할 필요가 있다. 특히, 유아가 많은 시간을 생활하는 교실의 경우에는 유아의 신체 크기 및 안전을 고려하여 점검내용을 작성한 후, 면밀한 점검이 이루어지도록 해야 한다.

예시 69. 놀이시설 관리대장
관련지표: 건강 · 안전 영역 3-3-19

놀이시설 관리대장

<table>
<tr><td>시설명</td><td colspan="2"></td><td>구 분</td><td></td></tr>
<tr><td rowspan="2">관리주체</td><td>성명</td><td></td><td>전화번호</td><td></td></tr>
<tr><td>주소</td><td colspan="3"></td></tr>
<tr><td rowspan="7">놀이시설</td><td>소재지</td><td colspan="3"></td></tr>
<tr><td>설치연도</td><td></td><td>설치면적 (㎡)</td><td></td></tr>
<tr><td>근거법령</td><td></td><td>보수 필요성</td><td></td></tr>
<tr><td>놀이기구 종류
(놀이기구 수)</td><td colspan="3"></td></tr>
<tr><td>부대시설 종류
(부대시설 수)</td><td colspan="3"></td></tr>
<tr><td>설치 검사일</td><td></td><td>보험
가입일</td><td></td></tr>
<tr><td></td><td></td><td>안전교육
이수일</td><td></td></tr>
</table>

정기시설검사 현황				
연번	검사일자 (검사기관)	이상유무	조치사항	비고

안전진단 현황				
연번	진단일자 (진단기관)	진단결과	조치사항	비고

중대 사고 현황(시행령 제14조)				
연번	사고발생일	사고정도	조치사항	비고

check point

놀이시설 · 설비를 안전하게 관리하기 위하여 월별 안전점검부를 비치하여 매월 1회 실내외 놀이시설의 안전관리가 이루어지는지 점검할 수 있다. 이는 정기적 시설검사를 통해 안전진단을 할 수 있으며 진단에 따른 조치를 할 수 있다는 점에서 중요하다.

4 운영관리 영역

유치원이 설정한 교육목표를 제대로 달성하기 위해서는 기관의 운영관리가 잘 되어야 한다. 유치원의 운영관리는 유아교육활동을 보다 효과적으로 추진하게 하는 지원체제로서 유치원의 장기적인 발전을 위하여 체계적 · 전문적인 관리가 필요하다.

운영관리 영역에서는 교직원 인사관리 및 복지가 적절한지, 예산의 편성 및 운영이 합리적인지, 가정 및 지역사회와의 연계가 적절한지, 기관 운영의 책임을 맡고 있는 기관장의 전문성과 리더십이 바람직한지를 점검한다. 운영관리 영역을 각 지표별로 살펴보면 다음과 같다.

평가영역	평가항목	평가지표
4. 운영관리(40)	4-1. 교직원 인사 및 복지의 적절성 (10)	20. 교직원 인사 규정 보유 및 준수(5)
		21. 교직원 복지 규정 보유 및 지원(5)
	4-2. 예산 편성 및 운용의 합리성 (10)	22. 예 · 결산서 작성 및 공개(5)
		23. 정부지원금 예산 편성 및 사용의 타당성(5)
	4-3. 가정 및 지역사회와의 연계 (10)	24. 다양한 부모교육 및 가정과의 교류(5)
		25. 지역사회 인사 · 자원의 활용 및 기관 홍보(5)
	4-4. 기관장의 원 운영의 전문성 (10)	26. 교육과정의 질 제고를 위한 노력(5)
		27. 기관장의 리더십(5)

4-1. 교직원 인사 및 복지의 적절성

교직원 인사 및 복지의 적절성은 유치원의 실정에 맞는 교직원 인사규정을 마련하고 있으며 이를 잘 준수하고 있는지, 교직원을 위한 복지 규정을 자체적으로 마련하여 단계적인 지원이 이루어지고 있는지를 평가하는 지표다.

평가 지표	20. 공정한 교직원 인사규정이 있으며, 이를 잘 준수하고 있다. (5점) 21. 교직원 복지 규정이 있으며, 관련 지원을 하고 있다. (5점)

(1) 지표별 평가기준

가. 4-1-20

20	공정한 교직원 인사규정이 있으며, 이를 잘 준수하고 있다.

평가 요소	• 교직원 인사와 관련하여 공정한 규정이 있으며, 이를 공지하고 있는가? • 교직원 근무성적 평점 방법이 적절하고, 그 결과를 활용하고 있는가? ※ 결과 활용(예): 승진, 성과급지금, 근무성적 포상 등 • 교직원의 임용과 해임이 공정하게 이루어지고, 기한 내에 교육청에 보고되고 있는가?

❑ 평가방법

• 서면평가

－자체평가보고서에 기록된 내용

• 현장평가

－교직원 인사와 관련된 공정한 규정이 있어야 한다.

－교직원 근무성적 평점 방법에 관련된 순서가 비치되고 결과 활용이 적절하게 이루어져야 한다.

－교직원 임용 · 해임에 관련된 문서가 비치되어야 한다.

❑ 관련자료

• 교직원 인사규정 문건

• 연금가입 증서 등

예시 70. 인사 관련 의견조사
관련지표: 운영관리 영역 4-1-20

인사 관련 의견조사(공립유치원 경우)

순	내용	교원명	의견	생활근거지
1	근무지가 만기가 되었거나, 인사이동을 원한다면 가장 희망하는 지역은? (1지역만 선택)			
2	급지간 원활한 순환전보를 위하여 "다" 급지 근속연한이 필요한가?			
3	기타의견			
1	근무지가 만기가 되었거나, 인사이동을 원한다면 가장 희망하는 지역은? (1지역만 선택)			
2	급지간 원활한 순환전보를 위하여 "다" 급지 근속연한이 필요한가?			
3	기타의견			
1	근무지가 만기가 되었거나, 인사이동을 원한다면 가장 희망하는 지역은? (1지역만 선택)			
2	급지간 원활한 순환전보를 위하여 "다" 급지 근속연한이 필요한가?			
3	기타의견			
1	근무지가 만기가 되었거나, 인사이동을 원한다면 가장 희망하는 지역은? (1지역만 선택)			
2	급지간 원활한 순환전보를 위하여 "다" 급지 근속연한이 필요한가?			
3	기타의견			

check point

유아교육기관의 인사관리는 교육공무원 인사 사무처리 관리 규정에 의거하여 시 · 도교육청의 인사 · 관리 세부 원칙과 각 유치원 인사위원회에 따라 공정하게 이루어져야 한다. 또한 인사에 교사의 다양한 의견 수렴하는 절차가 필요하다. 따라서 각 유치원 기관의 유형과 특성에 맞게 수정 · 보완하여 사용하도록 한다.

나. 4-2-21

21 교직원 복지 규정이 있으며, 관련 지원을 하고 있다.

평가 요소	• 교직원의 기본 수당(교직수당, 담임수당)을 지급하고 있는가? • 교직원의 연금 가입을 지원하고 있는가? ※ 연금(예): 국 · 공립은 공무원연금, 사립은 사학연금 또는 4대 보험 • 교직원의 전문성 제고를 위한 다양한 연수기회를 부여하고, 비용 및 시간을 지원하고 있는가? ※ 연수(예): 직무 및 자격연수, 전문학회 및 협회활동, 교사 연찬회 등

❑ 평가방법

• 서면평가
 – 자체평가보고서에 기록된 내용
• 현장평가
 – 교직원 인사규정 문건 및 연금가입 증서 등 확인
 – 교직원 연수 참여 및 지원 관련 교사 면담

❑ 관련자료

• 교직원 인사규정 문건
• 연금가입 증서 등

예시 71. 교직원 인사규정
관련지표: 운영관리 영역 4-2-22

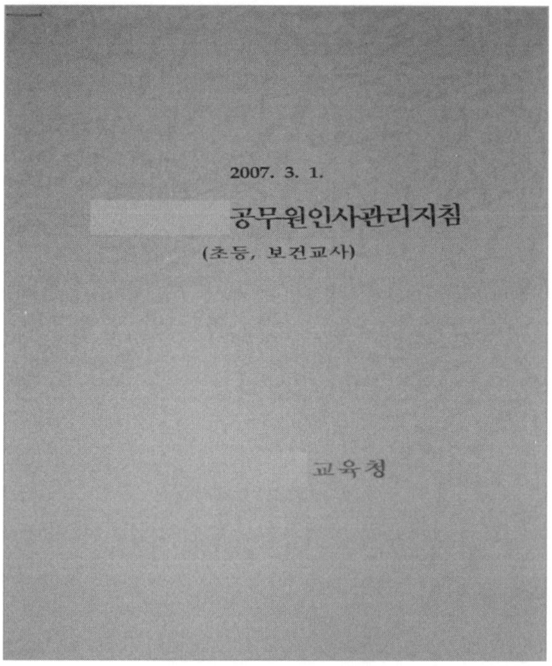
2007. 3. 1.
공무원인사관리지침
(초등, 보건교사)
교육청

[그림 61] 인사관리지침서

check point

유아를 대상으로 하는 교육기관은 하나의 조직체로 업무의 원활함과 체계적인 운영을 위하여 다양한 관리가 이루어진다. 그중에서도 인사관리는 조직을 어떻게 효율적으로 활용하여 최상의 효과를 창출할 것인가의 문제다. 유치원은 특히 시설이 상대적으로 작고, 교직원 인원수가 적어서 한 사람이 여러 가지 업무를 겸무하는 특성이 있어서 인사관리를 합리적・탄력적으로 하지 않으며 유치원교육의 성과에 막대한 영향을 미치게 된다. 따라서 각 유치원에서는 유치원 실정에 적합한 인사관리 지침을 수립하고 비치해야 한다. 각 유아교육기관의 원장은 인사관리를 합리적이고 탄력적으로 해야 하며 모든 교직원에게 인사관리에 대한 지침이 명확하게 안내되어야 한다.

4-2. 예산편성 및 운용의 합리성

예산편성 및 운용의 합리성은 교육운영관리 활동을 지원하기 위한 적절한 예 · 결산서를 작성하고 관리, 지출하며 공개하고 있는지를 종합적으로 평가하는 지표다.

평가 지표	22. 유치원 운영 예 · 결산서를 작성 · 보고(공개)하고 있다. (5점) 23. 정부지원금의 예산 편성 및 사용내역이 타당하다. (5점)

(1) 지표별 평가기준

가. 4-2-22

22 유치원 운영 예결산서를 작성 · 보고(공개)하고 있다.

평가 요소	• 예 · 결산서를 구체적으로 작성 · 관리하고 있는가? • 예산 편성 시 교직원 및 학부모의 의견을 수렴하고 있으며, 예 · 결산서를 공개하고 있는가?

❑ 평가방법

• 서면평가
 - 자체평가보고서에 기록된 내용
• 현장평가
 - 예 · 결산서가 작성되고 관리되어야 한다.
 - 예산 편성 시 교직원 및 학부모 의견이 수렴되어야 한다.
 - 예 · 결산서가 교직원과 학부모에게 공개되어져야 한다.

❑ 관련자료

• 예 · 결산서

예시 72. 예 · 결산서 공개
관련지표: 운영관리 영역 4-2-22

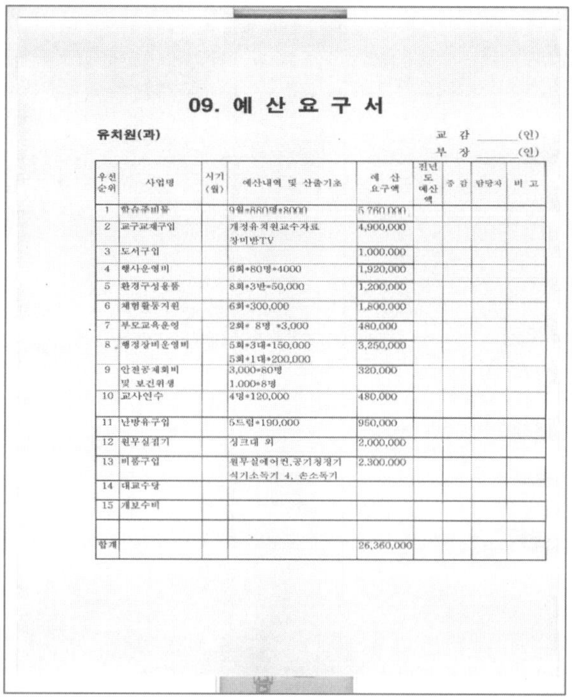

09. 예 산 요 구 서

유치원(과)

교 감 ______(인)

부 장 ______(인)

우선순위	사업명	시기(월)	예산내역 및 산출기초	예 산 요구액	전년도 예산액	증 감	담당자	비 고
1	학습준비물		9월*80명*8000	5,760,000				
2	교구교재구입		개정유치원교수자료 장미반TV	4,900,000				
3	도서구입			1,000,000				
4	행사운영비		6회*80명*4000	1,920,000				
5	환경구성용품		8회*3반*50,000	1,200,000				
6	체험활동지원		6회*300,000	1,800,000				
7	부모교육운영		2회* 8명 *3,000	480,000				
8	행정장비운영비		5회*3대*150,000 5회*1대*200,000	3,250,000				
9	안전공제회비 및 보건위생		3,000*80명 1,000*8명	320,000				
10	교사연수		4명*120,000	480,000				
11	난방유구입		5드럼*190,000	950,000				
12	원무실집기		싱크대 외	2,000,000				
13	비품구입		원무실에어컨,공기청정기 식기소독기 4, 손소독기	2,300,000				
14	대교수당							
15	개보수비							
합계				26,360,000				

[그림 62] 예산요구서

check point

공립유치원의 경우는 지방자치단체의 재정 및 회계에 관한 법령인 지방재정법(법률 제4868호, 1995. 1. 5) 제54조 관련 일상경비 등의 지급에 관한 규정과 제56조 도급경비에 관한 규정 및 지방 재정법 시행령(대통령령 제14391호, 1994. 9. 29). 제69조 일상경비 등의 범위에 관한 규정, 그리고 도급경비 사무처리규칙(재무부령 제1971호, 1994. 4. 18)에 의거하여 관할 교육청의 예산운영 지침에 따라 이루어지므로 별도의 자체 예산・편성 및 결산의 과정이 필요하지 않아 회계절차가 비교적 단순하다. 그러나 사립유치원의 재정은 대부분 학부모들이 부담하는 수업료나 입학금 및 기타 비용으로 충당하고 있어서 사학기관 재무 회계 규칙에 명시된 규정을 참고하여 자체적인 예산의 편성과 집행, 결산 등이 규정된 회계규칙에 의거하여 운영된다. 유아교육기관의 예・결산은 매년 학기말 2월에 전 교직원이 참여하여 1년의 예산을 담당부서별로 편성하여 계획한다. 또한 유치원 예산계획서와 결산서는 유치원 홈페이지를 통해서 공개하여 투명하게 집행하기 위해 노력해야 한다.

나. 4-2-23

23 정부지원금의 예산 편성 및 사용내역이 타당하다.

평가요소	정부에서 지원하는 비용의 예산편성 및 사용내역이 타당한가? ※ 시설환경개선비, 교재 · 교구비, 교사인건비, 무상교육 및 저소득층 지원금

❑ 평가방법

- 서면평가
  - 자체평가보고서에 기록된 내용
- 현장평가
  - 예 · 결산서 확인
  - 예산 편성 및 집행 관련 원장 면담

❑ 관련자료

- 예 · 결산서
- 정부지원금 예 · 결산서

4-3. 가정 및 지역사회와의 연계

가정 및 지역사회와의 연계는 유아교육기관이 가정과 지역사회와의 긴밀한 협력을 통해 유아의 발달을 증진시키는 것을 목적으로 한다. 따라서 다양한 방법을 통한 부모교육을 통한 교육의 연계가 이루어지고 있는지 부모들의 참여로 교육과정이 구성되고 있는지를 평가하는 지표다. 또한 지역사회의 인적 · 물적 자원을 적절히 활용 · 협력하여 지역사회의 연계가 이루어지고 있는지를 종합적으로 평가하는 지표다.

평가 지표	24. 다양한 부모교육 및 참여활동을 실시하고 가정과의 연계를 위해 노력하고 있다. (5점) 25. 지역사회 인사 및 자원을 적극적으로 활용하고 지역사회와의 연계를 위해 노력하고 있다. (5점)

(1) 지표별 평가기준

가. 4-3-24

24 다양한 부모교육 및 참여활동을 실시하고 가정과의 연계를 위해 노력하고 있다.

평가 요소	• 부모교육 및 참여활동 계획을 체계적으로 수립하고 있는가? • 유치원의 교육내용 및 활동, 유아의 발달 및 교육문제 등과 관련하여 가정으로 안내하고 있는가? • 유아의 가정배경 및 학부모의 특성 · 요구 등을 고려하여 가정과 교류하고자 노력하고 있는가? ※ 면담, 가정통신문, 소식지(안내문), 전화, 이메일 등

❑ 평가방법

• 서면평가
  – 자체평가보고서에 기록된 내용
• 현장평가
  – 부모교육 및 참여활동 계획이 체계적으로 수립되어야 한다.
  – 부모들에게 유치원 교육 내용 및 활동이 다양한 방법으로 안내되어야 한다.
  – 다양한 방법(면담, 가정통신문, 소식지, 전화, 이메일)을 통해서 가정과의 연계가 이루어져야 한다.

❑ 관련자료

• 교직원 인사규정 문건
• 연금가입 증서 등

Tip 부모와의 관계 및 지역사회와의 교류

● 유아교육기관과 가정 간의 협력은 왜 필요할까?

유아의 발달은 유아와 환경의 상호작용 결과물이며 유아 자신을 비롯하여 유아를 둘러싼 부모, 유아교육기관, 지역사회와 밀접하게 연결되어 있다(Marcon, 1994).

유아교육기관과 가정 간의 협력이 기관, 유아, 가정에 영향을 준다. 이를 구체적으로 살펴보면 다음과 같다(이영자, 신동주, 2006).

첫째, 기관에 미치는 영향으로 유아에 대한 정보를 알려줌으로써 교사가 유아에 대해 좀 더 잘 이해할 수 있고 부모들의 인적자원을 활용할 수 있다.

둘째, 유아에게 미치는 영향으로 유아 발달을 도모하고 유아에 대한 다양한 정보를 얻을 수 있을 수 있으며 이를 통해 교사는 유아의 요구에 민감하게 반응하여 유아의 정서적 안정감을 제공한다.

셋째, 부모에게 미치는 영향으로 부모들은 자기 자신을 가치있게 여기며 자신감을 가지고 유아교육기관의 부모교육과 자녀양육에 참여할 수 있다.

● 유치원에서 부모와의 관계전략은 어떻게 하면 좋을까?

부모와 유아교육기관이 긴밀한 관계를 형성하는 전략을 의사소통 방식에 따라 나누어 보면 일방적인 의사소통과 쌍방향적 의사소통이 있으며 구체적인 방법은 다음과 같다.

• 일방적 의사소통: 일방적인 의사소통에는 상대방의 반응을 요구하지 않기 때문에 주로 인쇄물들이 여기에 속한다(이은화, 이정환, 이경우, 이기숙, 홍용희, 박은혜, 김희진, 2003). 여기에는 안내책자, 가정통신문, 게시판, 쪽지편지 등 유아교육기관에서 부모에게 보내는 일방적 의사소통과 관련된 것이다. 반면, 부모들의 의견을 수렴할 수 있는 메모, 제안서 등도 여기에 포함된다.

  – 안내책자: 안내책자는 유아들이 유아교육기관에 입학하기 전에 부모들에게 그 기관에 대한 정보를 알리기 위해 배부된다. 여기에는 유아교육기관의 철학, 교육내용, 교육방법, 구체적인 기관의 정책, 기관의 교육과정에 대한 소개 등의 정보를 담고 있다.

  – 가정통신문: 가정통신문은 매주 가정에 보내는 것으로 학부모에게 전달사항을 알리는 편지로 매주 교실에서 일어나는 교육내용에 대한 정보, 부모에게 알리는 정보, 준비물, 공지사항 등을 기록한다. 여기에는 보고서와 같은 형식, 따뜻한 편지식의 가정통신, 유아의 작품을 함께 싣는 문집식, 유치원의 일과와 활동주제진행사항을 알리는 저널식 등 매우 다양하다.

  – 게시판: 유아교육기관의 현관 게시판은 부모와 효과적인 일방적인 의사소통 수단이 될 수 있다. 유아가 등 · 하원할 때 부모들은 게시판을 통해 유아교육기관에서 진행하는 활동에

대해 알 수 있다. 게시판의 구성은 부모와 함께 참여하는 지역사회의 활동이나 행사에 대한 것을 구성함으로써 일방적 의사소통의 도구에서 벗어나 쌍방적 의사소통의 도구로 활용할 수 있다.

- 쪽지: 교사는 쪽지나 편지를 통해 부모에게 유아의 발달과 유아교육기관의 생활에 대해 가족에게 보낼 수 있다. 쪽지 편지는 부모들에게 유아의 발달과 일상생활에 대해 알게 되고 유아교육기관과 가족 간의 긴밀한 유대관계를 형성하게 된다(신화식, 김영희, 2008).

- 홈페이지: 홈페이지는 시간과 장소에 제약을 받지 않으며 특히 직장에 다니는 부모들에게 의사소통의 유용한 수단이 될 수 있다. 유아교육기관에서 소식을 알리는 일방적 의사소통 방법뿐만 아니라 게시판을 마련하여 모든 부모와 의사소통할 수 있도록 한다.

• 쌍방적 의사소통: 쌍방적 의사소통은 상대방과 상호작용할 수 있으며 이는 가족과 유아교육기관의 연계를 이루는 효과적인 방법이다. 쌍방적인 의사소통 방법으로는 전화, 부모–교사 상담, 부모 모임 등이 있다. 특히 시 · 공간의 제약을 받지 않는 이메일의 경우 쌍방적인 의사소통의 도구로 활용될 수 있다.

- 전화: 부모들에게 유아교육기관 방문의 부담을 줄이면서 유아의 가정생활에 대한 모습과 기관의 생활에 대한 정보를 교류하기 위해 유용하다. 전화통화는 교사에게 업무 부담이 될 수 있지만 일정한 시간을 정해 효과적으로 활용할 수 있다.

- 이메일: 이메일은 부모와 유아교육기관의 의사소통 수단으로 효과적이다.

- 부모참관 · 참여수업: 부모참관 · 참여수업을 통해 부모들은 자녀의 발달에 대한 이해와 유아교육기관의 교육과정, 하루일과 흐름, 자녀의 사회성 발달 등에 대한 이해를 도울 수 있다.

- 부모–교사 면담: 부모가 교사와 면담을 통해 얻을 수 있는 장점으로 첫째, 부모와 교사 간의 상호친밀감을 형성할 수 있고 둘째, 교사가 유아에게 영향을 주는 가정생활이나 가족관계를 이해하는 데 도움을 주고 셋째, 유아의 문제행동이 발생할 경우 해결방법을 함께 연구할 수 있고 넷째, 부모가 유아에 대한 새로운 인식을 하게 되고 다섯째, 부모가 유치원의 교육 목적이나 프로그램에 대해 알 수 있다(신화식, 김명희, 2008).

예시 73. 부모교육 연간계획

관련지표: 운영관리 영역 4-3-24

월	활동내용	활동방법	교육내용
3	• 오리엔테이션 • 가정통신문 발송	강연회 월별 가정통신문	• 새로운 시작 즐거운 생활 위해 • 종일반 생활을 위해 • 유아교육의 중요성
	• 학부모 연수	강연회(한별)	
4	• 학부모 면담 • 가정통신문 발송	소그룹 면담, 개별 면담 월별 가정통신문	• 가정생활에서의 문제점 • 유치원에서의 생활
	• 자원 봉사자 • 가정통신문 발송	자원봉사자 연수참석 월별 가정통신문	• 자원봉사자의 역할
5	• 아버지 참여 수업 • 가정통신문 발송	유아와 함께 수업에 참여 월별 가정통신문	• 주제에 알맞게 각반별로 계획
6	• 학부모 강연회 • 가정통신문 발송	유아교육원 강연회 참석 월별 가정통신문	• 여름철 건강과 위생
9	• 학부모 연수 • 가정통신문 발송	강연회(한별) 월별 가정통신문	• 2학기 유치원 생활을 위하여
10	• 학부모 연수 • 가정통신문 발송	유아교육원 강연회 참석 월별 가정통신문	• 자연과 육아
11	• 가정통신문 발송	가정통신문	• 학부모님께 유익한 자료
12	• 유치원과 초등학교 연계 • 가정통신문 발송	유아교육원 강연회 참석 월별 가정통신문	• 내 아이 초등학교 입학 준비는 어떻게 해야 할까?

check point

유아교육기관에서는 연간 부모교육계획을 수립하여 다양한 방법을 통해 부모교육이 이루어져야 한다. 부모교육의 방법으로는 가정통신문, 강연회, 면담 등이 있을 수 있다. 예를 들면, 신학기에 학부모 교실을 운영하여 유치원에 대한 이해와 가정–유치원 간의 연계성 있는 교육이 이루어질 수 있다.

예시 74. 가정 연계 홈페이지 활용
관련지표: 운영관리 영역 4-3-24

check point

유아교육기관에서는 연간 부모교육계획을 수립한 후 학기 초 오리엔테이션, 가정통신문과 주간 교육활동 안내를 통하여 부모교육을 실시할 수 있으며 또한 유치원 홈페이지를 활용하여 부모들이 교육상담을 하거나 자녀의 유치원 생활에 대한 이해를 돕고 가정과 유치원 간의 연계를 도울 수 있다.

예시 75. 연간 부모교육 프로그램
관련지표: 운영관리 영역 4-3-24

연간 부모교육 프로그램

월 \ 내용	생활주제	부모교육내용	준비물	활동형태
3월	유치원과 친구	• 신학기 오리엔테이션 • 유치원 교육과정 소개	유인물	유치원 안내 가정통신
4월	봄	• 유아독서지도1 • 행복해지는 대화법	유인물	워크숍 가정통신
5월	우리 가족	• 유아독서지도2	유인물	가정통신
6월	동물과 자연	• 학부모 참여수업 대체	수업내용에 따라 준비	참여수업
7월	건강과 안전	• 올바른 식사 예절	유인물	가정통신
9월	교통기관	• 공공장소에서의 예절	유인물	가정통신
10월	우리나라와 세계	• 가정에서 할 수 있는 전통놀이	유인물	가정통신
11월	환경과 생활	• 자녀에게 물려 줄 자연유산	유인물	가정통신
12월	겨울	• 학부모 참여수업 대체	수업준비물	참여수업
2월	졸업	• 유치원과 초등학교와의 연계 지도	소그룹 토의	유아관찰 기록지

check point

유아교육기관에서 이루어질 수 있는 부모 및 가정이 협력하는 차원은 매우 다양하다. 유치원에서는 연간 교육계획 수립 시, 다양한 부모교육을 계획하여 가정–유치원의 연계를 위해 노력하여야 한다. 유치원의 현안 사업이나 교육 방향에 대한 지역의 여건을 참고하고 다양한 의견을 수렴하여 협조체제가 이루어지도록 노력해야 한다.

예시 76. 면담상담일지
관련지표: 운영관리 영역 4-3-24

면담상담일지

원아 이름:	면담일시: 월 일 시
면 담 자:	피면담자:
면 담 내 용	
유치원에서의 유아행동	
■ 자유선택활동 놀이 선호도 • 가장 좋아하는 놀이: 수과학 영역 • 잘 선택하지 않는 놀이: 도서 영역 ■ 놀이 참여 형태: 협동놀이를 선택하고 친구와 잘 어울림 (단독놀이, 병행놀이, 협동놀이) ■ 교우관계 • 좋아하는 친구: 김 여 원 ■ 학습태도 • 참여도가 높은 활동: 자신의 감정을 적절히 표현함. 모든 활동에 적극적으로 참여함 • 참여도가 낮은 활동: 활동 중에 선생님께 자주 확인함 ■ 기본생활 습관 실천 • 실내에서의 행동: 대집단 활동 시 선생님 말씀에 집중하지 못하고 친구와 장난치기를 좋아함 • 실외에서의 행동: 이동·비이동 활동에 즐겁게 참여함	
교사의 조언	주어진 과제에 대해 자주 확인 받지 않고 끝까지 혼자의 힘으로 완성할 수 있어야겠습니다.

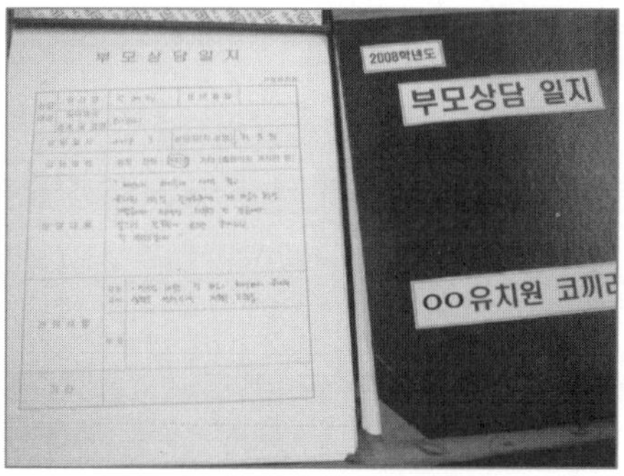

[그림 63] 부모상담 일지

check point

유아교육기관에서는 연, 월, 주 등 필요에 따라 수시로 학부모 상담을 실시하여 유아의 특성, 가정환경, 학부모들의 교육관, 유치원에 바라는 요구사항 등에 대해 상담이 이루어질 수 있다. 또한 유치원에서의 유아의 생활, 교우관계 등에 대하여 부모에게 알려줌으로써 교육기관에서의 자녀를 이해하는 데 도움을 주고 가정–유치원이 연계성 있는 교육이 이루어질 수 있도록 한다.

예시 77. 학부모 면담평가
관련지표: 운영관리 영역 4-3-24

2009학년도 학부모 면담평가(교사용)

일 시	2009년 5월 28일~5월 29일	평가자	

구분	내용
좋았던 점 (도움이 되었던 점)	
개선할 점 (2010학년도 교육계획 시 반영할 점)	
기 타	

check point

유아교육기관의 교사는 학부모 면담을 시행한 후, 면담을 통해 알게 된 점, 개선이 필요한 점 등에 대해 학부모 면담평가를 할 수 있다. 이는 유치원의 교육방향에 대한 부모의 의견을 수렴하여 발전된 교육방향을 설정하고 교육내용을 실행하기 위해 반드시 필요하다.

예시 78. 자원봉사자 활용

관련지표: 운영관리 영역 4-3-24

학부모 자원봉사자를 활용한 유치원 행사 활동

월	주	활동내용	비고
3월	4주	학부모자원봉사자활동이란	
4월	1주	씨앗심기	
	2주	책 만들기	
	3주	딸기밭 현장학습	
	4주	딸기 쉐이크 만들기	
5월	1주	사탕목걸이 만들기	
	2주	대전 동물원 현장학습	
	3주	도서정리 및 분류하기	
	4주	샌드위치 요리활동	
	5주	언어활동 교구 제작	
6월	1주	동극 배경 제작	
	2주	가게놀이 잡지오리기	
	3주	시장놀이 간판만들기	
	4주	시장놀이	
7월	1주	목욕탕놀이	
	2주	유치원 대청소	
	3주	1학기 활동 평가	

월	주	활동내용	비고
9월	1	사탕목걸이 만들기	
	2	체육대회 복장만들기	
	3	송편 빚기	
	4	·	
10월	1	민속놀이 활동자료 제작	
	2	민속놀이	
	3	부여땅 미술학교 현장학습	
	4	하바교구 상자 포장	
	5	·	
11월	1	·	
	2	·	
	3	유치원 대청소	
	4	김장하기	

check point

다양한 부모교육 및 가정-유치원의 연계를 위해 학기 초에 학부모 자원봉사자를 활용한 유치원 행사 활동을 계획할 수 있다. 학부모 자원봉사 행사 계획을 수립할 때, 연간 교육계획을 고려한다.

예시 79. 자원봉사자 모집안내문
관련지표: 운영관리 영역 4-3-24

유치원 학부모 자원봉사자 모집안내

1. 학부모 자원봉사자란?

유치원에서 교사를 보조하는 역할을 하는 부모를 의미합니다. 학부모 자원봉사자로서의 역할을 잘 수행하도록 지원하기 위해 유치원에서 간단한 사전교육을 부모님께 제공합니다.

2. 학부모 자원봉사자 활동의 교육적 효과는?

① 유치원교육에 대한 부모의 올바른 인식을 높일 수 있습니다.
② 유아-교사-부모가 서로 친근하고 풍부한 경험을 나눌 수 있습니다.
③ 유치원교육에 직접적이고 적극적으로 참여하고 교사를 도울 수 있습니다.
④ 유아교육을 위한 부모님들의 역할과 자신의 능력을 새롭게 발견할 수 있습니다.
⑤ 유아들은 부모의 참여를 자랑스러워하고 부모를 통하여 많은 것을 얻을 수 있습니다.

3. 학부모 자원봉사자로 지원하시면?

① 매주 1회 화요일 하루 2~3시간 학부모 활동을 하시게 됩니다(오리엔테이션 날짜는 추후 공지).
② 부모님의 효율적인 참여를 위해 학부모 자원봉사자 활동 전에 20~30분(변동 가능) 정도 활동 내용에 대한 사전교육을 받으시게 됩니다.

4. 학부모 자원봉사자 참여 기간 및 장소

① 기 간:
② 장 소:
③ 신청서 접수:

학부모 자원봉사 신청서

<table>
<tr><td rowspan="2">성명</td><td>유아명: (반)</td><td>유아 성별</td><td>남( ) 여( )</td><td rowspan="2">전화</td><td rowspan="2">☎ 자택:
☏ 핸드폰:</td></tr>
<tr><td>학부모명:</td><td>관 계</td><td></td></tr>
<tr><td colspan="6">학부모 자원봉사자로서 참여하기를 희망합니다. 예( ), 아니요( )</td></tr>
</table>

check point

유아교육기관의 적극적인 부모 참여를 위하여 자원봉사자를 모집할 수 있다. 이때 부모에게 자원봉사자에 대한 이해를 돕고 교육적인 효과에 대한 소개가 이루어져야 한다. 신청서에는 자원봉사를 할 수 있는 내용, 부모명, 참여여부 등에 대한 기록을 할 수 있도록 한다.

예시 80. 학부모 자원봉사 예시
관련지표: 운영관리 영역 4-3-24

학부모 자원봉사활동

<table>
<tr><td>일 시</td><td colspan="4">2008년 6월 11일 수요일</td></tr>
<tr><td>활동내용</td><td colspan="4">1. 조형활동 준비: 공룡 꼴라쥬
2. 가로 세로 자리찾기 교구 제작</td></tr>
<tr><td>활동사진</td><td colspan="4">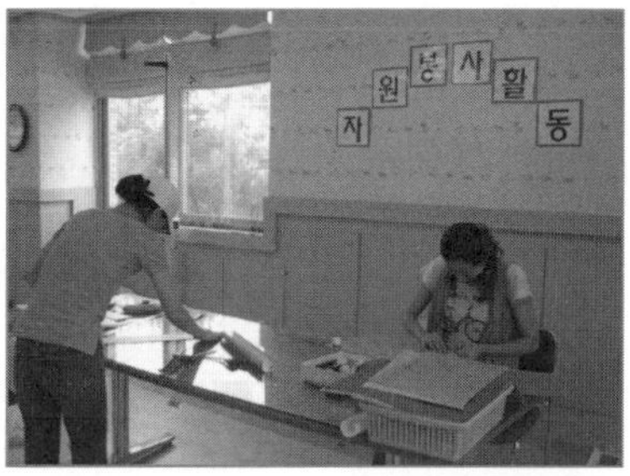

 </td></tr>
<tr><td rowspan="10">참석자
(서명해 주세요)</td><td>1</td><td>김영숙(정라임 어머니)</td><td>11</td><td></td></tr>
<tr><td>2</td><td></td><td>12</td><td></td></tr>
<tr><td>3</td><td></td><td>13</td><td></td></tr>
<tr><td>4</td><td></td><td>14</td><td></td></tr>
<tr><td>5</td><td></td><td>15</td><td></td></tr>
<tr><td>6</td><td></td><td>16</td><td></td></tr>
<tr><td>7</td><td></td><td>17</td><td></td></tr>
<tr><td>8</td><td></td><td>18</td><td></td></tr>
<tr><td>9</td><td></td><td>19</td><td></td></tr>
<tr><td>10</td><td></td><td>20</td><td></td></tr>
</table>

check point

학부모 자원봉사활동 실시에 대한 내용을 기록하여 주간교육계획안, 유치원 홈페이지 등을 통해 함으로써 참여한 부모들과 참여하지 못한 부모들에게 유치원에 대한 이해와 관심을 가질 수 있는 기회를 제공하며 학부모의 동참을 적극적으로 유도할 수 있다.

나. 4-3-25

25 지역사회 인사 및 자원을 적극적으로 활용하고 지역사회와의 연계를 위해 노력하고 있다.

평가 요소	• 유치원의 여러 활동을 지역사회에 안내 · 홍보하고 있는가? • 지역적 특성을 반영한 활동을 실시하고 있으며, 지역사회 인적 · 물적 자원을 활용하고 있는가? ※ 인근 초등학교와의 연계활동 실시 포함

❑ 평가방법

• 서면평가

–자체평가보고서에 기록된 내용

• 현장평가

–유치원의 활동 · 행사 등에 대한 내용이 지역사회에 안내되어져야 한다.

–지역사회의 인적 · 물적 자원을 여러 활동에 적극 참여시켜야 한다.

❑ 관련자료

• 부모교육 및 참여 활동과 관련된 자료

• 지역사회 연계 관련 자료

예시 81. 지역사회 안내 예시
관련지표: 운영관리 영역 4-3-25

[그림 64] 유치원 소식 안내

check point

유아교육기관은 지역사회의 특성과 요구를 충분히 고려하여 운영해야 하며 지역사회 역시 유아교육기관의 운영에 도움을 주어야 한다. 즉, 유아교육기관과 지역사회는 서로 도움을 주고 받는 상호 보완적인 협력관계를 유지해야 한다. 따라서 유아교육기관에서는 학부모, 지역사회와 함께하는 교육활동 프로그램을 개최하여 지역사회 인적·물적 자원을 활용하고 학부모의 동참을 적극적으로 유도할 수 있어야 한다. 지역사회 기관과의 관계가 원만할 때 유아교육 프로그램을 진행할 때 필요한 여러 가지 사항들에 대해 협조를 받을 수 있으며 이러한 협조는 유아교육프로그램의 질을 높임과 동시에 유아교육기관을 홍보할 수 있다는 장점이 있다.

예시 82. 지역사회 홍보 예시
관련지표: 운영관리 영역 4-3-25

[그림 65] 지역신문을 통한 교육활동 소개

check point

유아교육기관에서는 교육활동 전개 시, 지역사회와의 협력을 통해 인사 및 자원을 적극적으로 활용하고 지역사회에 유치원에서 이루어지고 있는 교육과정 활동을 소개함으로써, 지역사회와의 연계를 위해 노력해야 한다. 예를 들면, 유치원 행사사진을 홈페이지를 통해 게시할 수 있다.

4-4. 기관장의 원 운영의 전문성

기관장의 원 운영의 전문성은 유아의 가정과 지역사회와의 긴밀한 협력을 통해 유아의 발달을 증진시키는 것을 목적으로 한다. 따라서 다양한 방법의 부모교육을 통한 교육의 연계가 이루어지고 있는지 부모들의 참여로 교육과정이 구성되고 있는지를 평가하는 지표다. 또한 지역사회의 인적·물적 자원을 적절히 활용·협력하여 지역사회의 연계가 이루어지고 있는지를 종합적으로 평가하는 지표다.

평가 지표	26. 원장은 올바른 유아교육 철학과 신념을 가지고 있으며, 교육과정 질제고를 위해 노력하고 있다. (5점) 27. 구성원들 간의 민주적 의사소통을 격려하고, 리더십을 발휘한다. (5점)

(1) 지표별 평가기준

가. 4-4-26

26	**원장은 올바른 유아교육 철학과 신념을 가지고 있으며, 교육과정 질 제고를 위해 노력하고 있다.**

평가 요소	• 원장은 기관의 운영방침을 바람직하게 설정하고 공개하고 있는가? • 원장은 원내 자율장학을 실시하고 있으며, 그 결과를 교육과정 개선에 활용하고 있는가? • 원장은 유치원 교사가 교육활동에 전념하게 하며, 적극 지원하는가? ※ 잡무 경감, 행정업무 처리 지원 등

❑ 평가방법

• 서면평가
  – 유치원 운영계획서, 자체평가보고서에 기록된 내용
• 현장평가
  – 원장의 기관에 대한 운영 방침이 설정되어 있고 전 교직원과 학부모에게 공개가 이루어져야 한다.
  – 각 유치원 실정에 적합한 원내 자율장학이 계획되어 실시되며 그 계획과 실시결과가 비치되어야 한다.
  – 자율장학 실시 후 자체 평가가 이루어지며 그 결과가 교육과정에 적용되어야 한다.

❑ 관련자료

• 자발적 직무 연수 지원 실적
• 교직원 인사규정

예시 83. 유치원 운영방침
관련지표: 운영관리 영역 4-4-26

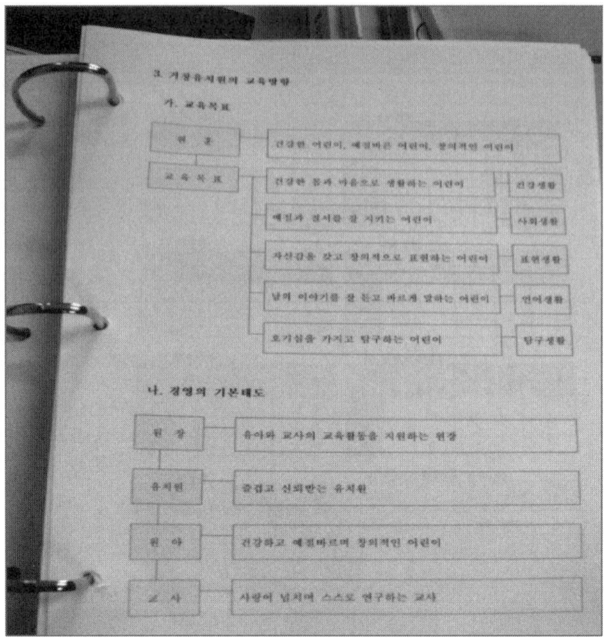

[그림 66] 유치원 교육방향

check point

유아교육기관의 운영관리란 조직체의 목적, 목표를 능률적이고 효과적으로 달성하기 위하여 인적·물적·재정적 조건을 계획·조직·지시·조정·평가하는 과정이다. 유아교육기관의 원장은 유아교육의 특성을 바르게 파악하고 적합하게 운영방침을 수립하여 운영해야 한다. 또한 이를 교직원과 학부모들에게 공개하여 같은 비전을 공유할 수 있도록 한다.

Hildebrand(1993)는 유아교육기관의 운영자가 계획단계에서 유의해야 할 상항을 여서 가지로 제시했으며 다음과 같다. 첫째, 기관의 운영자는 프로그램의 교육철학적 입장 및 목적을 명확하게 해야 한다. 둘째, 운영자는 유아교육기관의 인가 및 인증과 관련된 과정을 밟아야 한다. 셋째, 운영자가 목적 및 목표를 설정할 때에는 현실적이면서도 적절한 수준에서 해야 한다. 넷째, 기관의 운영자는 기관운영과 관련된 결정을 할 때 전반적인 목적과 목표에 준해서 결정해야 한다. 다섯째, 프로그램 및 계획에 대해 필요할 때마다 운영자는 수시로 평가하고 재조절해야 한다. 다섯째, 프로그램 및 계획에 대해 필요할 때마다 운영자는 수시로 평가하고 재조정해야 한다. 여섯째, 운영자는 정기적으로 운영위원회, 교직원, 학부모 등과 함께 기관의 목적, 프로그램, 향후 계획에 대해 논의한다.

예시 84. 교육시책 및 주요 업무 협의록
관련지표: 운영관리 영역 4-4-26

교육 시책 및 주요 업무 협의록

년 월 일 요일			
수업자		기록자	
협 의 내 용			
발언자	주 요 내 용		
	□ □ □		
	□ □ □		
	□ □ □		
	□ □ □		
일반화 내용	□ □ □		

check point

원장은 유치원의 원활한 교육과 효율적인 관리를 위해 교육계획 시책 및 주요 업무에 대한 회의를 개최하며 이는 협의록에 기록을 남겨서 이후 교육계획에 적용한다. 이는 구성원들 간의 업무 분배의 형평성을 고려할 수 있으며 유기적인 업무 추진이 이루어지도록 하여 유치원 경영의 내실화를 도울 수 있다.

예시 85. 원내 자율장학 활동 평가
관련지표: 운영관리 영역 4-4-26

원내 자율장학 활동 평가

영역	평가내용	기대 수준			
		4	3	2	1
상황 평가	1. 장학 활동의 목표는 요구 분석이나 문제 진단을 기초로 설정되었는가?				
	2. 장학 활동의 목표는 기대되는 행동 또는 성취에 대한 명확한 기준의 형태로 진술되었는가?				
	3. 장학 활동의 목표는 교사들의 개인적 차이를 반영하여 설정되었는가?				
	4. 장학 활동의 목표를 설정하는 데 교사들이 적절히 참여하였는가?				
투입 평가	5. 장학 활동의 계획된 절차는 그 장학 활동의 세워진 목표를 달성하는 데 적절하였는가?				
	6. 장학 활동의 계획된 절차는 과업, 책임, 자원의 사용, 시간계획 등에 있어서 명확하게 규정되었는가?				
	7. 장학 활동의 제한된 인적 · 물적 자원을 고려할 때 장학 계획은 실행 가능하였는가?				
	8. 장학 활동의 절차를 계획하는 데 교사들이 적절히 참여하였는가?				
과정 평가	9. 장학 활동의 절차는 수립된 계획에 맞추어 실행되었는가?				
	10. 장학 활동의 절차는 장학담당자와 교사들 간에 민주적인 상호작용과 의사소통의 토대 위에 실행되었는가?				
	11. 장학 활동의 절차는 교사들의 요구와 변화에 따라 융통성 있게 실행되었는가?				
	12. 장학 활동의 절차를 실행하는 데 교사들이 적절히 참여하였는가?				
결과 평가	13. 장학 활동의 계획된 목표는 달성되었는가?				
	14. 장학 활동에 참여한 교사들이 만족스럽게 느꼈는가?				
	15. 장학활동의 결과는 학교의 전반적인 조직 건강을 향상시키는 데 도움이 되었는가?				
	16. 장학 활동의 결과를 평가하는 데 교사들이 적절히 참여하였는가?				

check point

유아교육기관의 원장은 교육과정 운영의 정상화와 양질의 교육을 수요자에게 제공하기 위하여 원내 자율장학을 계획 · 수립한다. 그리고 원내 장학이 종료된 후, 반드시 협의를 통한 평가회를 개최하여 교육과정의 정상 운영을 위해 노력해야 한다.

예시 86. 자기연수 활동지원서

관련지표: 운영관리 영역 4-4-26

지역별 연구활동 신청서

<table>
<tr><td colspan="4" rowspan="2">접수번호</td><td colspan="3">거제 지역</td></tr>
<tr><td colspan="2">공립</td><td>사립</td></tr>
<tr><td colspan="4"></td><td colspan="2">○</td><td></td></tr>
<tr><td>연구회명</td><td colspan="3">POP글씨 연구회</td><td colspan="2">회 원</td><td>13 명</td></tr>
<tr><td rowspan="4">회 장</td><td colspan="3">소 속</td><td>직 위</td><td colspan="2">성 명</td></tr>
<tr><td colspan="3">○○초등학교병설유치원</td><td>원감</td><td colspan="2">정 00</td></tr>
<tr><td rowspan="2">주소</td><td>직 장</td><td></td><td rowspan="2">전화</td><td>직장</td><td></td></tr>
<tr><td>E-mail</td><td></td><td>H.P.</td><td></td></tr>
<tr><td>연구주제</td><td colspan="3">POP글씨 연구 활동으로 교사의 색다른 환경구성 능력 신장</td><td colspan="2">관 련
추천과제</td><td></td></tr>
<tr><td>첨 부</td><td colspan="6">※ 연구활동 계획서 4부</td></tr>
</table>

위와 같이 연구 활동을 성실히 수행할 것을 다짐하며 신청서를 제출합니다.

2009년 5 월 19 일

(pop글씨)연구팀장 (○○○) 인

○○교육청교육장 귀하

[그림 67] 자기연수 활동지원서

check point

유아교육기관의 전 교원은 교사의 전문성 발달을 위해 1인 1연구를 하며 자신의 전문성 신장을 위해 노력해야 한다.

나. 4-4-27

27 구성원들 간의 민주적 의사소통을 격려하고, 리더십을 발휘한다.

평가 요소	• 기관 운영 의사결정 과정에 다양한 구성원의 의견이 반영되고 있는가? • 교직원 회의의 내용이 적절하고, 민주적인 방식으로 운영되고 있는가? • 원장은 유아교육 및 유치원의 발전에 대한 비전을 구성원과 공유하려고 노력하는가?

❑ 평가방법

• 서면평가

– 유치원 운영계획서, 자체평가보고서에 기록된 내용

• 현장평가

– 기관 운영 의사결정과정에 전 교직원이 참여하여 구성원의 의견이 반영되어야 한다.

– 원장은 유아교육의 특성을 바르게 파악하고 운영방침을 수립해야 한다.

– 원장은 기관의 운영방침을 설정하고 전 교직원에게 공개하여 공유하려고 한다.

❑ 관련자료

• 자발적 직무 연수 지원 실적

• 교직원 인사규정

예시 87. 교직원 인사규정
관련지표: 운영관리 영역 4-4-27

[그림 68] 공무원 인사관리 지침서

check point

유아교육기관은 하나의 조직체로 업무의 원활함과 체계적인 운영을 위하여 다양한 관리가 이루어져야 한다. 그 중 인사관리는 조직을 구성하고 있는 인적 자원을 어떻게 효율적으로 활용하여 최상의 효과를 창출할 것인가의 문제다. 따라서 유아교육기관의 원장은 기관의 운영방침을 바람직하게 설정하고 공개해야 한다. 따라서 원장은 유아교육의 특성을 바르게 파악하고 적합하게 운영방침을 수립해야 할 필요가 있다.

예시 88. 교사 협의록
관련지표: 운영관리 영역 4-4-27

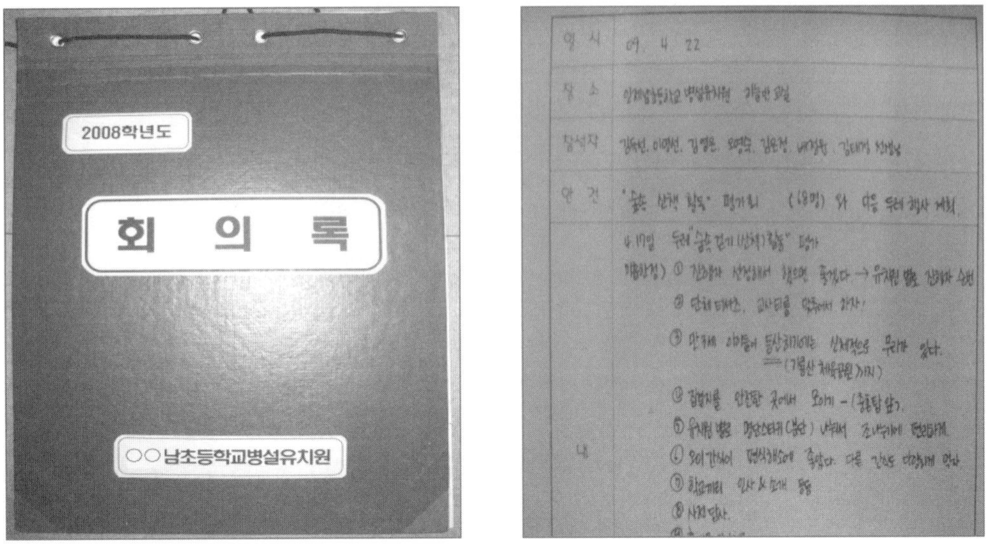

[그림 69] 교사 협의록

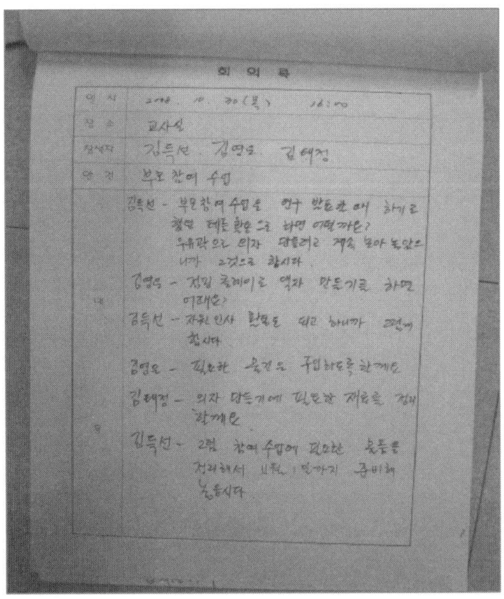

[그림 70] 회의록

check point

유아교육기관에서 신뢰하는 조직원들 간의 분위기를 조성하고 원장의 일방적인 경영을 지양하기 위해 교사 협의회를 통해 구성원들 간의 시너지 효과를 최대한 발휘할 수 있도록 유도해야 한다. 따라서 유치원 교육과정 운영 전반에 걸쳐 원장, 원감, 교사의 의견을 충분히 수렴하여 유치원 교육활동에 반영하도록 한다.

4-5. 학부모 만족도(10점)

평가 지표	28. 유치원 교육 및 운영에 대한 학부모의 만족도가 높다.

가. 4-5-28

28 유치원 교육 및 운영에 대한 학부모의 만족도가 높다.

평가 요소	• 가정에 유치원의 교육활동에 대한 안내를 충실하게 하는가? • 유아 발달 및 교육적 특성을 파악하고, 가정에 전달하는가? • 교육과정 운영 시, 유아의 기본생활습관 형성 및 인성발달에 중점을 두고 있는가? • 부모교육·참여활동을 내실 있게 운영하여 부모의 자녀지도를 지원하는가? • 교사들은 유아를 사랑하고 교육적으로 잘 지도하는가?

❑ 평가방법

• 학부모 대상 설문조사

－해당 유치원에서 학부모 명단을 수합, 무선 표집하여 평가위원회에서 직접 조사

－우편 또는 전화설문조사 등 활용

5 유치원 특색사업 영역

유치원 특색사업 영역에서는 각 지역별 교육의 방향 구현을 위한 노력과 각 유치원에서 추진하고 있는 특색과제를 선정하여 계획 수립, 구성원들의 적극적인 참여와 지속적인 추진과정, 목표 달성 및 성과, 일반화 가능성 등 유아교육의 질적 향상에 기여할 수 있는지 확인한다.

평가영역	평가항목	평가지표
5. 특색사업(30)	5-1. 유아교육 방향 구현(15)	29. 취원율 제고 노력(5)
		30. 교원의 전문성 신장(5)
		31. 유·초 연계교육 협력체제 구축(5)
	5-2. 단위유치원 특색과제 추진(15)	32. 특색과제 설정의 적절성(5)
		33. 특색과제 운영의 지속성(5)
		34. 특색과제 운영의 성과(5)

5-1. 지역유아교육 방향 구현

평가 지표	29. 취원율 확대를 위해 노력하고 있다. (5점) 30. 교원의 전문성 신장을 위해 노력하고 있다. (5점) 31. 유·초 연계교육을 위한 협력 체제를 구축하고 있다. (5점)

(1) 지표별 평가기준

가. 5-1-29

29 취원율 확대를 위해 노력하고 있다.

평가 요소	• 원아 확보를 위해 노력하고 있는가? • 다양한 홍보 활동을 하고 있는가? • 수요자 중심의 지원을 하고 있는가? • 유·초 연계 협력체제를 구축하고 있는가? • 교육과정 편성·운영에 상호 협력하고 있는가?

❑ 평가방법

• 서면평가

–유치원 운영계획서, 자체평가보고서에 기록된 내용

• 현장평가

－기관에서는 취원율 확대를 위해 다양한 방법으로 유치원을 홍보하여야 한다.

－기관에서는 다양한 홍보 활동을 계획하고 지역사회에 유치원의 다양한 활동에 대한 홍보가 이루어져야 한다.

❑ 관련자료

• 원아모집 실태

• 원아 명부(입 · 퇴학 처리부)

• 홍보계획 및 실적물

• 수요자 중심의 지원 실태

예시 89. 홍보활동
관련지표: 특색사업 영역 5-1-29

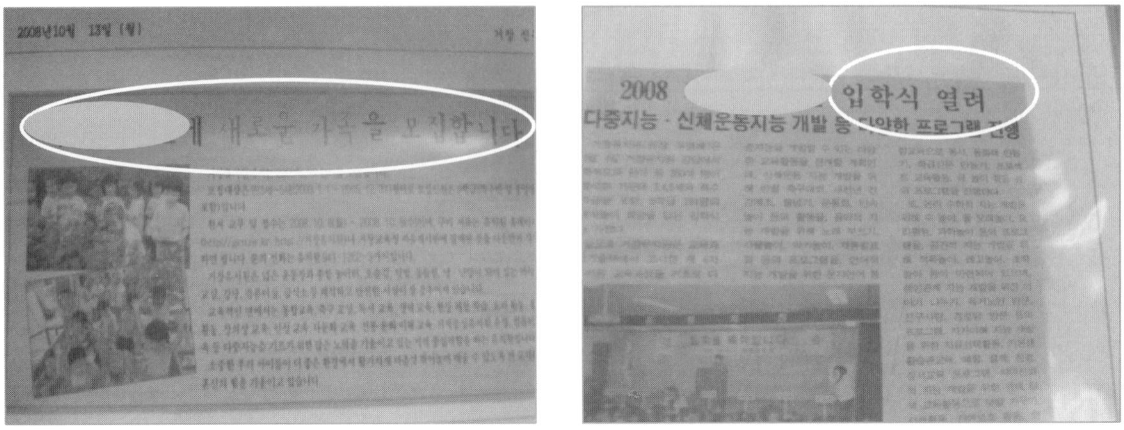

[그림 71] 유치원 홍보를 위한 소개

check point

유아교육기관에서는 취원율 확대를 위해 유치원 활동 안내 및 가정통신문, 지역신문 등을 통해 홍보를 할 수 있다. 이때 기관의 교육과정 소개, 원아모집요강 등을 소개할 수 있다. 각 유치원에서는 원아모집을 위한 노력, 다양한 홍보활동 등을 지역사회에 소개하고 기록한다.

예시 90. 원아명부
관련지표: 특색사업 영역 5-1-29

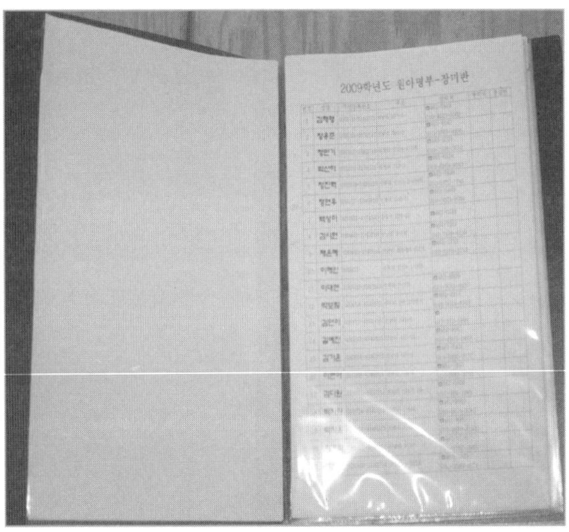

[그림 72] 원아명부

예시 91. 유 · 초 연계
관련지표: 특색사업 영역 5-1-29

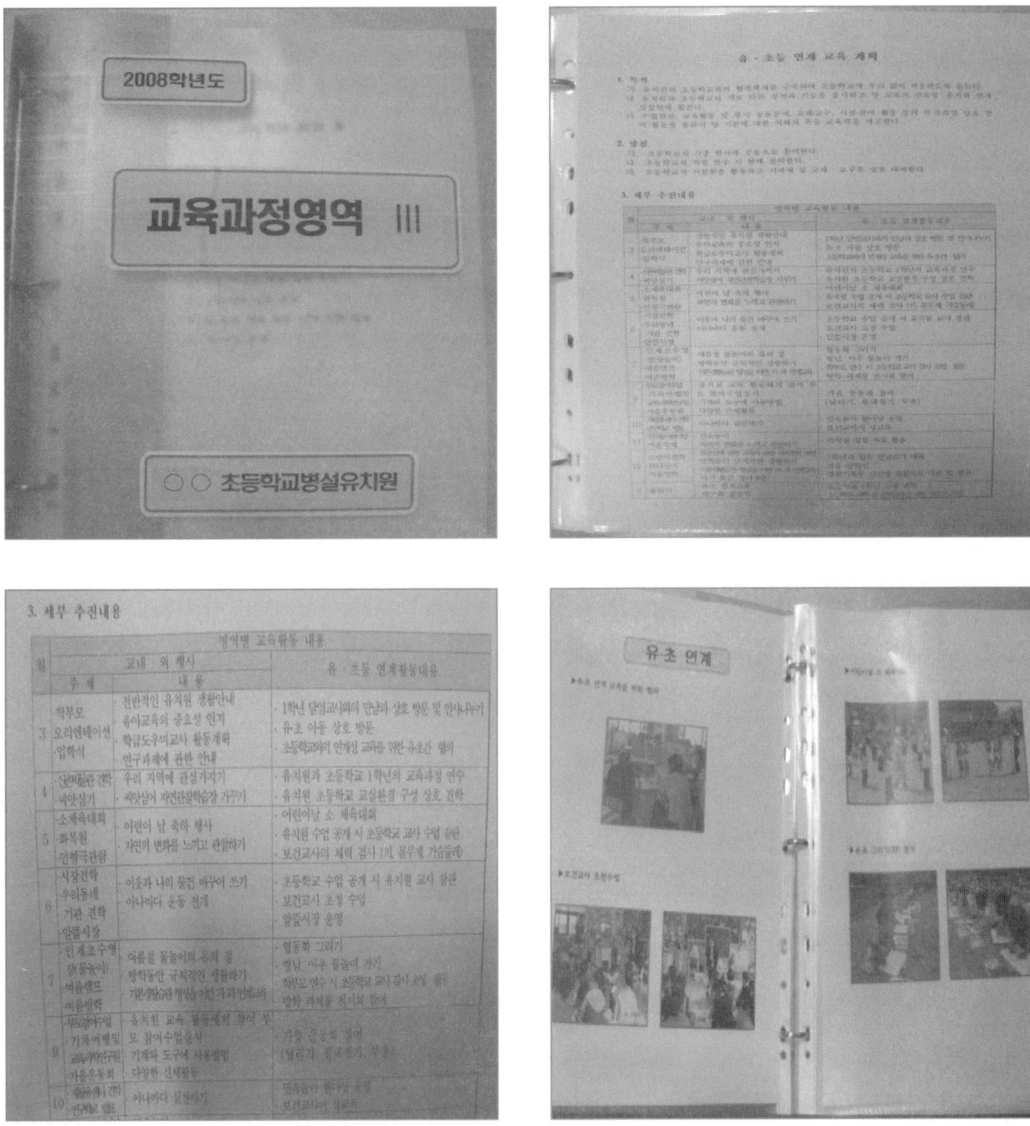

[그림 73] 유 · 초 연계

check point

유아교육기관에서는 유 · 초 연계협력을 구축하여 유치원 교육과정을 계획해야 한다. 이를 위해 전 교직원들을 대상으로 협의회를 개최하고 초등학교 교육과정과 유치원 교육과정이 상호협력 체제를 구축할 수 있도록 할 수 있다.

나. 5-1-30

30 교원의 전문성 신장을 위해 노력하고 있다.

평가 요소	• 원내 장학 계획이 다양하게 수립되어 있는가? • 원내 장학을 지속적으로 실천하고 있는가? • 전 교원이 연구 활동에 참여하고 있는가? • 교원연수에 적극적으로 참여하고 있는가?

❑ 평가방법

• 서면평가

  - 유치원 운영계획서, 자체평가보고서에 기록된 내용

• 현장평가

  - 다양한 원내 장학이 수집되어 있고 지속적으로 실천되어야 한다.
  - 각 기관은 원내에서 자체 연수 · 직무 연수 등이 이루어지며 그 결과가 기록되고 비치 · 보관되어야 한다.
  - 교사들의 자기개발을 위한 연수 참여와 그와 관련된 결과가 비치되어야 한다.

❑ 관련자료

• 자발적 직무 연수 지원 실적

• 교직원 인사규정

• 원내 장학 계획 및 실적 확인

• 연구 활동 추진 및 참여도 확인

• 연수 참여 및 지원 실적 확인

• 원내 장학 계획 및 교육계획

• 원내 장학 활동 실적

• 연수지원 명부 및 지원 실적

• 연구 활동 계획 및 실적

예시 92. 원내 장학 연간계획
관련지표: 특색사업 영역 5-1-30

원내 자율장학 연간 세부 추진 계획

순	장학 방법	내 용	기 간	담당자	비 고
1	학부모 참여수업	• 공동사고를 통한 수업안 작성 및 자료 제작 • 교수 학습방법 개선을 위한 연구수업	연 2회	각 담임	수업안 작성 및 자료제작
2	교원 자율 연수	• 교수 학습방법 개선을 위한 다양한 연수 • 교원 연수의 날 지정 운영 • 각종 연구대회 참석	4회 목요일	전 교원	연수물 작성
3	동료장학	• 주간교육협의 및 평가 • 연구수업 협의 및 평가 • 정보 및 자료 공유	연중	전 교원	연령별 동료장학 및 피드백
4	자기장학	• 1인 1연구 활동 참여 • 저널쓰기(교육 일기) • 연구대회 및 대학원 수업 참여 등	연중	전 교원	
5	연구 · 시범 유치원 참관	• 전국 시 · 도 단위 연구, 시범 유치원 연구 보고회 참석	연 1회	전 교원	
6	현장 연수	• 선진 유치원 및 현장 견학	연 2회	전 교원	
7	각종 연수회 참여	• 다양한 연수 참여 및 연수 강사 초빙 원내 연수 활성화 • 유아교육 연구회 연수 • 국공립 연합회 연수	연 1회 연 1회 연 1회	전 교원	

check point

유아교육기관에서는 교사의 전문성을 도모하기 위하여 다양한 원내장학을 계획 · 수립할 수 있다. 원내장학으로는 학부모 참여수업, 자율연수, 동료장학, 자기 장학, 시범 · 연구수업, 현장 연수 등이 포함되며 각 유치원의 실정에 적합하게 수정 · 보완하여 지속적으로 실천하도록 한다.

다. 5-1-31

31 충실한 기본교육을 위해 지속적으로 노력하고 있다.

평가 요소	• 기본 예절교육을 실천하고 있는가? • 나라사랑교육을 위해 노력하고 있는가? • 전통문화교육을 위해 노력하고 있는가? • 기본생활습관 형성을 위해 지속적으로 노력하고 있는가? • 기본생활습관과 태도를 기르기 위하여 가정과 연계 지도하고 있는가?

❑ 평가방법

- 서면평가
  - 유치원 운영계획서, 자체평가보고서에 기록된 내용
- 현장평가
  - 기본예절교육이 실천되고 그에 관련되는 결과물이 보관 · 비치되어야 한다.
  - 교육과정에 유아들의 나라사랑교육의 내용이 포함되어 지도되어야 한다.
  - 기본생활습관 형성을 위해 지속적인 노력이 이루어지며, 교육과정에서 그 내용이 포함되어야 한다.
  - 유아들의 기본생활습관과 태도를 기르기 위하여 가정과 연계지도가 이루어져야 한다.

❑ 관련자료

- 유 · 초 연계교육 관련자료 및 실적물
- 연간 기본교육계획서 및 실적자료

예시 93. 약속지킴표
관련지표: 특색사업 영역 5-1-31

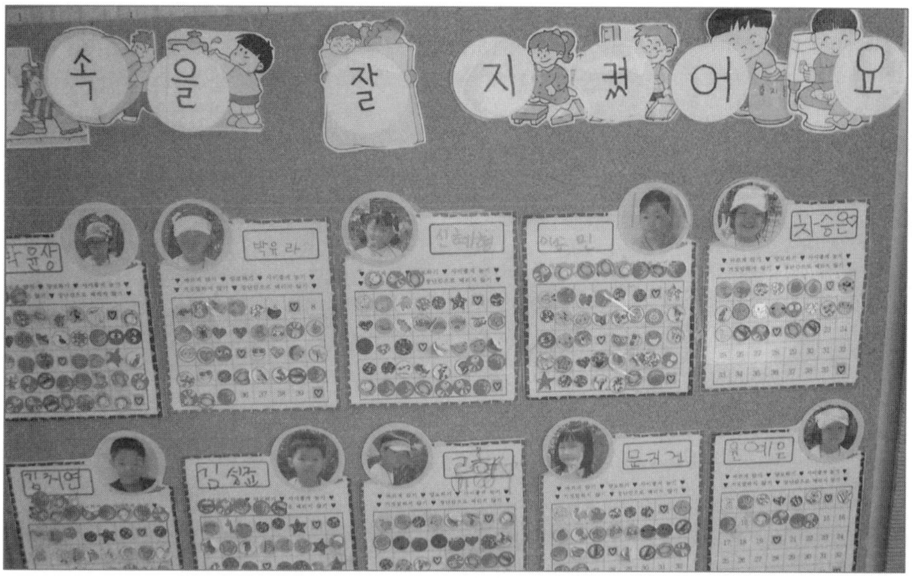

[그림 74] 약속지킴표

check point

교사는 유치원 생활 전반, 교육과정 전반에 걸쳐 연중 지속적인 기본생활습관을 위한 교육을 실천할 수 있다. 예를 들어, 칭찬카드나 스티커를 이용하여 유아들의 기본예절습관형성을 도모할 수 있다.

예시 94. 전통문화교육
관련지표: 특색사업 영역 5-1-31

전통놀이(공기놀이, 깃대 세우기)를 했어요

유아명	최서윤		나이	만 5세	평정일	2009년 6월 17일
생활 주제	동물과 자연			활동명	공기놀이를 했어요	
활동목표	* 공기놀이를 할 수 있다.					
평가방법	* 사후 활동지, 일화기록					
포트폴리오 (작품 분석)				예	아니요	비고
평가내용	1. 놀이의 규칙과 방법을 알고 있는가?			○		
	2. 자신이 경험한 것에 대한 사후 활동을 하는가?			○		
교사: 오늘 전통놀이를 했던 것 중에서는 무엇이 재밌었나요? 서윤: 깃대 세우기가 재밌었어요. 교사: 왜 깃대 세우기가 재밌었나요? 서윤: 공기놀이는 받는 것이 힘들어요. 근데 깃대 세우기는 잘할 수 있고, 깃대를 쓰러뜨리지 않았어요~ 교사: 그렇구나. 다음에는 공기놀이도 열심히 노력해서 연습하면 잘 받을 수 있고 그러면 재밌어질 거예요~ 서윤: 네~ 저도 공기놀이 연습할 거예요.						
유아의 자아반영	* 왜 깃대 세우기가 재밌었나요? -내가 친구와 깃대 세우기 놀이를 하는데 안 쓰러뜨려서 이겼어요. 그래서 더 재미있었어요. * 공기놀이는 재미없었나요? -아니요, 아직 제가 잘 못해서, 그래서 그랬어요.					
교사의견	자신이 잘 하는 것은 재밌어하나, 아직 익숙하지 못한 것을 피하지는 않았지만 잘 하는 것보다는 흥미를 많이 두지 않았다.					

check point

유아교육기관에서는 유아들에게 우리 민족의 전통문화를 계승 · 발전시키고 우리 문화를 이해하기 위하여 전통놀이 및 전래동요를 통한 전통문화교육이 이루어져야 한다. 또한 활동 후, 교사는 평가를 해봄으로써 활동목표에 대한 점검을 하고 이후 활동을 계획해야 한다.

예시 95. 기본생활습관 지도표(가정용)
관련지표: 특색사업 영역 5-1-31

가정에서의 기본생활습관 평가표

기본생활습관 지도 내용						
생활 덕목	평 가 내 용	가정에서 평가			가정에서	
		◎	●	△	문제상황	통신란
예절	1. 부모님께 존댓말 사용하기					
	2. 바른말 고운 말 쓰기					
	3. 이웃어른 만나면 인사하기					
	4. 부모님 말씀 잘 듣기					
	5. 바른 자세로 식사하기					
청결	1. 식사 전, 용변 후 손씻기					
	2. 식사 후 이닦기					
	3. 놀잇감 사용 후 정리하기					
	4. 혼자서 옷 바르게 입기					
	5. 주변을 깨끗이 하기					
질서	1. 차례 잘 지키기					
	2. 일찍 자고 일찍 일어나기					
	3. 양보하기					
	4. 약속 지키기					
	5. 교통규칙 지키기					
절제	1. 조용히 하기					
	2. 군것질 많이 하지 않기					
	3. 감정을 절제할 줄 알기					
	4. 자기 물건을 잘 간수하기					
	5. 갖고 싶은 것 조절하기					
행 동 평 가 안 내						

▶ 평가방법: 1. 해당하는 평가란에 ○표를 합니다.
2. 문제 상황과 교사에게 하시고 싶은 말을 간략히 적습니다.

▶ 평가척도: ◎: 잘함 ●: 보통 △: 노력요함

check point

기본생활습관 형성을 위해 연간교육계획을 세우고 월, 주 단위로 가정과 연계하여 지도할 수 있다.

5-2. 단위유치원 특색과제 추진

평가 지표	32. 교육수요자 중심의 교육활동이 전개되고 지원체제가 구축되어 있다. (5점) 33. 교육활동 추진성과가 유아교육발전에 기여한다. (5점)

가. 5-2-32

32 교육수요자중심의 교육활동이 전개되고, 지원체제가 구축되고 있다.

평가 요소	• 교육수요자의 요구를 반영한 특색 있는 교육활동이 전개되었는가? • 유치원 특성에 맞는 중점과제가 설정 추진되고 있는가? • 교육활동 내실화를 위한 제반 여건을 효과적으로 지원 관리하고 있는가?

❑ 평가방법

• 서면평가

– 유치원 운영계획서, 자체평가보고서에 기록된 내용

• 현장평가

– 유치원의 교육활동 추진과 관련된 실적

❑ 관련자료

• 유 · 초 연계교육 관련자료 및 실적물

나. 5-2-33

33 교육활동 추진 성과가 유아교육발전에 기여한다.

평가 요소	• 기본생활교육 증진 및 교육격차 해소를 위해 노력하고 있는가? • 교육수요자 중심의 교육복지서비스를 위해 노력하고 있는가?

❑ 평가방법

• 서면평가

– 유치원 운영계획서, 자체평가보고서에 기록된 내용

• 현장평가

– 유치원의 교육활동 추진 실적 확인

❑ 관련자료

• 유치원 교육활동 추진 실적자료

6 종일제 운영 영역

여성의 취업률 증가로 인한 사회적 변화에 따라 유치원에서의 종일제 운영에 대한 수요자의 요구가 증가하고 있으며, 이에 따라 유치원 종일제 운영 활성화를 주요 유아교육정책으로 추진하고 있다. 이에 유치원에서는 충실한 종일제 운영을 위하여 노력하여야 한다. 종일제 운영 영역에서는 종일제 운영에 필요한 기본적인 시설 · 설비가 구비되어 있는지, 종일제 프로그램이 적절한지를 점검한다.

평가영역	평가항목	평가지표
6. 종일제 운영	6−1. 종일제 운영의 내실화	34. 종일제 운영을 위한 기본 시설 · 설비 구비(5)
		35. 종일제 프로그램의 적절성(5)
	6−2. 종일제 운영의 효율성	36. 종일제 운영시간의 적절성(5)
		37. 종일제 교사(강사) 확보 및 인력활용의 효율성(5)

6-1. 종일제 운영의 내실화

평가 지표	34. 종일제 운영에 필요한 기본적인 시설 · 설비를 구비하고 있다. (10점) 35. 교육과 보호의 균형에 기초한 종일제 프로그램을 충실하게 운영하고 있다. (10점)

종일제 운영의 내실화는 유치원에서 종일제 운영을 위해 유아에 적합한 시설 · 설비가 구비되어 있는지를, 종일제 프로그램이 교육과 보호의 균형을 이루며 충실하게 이루어지고 있는지를 평가하는 지표다.

가. 6-1-34

34 종일제 운영에 필요한 기본적인 시설 · 설비를 구비하고 있다.

평가 요소	• 장시간 보호가 가능하도록 교육활동실(가급적 종일반 전용실 구비), 수면실(유희실, 교실 겸용 가능), 조리실, 세면실, 화장실(냉 · 온 샤워시설 포함) 등이 설치되어 있는가? • 쾌적한 교육환경 조성을 위해 냉 · 난방 시설(교실, 복도 등), 공기청정기, 세탁기, 건조기 등이 구비되어 있는가? • 급 · 간식을 위한 조리실에는 냉장고, 식기세척기, 싱크대, 살균소독기 등 기타 취사에 필요한 설비가 구비되어 있는가? • 유아용 침구 및 비품들이 청결하게 관리되고 있는가?

❑ 평가방법

- 서면평가
  - 유치원 운영계획서, 자체평가보고서에 기록된 내용
- 현장평가
  - 시설 · 설비가 유아들의 발달수준에 적합해야 한다(사물함, 책상, 의자, 세면대, 계단, 변기 등의 크기 및 높이의 적절성).
  - 당일 실내외 교육환경 관찰이 이루어진다.
  - 급 · 간식을 위한 시설 · 설비가 구비되어야 한다.
  - 유아용 침구 및 비품의 관리가 위생적이며 체계적으로 이루어져야 한다.

❑ 관련자료

- 종일제 시설 · 설비 관리 대장(별도로 있는 경우)
- 종일제 교육계획안

예시 96. 종일제 시설 · 설비 관리대장
관련지표: 종일제 운영 영역 6-1-34

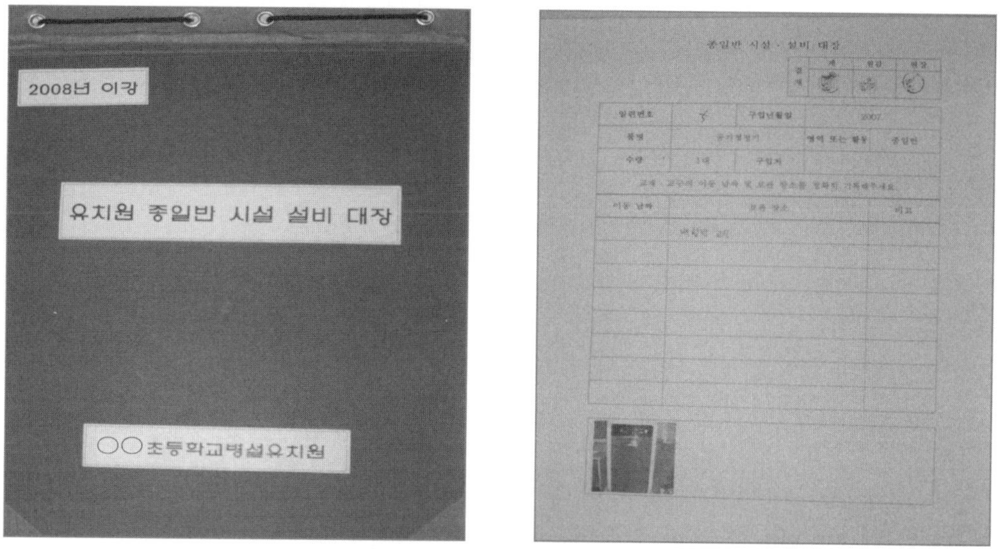

[그림 75] 종일반 시설 · 설비 대장

check point

유아교육기관에서는 종일제 유아를 위하여 장시간 보호가 가능하도록 시설・설비를 구비해야 한다. 따라서 [그림 75]에서처럼 종일반 시설・설비 대장을 구비하여 체계적인 관리가 이루어지도록 할 수 있다.

예시 97. 종일제 시설 비품청결 관리
관련지표: 종일제 운영 영역 6-1-34

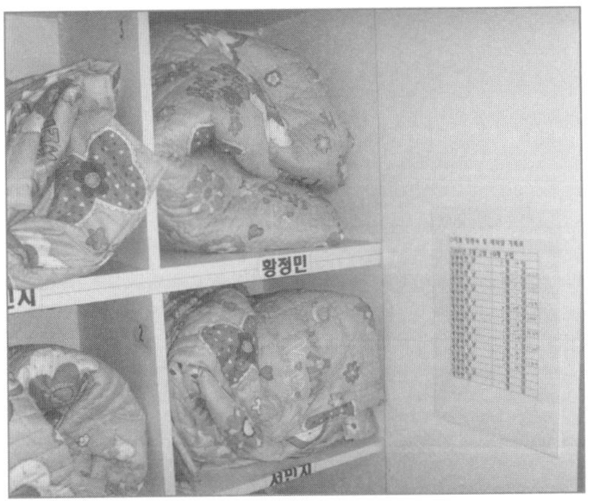

[그림 76] 침구 자외선 소독모습 및 침구 관리 일지

[그림 77] 종일제 식기류 적외선 열소독기

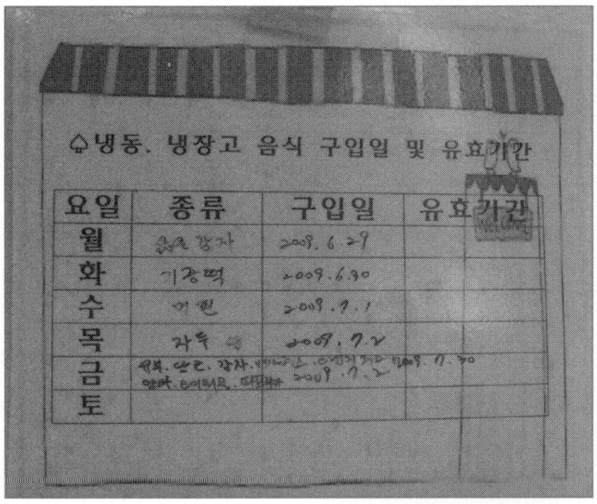

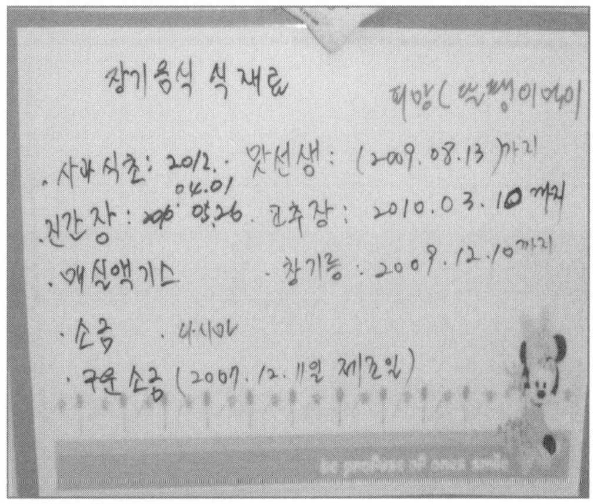

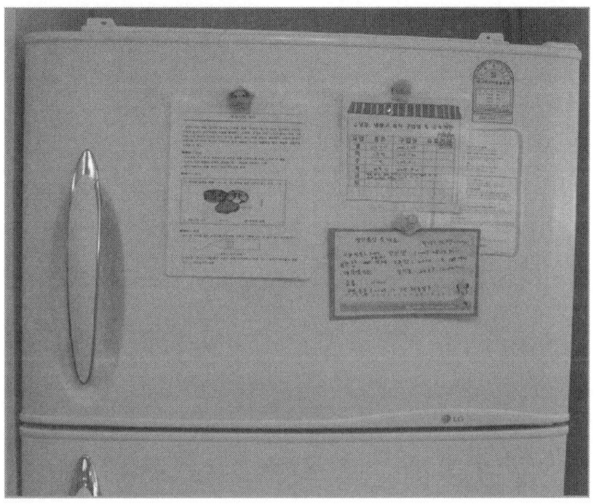

[그림 78] 종일반 식품 구입 · 보관

check point

유아교육기관에서는 유아가 매일 사용하는 유아용 비품 및 침구를 위생적으로 관리해야 한다. 따라서 종일반 교사는 침구류 관리대장을 비치하여 월 1회 세탁(사정에 따라 더 자주할 수 있음)과 주 1회 일광소독을 할 수 있도록 한다. 또한 [그림 77]에서처럼 종일제 유아가 사용하는 식기류는 자외선 살균건조기를 사용하여 유아를 위한 청결하고 위생적인 안전관리에 도움을 주도록 한다. 그리고 [그림 78]에서처럼 종일반 유아의 식품 안전과 청결한 보관을 위해 종일반용 냉장 · 냉동고에는 음식의 구입날짜와 유통기한 등을 표기하여 보관하도록 한다. 그림에서처럼 교사들이 쉽게 활용할 수 있도록 냉장고에 부착하여 사용할 수 있다.

나. 6-1-35

35 교육과 보호의 균형에 기초한 종일제 프로그램을 충실하게 운영하고 있다.

평가 요소	• 다양한 활동 간의 균형과 통합성을 고려하고 있는가? • 오전 교육활동과의 연계가 잘 이루어지고 있는가? ※ 오전의 유사한 활동을 반복하거나 단순히 보호하는 활동은 지양함. • 가정과 긴밀하게 연계하여 유아의 기본생활습관과 태도를 기를 수 있도록 지도하고 있는가? • 낮잠, 휴식, 배변, 청결 등 유아의 기본적인 욕구 충족과 신체적 보호를 위한 기본생활 측면이 고려되고 있는가? • 가정의 특성과 부모의 요구, 지역사회의 특성을 교육계획 및 일과 운영에 반영하고 있는가? • 혼합연령 구성에 따른 종일제 학급당 원아 수가 적정한가?

❑ 평가방법

• 서면평가

– 유치원 운영계획서, 자체평가보고서에 기록된 내용

• 현장평가

– 유아의 발달수준과 연령을 고려한 다양한 활동이 전개되며 활동 간의 균형과 통합성이 고려되어야 한다.

– 오전 교육 활동과의 연계성을 고려한 활동이 오후 종일제 프로그램에서 전개되어야 한다.

– 유아들의 기본생활습관과 태도를 형성하기 위하여 가정과의 연계가 이루어져야 한다.

– 종일반 유아의 기본적인 욕구충족과 신체적 보호를 위한 기본생활이 고려되어야 한다.

– 가정의 특성, 부모 요구, 지역사회 특성을 고려한 교육계획이 수립되고 일과에 운영되어야 한다.

– 종일제 학급당 원아 수가 적정한 수를 유지하여 혼합연령 구성이 되도록 한다.

❑ 관련자료

• 종일제 비품관리 대장

• 유치원 종일제 운영계획서

• 종일제 일일활동계획안

• 종일반 운영위원회 회의록

예시 98. 종일반 운영위원회 회의록

관련지표: 종일제 운영 영역 6-1-35

<table>
<tr><th colspan="5">종일반 운영위원회 회의록</th></tr>
<tr><td>안 건</td><td colspan="4"></td></tr>
<tr><td>일 시</td><td colspan="4">2009년 월 일( ) :</td></tr>
<tr><td>장 소</td><td colspan="4"></td></tr>
<tr><td rowspan="2">참석
위원</td><td>원장</td><td>원감</td><td>담당교사</td><td>학부모</td></tr>
<tr><td></td><td></td><td></td><td></td></tr>
<tr><td>협의 내용</td><td colspan="4"></td></tr>
<tr><td>기타</td><td colspan="4"></td></tr>
</table>

check point

유아교육기관에서는 종일반을 충실하게 운영하기 위하여 종일반 운영위원회를 열 수 있다. 여기에는 원장, 원감, 교사, 학부모가 참여할 수 있다. 안건으로는 종일제 운영의 바람직한 방향, 일과운영, 운영시간, 간식 등이 될 수 있다. 이는 가정–유치원 간의 협력체제를 구축하고 종일제 프로그램 정상화를 위해 도움이 된다.

예시 99. 종일반 운영 점검 기록표
관련지표: 종일제 운영 영역 6-1-35

종일반 운영 점검 기록

평가일: 200 년 월 일 평가자:

영역	항 목	평가		
		3	2	1
대 · 소 집단 활동	1. 대 · 소집단 활동이 다양한 형태로 이루어지는가? 2. 제시되는 자료의 크기가 대 · 소집단 활동에 적합한가? 3. 대 · 소집단 활동은 유아의 발달 수준에 맞게 진행되는가? 4. 참여하지 않으려는 유아를 수용적인 태도로 받아들이는가?			
식사 및 간식	1. 간식 및 식사 전에 손을 씻도록 하는가? 2. 점심 후에 양치질을 하게 하는가? 3. 수저를 유아 혼자 힘을 사용하도록 격려하는가? 4. 충분한 식사 시간을 주는가? 5. 유아와 함께 식사를 하여 올바른 식습관에 대한 모델이 되는가? 6. 즐거운 분위기 속에서 간식 및 식사를 할 수 있도록 하는가? 7. 간식 및 식사 시간에 나타난 유아들의 특별한 식생활 문제를 파악하고 적절히 대처하는가? 8. 식사 후에는 조용한 놀이를 하도록 안내하는가? 9. 간식 준비를 도울 수 있는 기회를 주는가?			
교육 계획 내용 평가	1. 연간 계획안이 있는가? 2. 월간 및 주간 계획안이 있는가? 3. 일일 계획안이 있는가? 4. 교육활동을 위한 하루의 일과가 균형 있게 이루어지는가? 5. 교사들이 모두 계획에 참여하는가? 6. 유아의 흥미 및 발달 수준에 맞는 활동을 계획하는가? 7. 다음날의 교육을 위한 학습 자료를 전날에 미리 준비하는가? 8. 방과 후 일일 계획안에 따른 평가를 하는가? 9. 개별 유아 활동 진행 및 수준에 대하여 기록하는가? 10. 유아의 출석을 매일 점검하는가? 11. 전체 교사회의를 정기적으로 하는가?			

check point

종일반 운영에 대한 점검을 위해 주간교육계획 시 생활주제와 관련된 실내 · 외, 대 · 소근육, 개별/대 · 소집단, 정 · 동적, 유아주도 · 교사주도 활동 등이 균형적으로 포함될 수 있도록 점검표를 만들어 사용할 수 있다.

예시 100. 정규반-종일반 인수인계 사항표
관련지표: 종일제 운영 영역 6-1-35

정규반-종일반 인수인계 사항

○○○ 유치원

날 짜	유아명	투약 희망여부	기타 특이사항		비 고
			오전반에서	오후반에서	
2009.					

check point

오전 정규반과 종일반 인수인계기록부를 통해 오전 교육활동, 유아 특이사항, 투약에 관련된 내용 등을 교사들 간에 숙지할 수 있다.

6-2. 종일제 운영의 효율성

평가 지표	36. 수요자 요구에 부응하는 종일제 일과 시간이 운영되고 있다. (5점) 37. 종일제 교사(강사)를 확보하고, 인력을 효율적으로 활용하고 있다. (5점)

종일제 운영의 효율성은 유치원에서 종일제 운영이 수요자 요구에 부응하는 일과 시간으로 운영이 되는지를, 종일제 운영을 위해 교사(강사)를 확보하고 그에 따른 인력을 효율적으로 활용하고 있는지를 평가하는 지표다.

가. 6-2-36

36 수요자 요구에 부응하는 종일제 일과시간이 운영되고 있다.

평가 요소	• 종일제 시간이 수요자 중심으로 운영되고 있는가? • 종일제 일과 시간이 적절하게 편성 운영되고 있는가? • 연중(토요일, 방학 포함) 종일제를 운영하고 있는가? • 종일제 일일활동계획안을 작성하여 활용하고 있는가?

❑ 평가방법

• 서면평가
 – 유치원 운영계획서, 자체평가보고서에 기록된 내용
• 현장평가
 – 종일제 운영 시간이 수요자 중심으로 운영되어야 한다.
 – 종일제 일과 시간이 적절하게 편성 · 운영되며 연중 종일제 운영이 이루어져야 한다.
 – 일일활동계획안을 작성하고 활용하여 종일제 운영의 교육과정이 체계적으로 이루어져야 한다.
 – 효과적인 교수 · 학습방법에 대한 내용들이 종일제 일일교육계획안에 나타나야 한다.

❑ 관련자료

• 종일제 운영을 위한 설문지
• 종일제 운영계획서
• 종일제 일일활동교육계획안
• 종일반 출석부

예시 101. 종일제 운영을 위한 설문지
관련지표: 종일제 운영 영역 6-2-36

종일제 설문지

1. 유아들은 실제 경험을 통해 가장 잘 학습하게 되며, 현장학습은 유아들이 교실에서 벗어나 직접적이고 구체적으로 경험할 수 있는 기회를 제공해주는 교육활동 중의 하나입니다. 유아들의 현장학습에 대한 의견을 듣고자 합니다. 단, 현장학습비(차량비+입장료+α)는 수익자 부담이며, CMS 계좌로 인출합니다.
   ① 월 1회 ② 1학기에 3회 ③ 1학기에 1~2회 ④ 원하지 않음

   1-1. 현장학습지로 적합하다고 생각하시거나 추천할 만한 장소가 있으시면 적어주세요.

2. 유아의 하원 시간에 관한 의견을 듣고자 합니다.
   ① 오후 2시 귀가 ② 오후 4시 이후 귀가

3. 토요일 등원 여부에 관한 의견을 듣고자 합니다.
   ① 토요일 등원을 희망 ② 토요일 등원을 희망하지 않음
   ②번 토요일 등원을 희망하는 경우 가정에서 개별 간식을 준비하셔야 합니다.

4. 자모회 모임에 관한 의견을 듣고자 합니다.
   ① 월 1회 모임 ② 격월 1회 모임
   ③ 1학기에 1회 모임 ④ 원하지 않음

5. 유치원에서 사용하는 유아들의 개별 물품 및 재료 구입에 관한 의견을 듣고자 합니다.
   ① 개별 구입 ② 단체 구입

6. 유아들 용품 구입에 관한 의견을 듣고자 합니다.
   ① 가방-6,000원 ② 체육복-25,000원

7. 유치원에 바라고 싶은 말씀이 있으면 기록해 주세요.

○○○ 유 치 원

check point

유아교육기관에서 종일반을 운영할 경우, 각 가정으로 종일반 운영에 대한 설문지를 보내어 부모들의 요구를 취합한 후, 종일제 운영을 탄력적으로 운영하는 것이 좋다.

예시 102. 종일제 운영 만족도 조사(학부모용)
관련지표: 종일제 운영 영역 6-2-36

유치원 종일제 운영에 따른 학부모 만족도 조사

1. 자녀가 다니는 유치원의 오전반 학급 수는? (　　　)
   ① 1학급　　② 2학급
   ③ 3~4학급　　④ 5~7학급
   ⑤ 7학급 이상

2. 현재 자녀가 다니는 유치원의 종일반 학급 수는? (　　　)
   ① 1학급　　② 2학급　　③ 3학급　　④ 4학급 이상

3. 현재 다니는 유치원의 종일반 운영시간은? (　　　)
   ① 오전 7시 ~ 오후 8시 까지　　② 오전 8시 ~ 오후 7시 30분 이내
   ③ 오전 8시 ~ 오후 6시 30분 이내　　④ 오전 8시 ~ 오후 5시 30분 이내
   ⑤ 기타 (　　　　　　　　　　　　)

4. 유치원 종일제에 자녀를 보내시는 이유는 ?
   ① 운영시간이 길어서 종일반에 맡기고 직장 다니기가 좋다.
   ② 종일반의 교육내용이 우수하다.
   ③ 종일반 시설이 좋다.
   ④ 교육비가 저렴하기 때문에 좋다.
   ⑤ 기타 (　　　　　　　　　　　　)

5. 유치원 종일제에 대해 만족하고 계십니까? (　　　)
   ① 매우 만족한다.　　② 만족한다.
   ③ 보통이다.　　④ 만족하지 못한다.
   ⑤ 전혀 만족하지 못한다.

   5-1. 만족하지 않는다면 아래의 사유 중 하나를 선택하여 주시기 바랍니다. (　　　)
   ① 종일반 운영시간이 짧다.　　② 종일반 학급의 유아 수가 많다.
   ③ 종일반 교육 내용이 좋지 않다.　　④ 종일반 교육비가 부담스럽다.
   ⑤ 기타 (　　　　　　　　　　　　)

6. 종일반 교육환경에 대하여 어떻게 생각하십니까? (　　　)
   ① 매우 만족한다.　　② 만족한다.
   ③ 보통이다.　　④ 만족하지 못한다.
   ⑤ 전혀 만족하지 못한다.

   6-1. 만족하지 않는다면 아래의 사유 중 하나를 선택하여 주시기 바랍니다. (　　　)
   ① 종일반 교실이 따로 없다.　　② 종일반 교육환경이 깨끗하지 않다.
   ③ 종일반 시설이 유아발달에 적합하지 않다.　④ 수면실 등 휴식 공간이 따로 없다.
   ⑤ 기타 (　　　　　　　　　　　　)

(계속)

7. 종일반 프로그램이나 서비스에 대하여 어떻게 생각하십니까? (　　)
① 매우 만족한다.　② 만족한다.
③ 보통이다.　④ 만족하지 못한다.
⑤ 전혀 만족하지 못한다.

7－1. 만족하지 않는다면 종일반에서 어떤 프로그램을 더해 주기를 원하십니까? (　　)
① 오전 활동과의 심화학습(연계 프로그램)
② 다양한 현장체험학습
③ 종일반 교사들이 음악, 미술, 체육 등의 다양한 특성화 교육활동
④ 강사비를 부모가 지급해도 외부 강사들의 특기교육
⑤ 기타 (　　　　　　　　　　)

8. 종일반의 비용에 대하여 어떻게 생각하십니까? (　　)
① 종일반 비용이 너무 비싸다.　② 종일반 비용이 조금 비싸다.
③ 적당하다.　④ 기타 (　　　　　　　　　　)

9. 종일반의 방학 운영에 대하여 어떻게 생각하십니까? (　　)
① 방학이 없었으면 좋겠다.　② 일주일 정도 했으면 좋겠다.
③ 2주일 정도 했으면 좋겠다.　④ 기타 (　　　　　　　　　　)

10. 토요일 수업에 대하여 어떻게 생각하십니까? (　　)
① 수업이 없었으면 좋겠다.　② 초등학교와 같이 격주로 했으면 좋겠다.
③ 매주 토요일 수업이 있었으면 좋겠다.　④ 기타 (　　　　　　　　　　)

11. 자녀가 다니는 유치원의 설립 형태는? (　　)
① 공립　② 사립

12. 자녀의 성별은 어떠합니까?
____남 / ____여

13. 자녀 연령은?(두 자녀가 해당될 경우 연령이 많은 순으로) (　　,　　)
① 만 3세(2004. 3. 1 ~ 2005. 2 .29일생)
② 만 4세(2003. 3. 1 ~ 2004. 2 .28일생)
③ 만 5세(2002. 3. 1 ~ 2003. 2 .28일생) 또는 취학 전 아동

14. 자녀가 거주하고 있는 지역은 어디입니까? (　　)
① 대도시(서울 및 광역시)　② 중 · 소도시
③ 군, 면, 읍　④ 기타

15. 어머니께서는 직장을 다니고 계십니까?
① 예　② 아니요

(계속)

16. 직장을 다니고 계시다면 어떤 형태의 직장에 다니십니까?
   ① 전일제(8시간 이상 근무) ② 4시간 이하 근무
   ③ 시간 불규칙(시간이 필요할 때마다) ④ 기타( )

17. 가구의 월평균 소득액은 얼마입니까?
   ① 100만원 이상 ~ 150만원 이하 ② 150만원 이상 ~ 200만원 이하
   ③ 200만원 이상 ~ 150만원 이하 ④ 250만원 이상 ~ 300만원 이하
   ⑤ 300만원 이상

18. 유치원 종일반 운영에 관련하여 기타 건의사항이나 개선이 필요한 사항이 있으시면 작성하여 주시기 바랍니다.

check point

학기말 유치원에서는 종일반 유아의 학부모를 대상으로 종일반 운영에 따른 만족도 설문을 한다. 결과는 종일제 운영을 계획·수립 시 반영함으로써 수요자 요구에 부응하는 종일제 운영이 될 수 있다.

나. 6-2-37

37 종일제 교사(강사)를 확보하고, 인력을 효율적으로 활용하고 운영하고 있다.

평가 요소	• 종일제 운영을 위한 전담교사 또는 강사가 있는가? • 종일제 전담교사(강사) 배치가 가능한 종일제 원아 수가 확보되어 있는가? • 종일제 운영을 위한 인력이 효율적으로 활용 관리되고 있는가?

❑ 평가방법

• 서면평가
  - 유치원 운영계획서, 자체평가보고서에 기록된 내용

• 현장평가
  - 에듀케어 강사 및 유급자원봉사자 활용 관리 실태 확인
  - 종일제 인력 인건비 지급내역 확인
  - 종일제 프로그램 운영에 관한 교사 면담, 원장 면담

❑ 관련자료

• 에듀케어 강사 채용계약서 및 복무 관련서류

• 유급자원봉사자 관리대장

• 인건비 및 활동비 지급 내역서

예시 103. 종일제 강사 관리대장
관련지표: 종일제 운영 영역 6-2-37

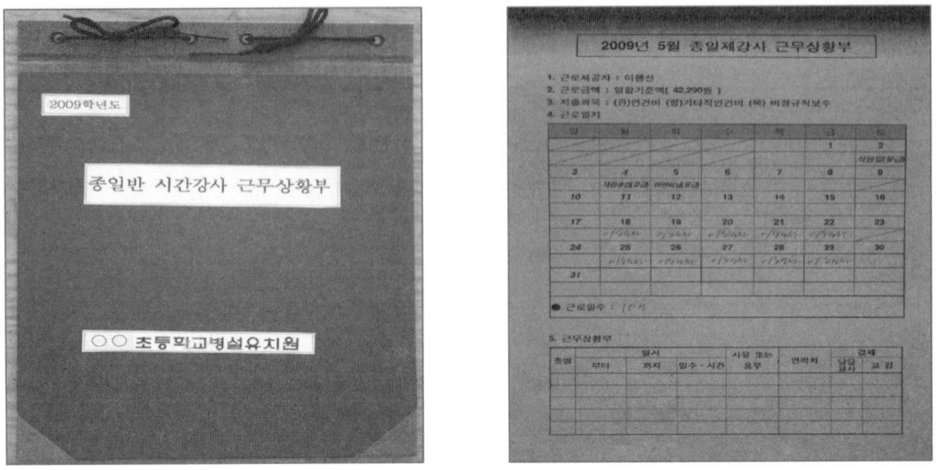

[그림 79] 종일반 강사 근무상황부

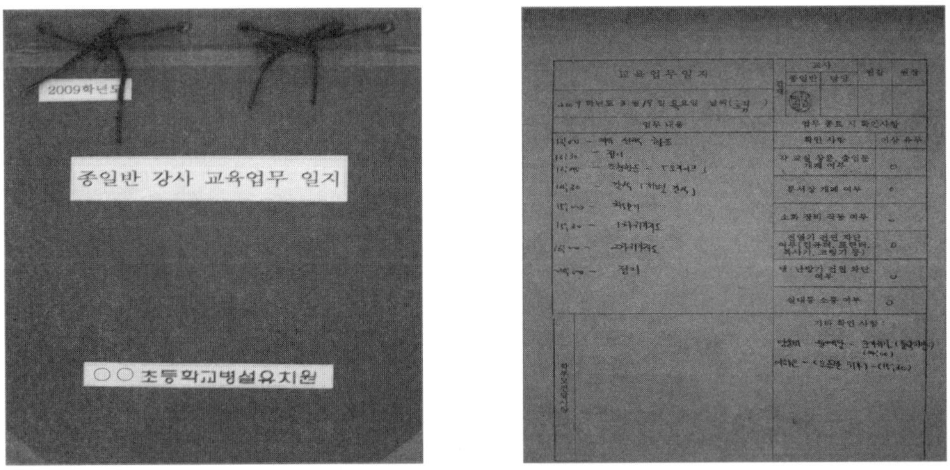

[그림 80] 종일반 강사 교육업무일지

check point

유아교육기관에서 종일반을 운영할 경우, 종일제 운영을 위한 전담교사 혹은 강사를 고용하고 효율적인 활용・관리를 하여야 한다. 이를 위해서 유치원에서는 근무상황부를 통해 근로일지와 상황에 대해 기록할 수 있다. 또한 종일제 전담교사는 [그림 80]과 같이 교육업무일지를 작성하여 업무내용, 부모전달사항, 유아의 특이사항, 시설안전 등에 대한 점검 및 기록을 해야 한다. 이는 종일제 운영의 체계적인 관리로 이어질 수 있다.

예시 104. 유급자원봉사자 관리대장
관련지표: 종일제 운영 영역 6-2-37

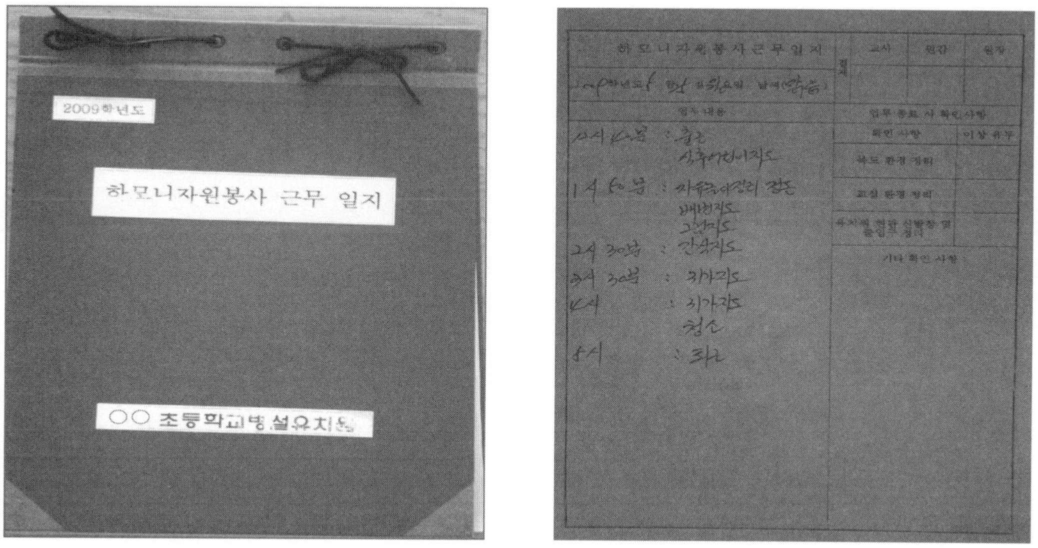

[그림 81] 자원봉사 근무일지

check point

[그림 81]에서처럼 종일반 운영을 위해 자원봉사자를 효율적으로 활용 · 관리할 수 있으며 이때 종일제 전담강사와 같이 근무일지를 작성하고 비치하도록 한다.

예시 105. 종일반 관리
관련지표: 종일제 운영 영역 6-2-37

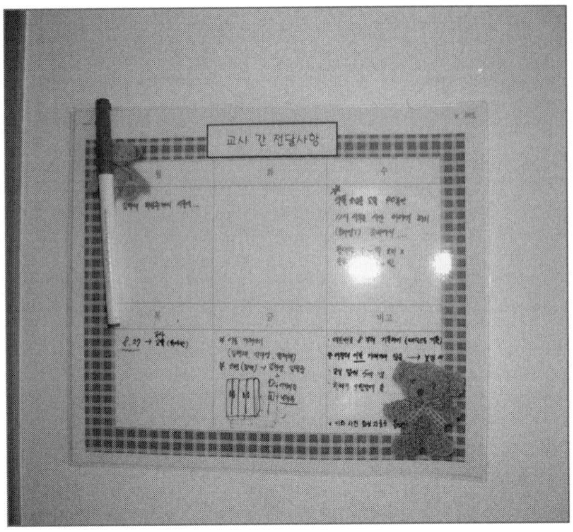

[그림 82] 종일반 전달사항

[그림 83] 종일반 현황판

check point

오전반 교사는 종일제 교사에게 유아들의 오전 사항에 대해 전달을 통하여 오전과 오후의 연계성을 위해 노력해야 한다. 이때 근무일지 등을 사용하거나 [그림 82]에서처럼 교실 출입구쪽 벽면에 전달사항을 메모함으로써 쉽게 전달이 이루어질 수도 있다. 또한 [그림 83]에서처럼 현관을 이용하여 종일반 유아의 귀가현황에 대해 전 교직원이 수시로 관리할 수 있다. 그리고 종일제 유아의 부모들은 유아의 건강상태, 특이사항, 교사에게 전달사항, 유치원에 바라는 점 등을 메모함으로써 유치원과 부모 간의 바람직한 의사소통의 기회가 된다. 이는 부모의 관심을 유발하고 기관이나 종일반 교육방향에 대한 이해를 도울 수 있는 장점이 되기도 한다.

예시 106. 종일반 일과 운영
관련지표: 종일제 운영 영역 6-2-36

종일반 일과 운영

<table>
<tr><th colspan="2">시 간</th><th>시 량(분)</th><th>활 동 내 용</th></tr>
<tr><td rowspan="11">반일반</td><td>~ 09 : 40</td><td>60′</td><td>• 자유선택활동</td></tr>
<tr><td>09 : 40 ~ 09 : 50</td><td>10′</td><td>• 정리정돈 및 화장실 가기</td></tr>
<tr><td>09 : 50 ~ 10 : 00</td><td>10′</td><td>• 체조 및 음악감상, 책읽기</td></tr>
<tr><td>10 : 00 ~ 10 : 20</td><td>20′</td><td>• 이야기 나누기</td></tr>
<tr><td>10 : 20 ~ 10 : 40</td><td>20′</td><td>• 간식(우유) 및 실외놀이</td></tr>
<tr><td>10 : 40 ~ 11 : 40</td><td>60′</td><td>• 대집단 활동</td></tr>
<tr><td>11 : 40 ~ 11 : 50</td><td>10′</td><td>• 정리 및 손씻기</td></tr>
<tr><td>11 : 50 ~ 12 : 20</td><td>30′</td><td>• 점심</td></tr>
<tr><td>12 : 20 ~ 12 : 50</td><td>30′</td><td>• 이닦기 및 휴식</td></tr>
<tr><td>12 : 50 ~ 13 : 20</td><td>30′</td><td>• 음률 및 동화, 동시, 동극활동</td></tr>
<tr><td>13 : 20 ~ 13 : 40</td><td>20′</td><td>• 평가 및 귀가준비</td></tr>
<tr><td rowspan="8">종일반</td><td>13 : 40 ~ 14 : 00</td><td>10′</td><td>• 종일반 함께 모이기</td></tr>
<tr><td>14 : 00 ~ 14 : 30</td><td>30′</td><td>• 자유선택활동</td></tr>
<tr><td>14 : 30 ~ 15 : 30</td><td>60′</td><td>• 월: 음률활동, 화: 조형활동, 수: 언어활동
• 목: 미술활동, 금: 신체활동, 토: 산책활동
• 생활주제와 연계한 다양한 활동</td></tr>
<tr><td>15 : 30 ~ 16 : 00</td><td>30′</td><td>• 간식 및 화장실 다녀오기</td></tr>
<tr><td>16 : 00 ~ 16 : 50</td><td>50′</td><td>• 낮잠 자기(개별)
• 음악감상</td></tr>
<tr><td>16 : 50 ~ 17 : 20</td><td>30′</td><td>• 교육방송 시청 및 실외놀이</td></tr>
<tr><td>17 : 20 ~ 17 : 40</td><td>20′</td><td>• 하루일과 반성
• 교실정리 및 귀가지도
• 교통안전지도 철저</td></tr>
</table>

check point

종일제 프로그램이 충실하게 운영되기 위하여 오후에는 보호 및 보육활동 중심으로 프로그램을 구성하여 유아가 장시간 유치원에 머무르면서도 교육과 보육활동의 두 가지 목적을 동시에 이룰 수 있도록 해야 한다.

예시 107. 종일반 교육계획안
관련지표: 특색사업 영역 6-2-35

종일반 주간(3월2주) 교육계획안

기 간	3월 9일 ~ 3월 13일					
요 일 / 활 동	월(3/9)	화(3/10)	수(3/11)	목(3/12)	금(3/13)	토(3/14)
모이기 영역별 자료 활용	악기놀이	조형활동	언어활동	미술활동	신체활동	토
즐거운 종일반 활동	전통, 사물놀이 -악기탐색-	봄동산 꾸미기	그림책 보기	미술 -모양나라-	전통, 사물놀이 -투호놀이-	요
간 식	후라이드치킨 매실주스 땅콩	방울토마토 이오 검정콩	꼬모 모닝빵 마른멸치	스폰지 케이크 오렌지 주스 땅콩	콘후레이크 우유 마른멸치	휴
게임 및 실외놀이	(징검다리 건너기)	바깥놀이	바깥놀이	산책하기	바깥놀이	무
음악감상	음악감상: 어린이 정경 中 트로이메라이/슈만					일
기본생활 습관지도	정리정돈 잘하기					
★ 종일반 유아 귀가는 다소 불편하시더라도 교사와 보호자의 책임하에 교실에서 이루어질 수 있도록 부탁드립니다.						

예시 108. 종일반 학부모 설문지
관련지표: 특색사업 영역 6-1-35

종일반 학부모 설문지

안녕하십니까?

2010학년도 종일반 교육과정에 지역의 현실을 반영하고 유치원 경영 및 학급 운영을 보다 알차게 편성·운영하고자 2008학년도 종일반 학부모님을 대상으로 설문지를 내게 되었습니다.

이 설문 내용은 교육과정 편성 자료로만 활용할 계획이오니 솔직하고 성실하게 답변하여 자녀 편으로 보내주시기를 부탁드립니다.

2009. 12. 2. ○○○ 유치원장

※ 해당 칸에 ∨를 해 주시기 바랍니다.

◈ 설문응답자: 부( ), 모( ), 조부모( ), 기타( )

◈ 자녀의 현재나이 (2009학년도):
3세 ( ) 4세 ( ) 5세 ( )

◈ 경제활동 주체: 맞벌이( ), 부( ), 모( ), 기타( )

※ ( )안에 간략히 기록해 주시기 바랍니다.

◈ 부모님 직업: 부(농업, 자영업 , 회사원 , 기사 , 공무원 , 서비스업, 기타)
모(농업, 회사원 , 공무원 , 사무원, 기타)

※ 아래의 문항 한곳에만 번호에 ∨표를 해 주십시오. 기타( )에는 의견을 적어주시기 바랍니다.

1. 본원의 종일반 일과 운영시간(08:40~17:40)에 대해 어떻게 생각하고 계십니까?
① 매우 만족한다. ② 만족한다. ③ 보통이다.
④ 시간을 더 연장하면 좋겠다.
(구체적인 시간 기록해 주십시오.)

2. 본원의 간식 운영에 대해 어떻게 생각하고 계십니까?
(부모님: 간식비 부담, 간식준비: 직접 요리활동으로)
① 매우 만족한다. ② 만족한다. ③ 보통이다.
④ 식단만 작성해 주면 부모님들이 직접 준비하겠다.

3. 본원의 간식 메뉴에 대해서는 어떻게 생각하고 계십니까?
① 매우 만족한다. ② 만족한다. ③ 보통이다.
④ 그저 그렇다. ⑤ 권장하고 싶은 메뉴를 2~3가지 정도 기록해 주세요.

4. 방학 중 종일반 운영에 대해서는 어떻게 생각하고 계십니까?
① 꼭 필요하다. ② 필요하다.
③ 보통이다. ④ 필요 없다.

(계속)

5. 방학 중 종일반 운영 시 일정기간의 종일반 방학에 대해서는 어떻게 생각하고 계십니까?
   ① 꼭 필요하다. ② 필요하다. ③ 보통이다.
   ④ 필요 없다. ⑤ 기간 조정이 필요하다.

6. 본원의 종일반 오후 프로그램에 대하여 어떻게 생각하십니까?
   ① 매우 좋다. ② 좋다.
   ③ 그저 그렇다. ④ 좋지 않다.
   –프로그램이 좋지 않다면 이유는 무엇입니까?
   ( )

7. 본원의 종일반 유아들의 오후 잠자기 또는 휴식 활동에 어떻게 생각합니까?
   ① 꼭 필요하다. ② 필요하다
   ③ 보통이다. ④ 필요 없다.

8. 본원에서 종일반 유아들의 방학 중 현장학습을 2회 정도 실시한다면 어떻게 생각합니까?
   ① 매우 적당하다. ② 적당하다.
   ③ 횟수를 늘려야 한다. ④ 필요 없다.
   –횟수를 늘리면 어느 정도가 적당하다고 생각하십니까?
   ( )

9. 학부모 부담의 교육프로그램에 대해 어떻게 생각하십니까?
   ① 꼭 필요하다. ② 필요하다.
   ③ 보통이다. ④ 필요 없다.
   –필요하다고 생각하신다면 어떤 교육 프로그램을 원하십니까?
   ( )

※ 기타 종일반 교육활동에 관하여 건의하고 싶은 사항이 있다면 간단히 적어주시기 바랍니다.

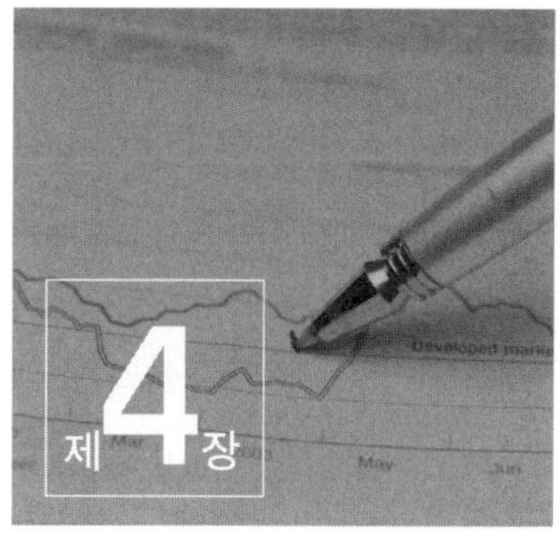

자체평가보고서 작성하기

1 자체평가 목적

자체평가는 유치원 평가편람에 제시된 평가항목, 지표 및 기준에 따라 유치원에서 자체적으로 유치원의 운영과 교육활동 전반을 점검 · 평가하는 것이다.

자체평가의 목적은 다음과 같다.

첫째, 유치원 스스로 기관의 운영을 진단하여 현재의 수준과 문제점을 파악하고 이에 근거하여 개선방안을 모색 · 실천해 감으로써 유치원의 발전을 도모한다.

둘째, 평가위원들의 유치원에 대한 이해를 돕고 객관적인 평가를 받기 위한 기초 자료를 제공하기 위함이다.

2 자체평가 내용

자체평가의 내용은 앞장을 참고로 한다.

3 자체평가 절차

자체평가의 절차는 평가준비단계 평가실시 단계 ⇨ 자체평가보고서 단계 ⇨ 평가결과 활용단계로 구분된다.

1) 자체평가 준비단계

(1) 자체평가위원회 구성 및 운영

❒ 유치원 자체평가를 주도적으로 추진할 자체평가위원회를 구성·운영한다.

❒ 유치원의 규모에 따라 인력의 차이가 있으므로 각 유치원의 실정에 맞게 구성하되, 가능한 원장을 포함하여 교직원 4명 내외로 구성한다.

❒ 자체평가위원회는 자체평가를 위한 기본계획을 수립하고 자체평가 자료를 수합·정리하며, 자체평가를 실시한 후, 최종적으로 자체평가보고서를 작성하는 역할을 한다.

(2) 자체평가 계획수립

❑ 각급 학교에 비해 소규모로 운영되는 유치원이지만 자체 평가를 내실있게 수행하기 위해서는 무엇보다도 평가의 설계가 중요하다.

❑ 자체평가 계획 수립 시 중요한 점은 자체평가의 필요성을 전 교직원에게 인식시키고 이를 유치원이 한 단계 더 성장·발전하는 계기로 삼고자 하는 의욕을 고취시키는 것이다.

❑ 계획단계에서 수행해야 할 구체적인 활동은 다음과 같다.

- 자체평가의 목적 공유
- 자체평가 추진 일정 수립
- 자체평가 추진 방법 결정
- 평가항목별로 확인해야 할 자료 목록 작성
- 평가지표별로 실시한 활동이나 추진 실적 확인·정리

2) 자체평가 실시단계

❑ 평가 편람내용 숙지 및 자체평가위원들 간의 핵심 사항 공유

❑ 전체 교직원으로부터 필요한 자료 수합·정리

❑ 자체평가위원들의 담당 영역별로 자체평가보고서 집필 자료 최종 점검

3) 자체평가보고서 작성단계

❑ 관련 자료에 근거하여 담당 영역별로 자체평가보고서를 작성하여 종합한다.

❑ 자체평가위원회 위원장은 영역별 상호 연계가 잘되고 있는지를 점검한다.

❑ 자체평가보고서 작성 절차는 다음과 같다.

- 관련 자료를 바탕으로 담당 영역별로 보고서 초안을 작성한다.
- 위원장은 보고서 원고를 통합 · 조정하며, 지표별 기록내용들이 상호연계가 잘되고 있는지를 점검한 후, 위원들의 합의를 거쳐 평가보고서 내용을 확정한다.
- 자체평가보고서 작성 서식에 맞추어 최종보고서를 작성한다.

Ⅰ. 유치원 현황
Ⅱ. 자체평가 결과
  Ⅱ-1. 지표별 자체평가
  1. 교육과정 영역
  2. 교육환경 영역
  3. 건강 · 안전 영역
  4. 운영관리 영역
  5. 자율사업 영역
  6. 종일제 운영영역
  Ⅱ-2. 자체평가 점수표
Ⅲ. 자체평가 결과 종합 논의
  Ⅲ-1. 유치원의 특색 사업 및 우수사례 소개
  Ⅲ-2. 유치원 자체평가를 실시한 후 느낀 점

4) 자체평가보고서 활용단계

❑ 자체평가가 제 기능을 발휘하도록 하기 위해서는 자체평가보고서만 제출하고 끝나는 것이 아니라, 그 결과가 유치원의 운영개선에 연결될 때 의미가 있다.

❑ 이에 자체평가 결과에 근거하여 유치원 스스로 장점과 약점을 파악하고, 문제점을 분석하여 향후 발전 방향을 모색할 필요가 있다.

- 유치원의 강점을 지속적으로 유지하고, 활성화시키기 위해서 어떠한 방침과 전략을 사용할 것인지 고려할 필요가 있다.

4 자체평가보고서 작성 방법

1) 자체평가보고서 작성 요령

(1) 평가지표별 평가기준 숙지

❑ 지표별 평가기준을 숙지하고, 의미를 확인

(2) 지표별 평정 실시

❒ 지표별로 판단하여(매우 우수/ 우수/ 보통/ 미흡/ 매우 미흡) 평정점수(5단계 평정척도) 해당란에 표시

판단기준	평정척도 및 기준	
평가기준을 모두 90% 이상 실천하고 있는 경우	5	매우 우수
평가기준을 모두 70~89% 정도 실천하고 있는 경우	4	우수
평가기준을 모두 50~69% 정도 실천하고 있는 경우	3	보통
평가기준을 모두 30~49% 정도 실천하고 있는 경우	2	미흡
평가기준을 모두 30% 미만 실천하고 있는 경우	1	매우 미흡

❒ 지표의 배점이 5점인 경우에는 5, 4, 3, 2, 1 중 해당란에 표시

지표	평정				
	매우 우수	우수	보통	미흡	매우 미흡
1. 교육계획안을 충실하게 작성하며, 효율적으로 활용하고 있다. (5점)	5	4	3	2	1

❒ 지표의 배점이 10점인 경우에는 10, 8, 6, 4, 2 중 해당난에 표시

지표	평정				
	매우 우수	우수	보통	미흡	매우 미흡
2. 유아교육에 적합한 교육내용 및 활동을 통합적으로 구성 · 계획하고 있다. (10점)	10	8	6	4	2

(3) 지표별 자체평가 점수 부여 및 내용 기술

❒ 각 지표별로 평정을 한 후에 점수란에 점수를 기록

❒ 지표별로 필요시 '관련 내용 및 실적 등 기술' 란에 해당사항을 간략히 기록

– 평가지표 및 기준을 잘 수행하기 위해서 무엇을, 어떻게 하고 있는지를 기록

(4) 유치원 평가지표별 점수 기록표에 점수를 종합적으로 기록

(5) 자체평가를 근거하여 유치원의 특색사업 및 우수사례를 제시

(6) 자체평가를 마치고 난 후, 느낀 점과 개선점을 기술

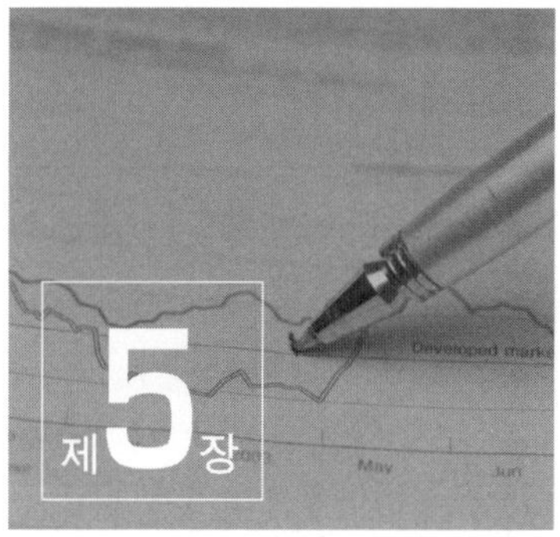

제5장 유치원 평가 결과보고서 예시

유치원 평가는 총 3단계로 이루어지며 그 1단계로 평가를 받는 유치원에서 자체적으로 이루어지는 자체평가, 2단계는 자체평가보고서를 활용한 평가위원[1]들의 서면평가, 그리고 마지막으로 3단계는 평가위원들의 현장평가다.

여기에서는 유치원 평가 2, 3단계에서 이루어지는 서면평가와 현장평가에서 가장 많은 오류를 범하는 3가지 경우를 살펴봄으로써 평가가 어떻게 결과 처리되며 어떠한 경우에 좋은 결과를 받고 또 그렇지 않은지 살펴보고자 한다.

---

1) 평가위원들은 평가활동을 원만하게 수행할 수 있는 능력과 자질을 갖춘 인사 즉 교수, 교육전문직, 교원 및 일반직 등 다양한 내·외부 인사로 평가의 공정성과 전문성 확보를 최우선 고려하여 위촉된 자다.

1 평가요소에 대한 이해부족

1-1. 교육계획 수립의 적절성에 대한 평가결과서 예시

[1-1-1]

평가지표	교육계획안을 충실하게 작성하며, 효율적으로 활용하고 있다.										
관련내용 및 실적 등 기술	• 일일교육활동 선정 시 유치원의 자료 및 유아들의 발달 수준을 고려하여 작성하며, 활동에 필요한 학습자료 및 준비물을 사전 준비하여 활동에 차질이 없도록 함.										
현장방문 시 확인사항 및 현장평가 의견	• 모든 활동 후 평가가 이루어지며, 다음 계획에 반영함. • 교직원들 간의 사전협의, 교유과정 행사계획 및 진행, 사후 검토가 바람직하게 이루어짐.										
서면 평가	❺	④	③	②	①	현장평가	❺	④	③	②	①

[높은 점수를 받은 A유치원]

평가지표	교육계획안을 충실하게 작성하며, 효율적으로 활용하고 있다.										
관련내용 및 실적 등 기술	• 국가수준, 도수준, 교육과정 운영지침에 근거하여 단위 유치원 교육과정을 작성하고 지역적인 특성 및 연령에 따른 계획안을 작성하여 활용함.										
현장방문 시 확인사항 및 현장평가 의견	• 국가수준, 도 수준, 교육과정 운영지침에 근거하여 통합교육중심의 단위 유치원 연간활동 계획 수립 후 주간계획표를 작성하나 활용이 이루어지지 않음.										
서면 평가	❺	④	③	②	①	현장평가	⑤	④	❸	②	①

[낮은 점수를 받은 B유치원]

두 유치원의 경우 서면평가에서 동일한 점수 5점을 받았으나 평가위원의 현장방문평가에서 A유치원과 B유치원은 점수차를 보였다. 이러한 이유로는 [1-1-1]에서 요구하는 평가요소에 적합하지 않았기 때문이다. 예를 들면 [1-1-1]에서 요구하는 평가요소로는 월, 주간 및 일일주제 간의 연계성이 있는가, 일일주제와 교육목표, 방법, 내용 등이 일치하는가, 일일활동 후 일일교육계획(과정)에 대한 평가가 이루어지고 있으며 다음 교육계획에 반영되는가 등이다. 이러한 점이 반영되어야 평가위원들에게 좋은 점수를 받을 수 있다. 따라서 교육과정 1-1의 지표 1에서 높은 점수를 받기 위해서는 각 지표마다의 평가요소를 숙지하는 것이 필요하다.

2 지표이해의 부적절함

2-2. 교재 · 교구의 적합성에 대한 평가결과서 예시

[2−2−13]

평가지표	교재 · 교구를 체계적으로 정리 · 관리하고 있다.
관련내용 및 실적 등 기술	• 교사실 및 종일반 벽면에 설치한 붙박이장을 활용하여 교수 · 학습자료를 체계적으로 정리하고 있음.
현장방문 시 확인사항 및 현장평가 의견	• 교사실 및 종일반 벽면에 설치한 붙박이장을 활용하여 교수 · 학습 자료가 연령별, 주제별, 영역별 등 체계적으로 정리되어 있음.
서면 평가	❿ ⑧ ⑥ ④ ② 현장평가 ❿ ⑧ ⑥ ④ ②

[높은 점수를 받은 A유치원]

평가지표	교재 · 교구를 체계적으로 정리 · 관리하고 있다.
관련내용 및 실적 등 기술	• 고정 교구와 주제에 맞는 교재 · 교구를 적절하게 활용하여 유아의 흥미와 주제에 맞게 접근할 수 있도록 배치함.
현장방문 시 확인사항 및 현장평가 의견	• 교실 한쪽 벽면을 이용하여 교재 · 교구를 정리하려고 노력하였으나 연령별, 주제별, 흥미별 등에 의한 체계적인 보관이 이루어지지 않음.
서면 평가	⑩ ⑧ ❻ ④ ② 현장평가 ⑩ ❽ ⑥ ④ ②

[낮은 점수를 받은 B유치원]

두 유치원의 경우를 살펴보면 [2−2−13]의 지표로 유치원에서 교재 · 교구를 체계적으로 정리 · 관리에 대한 평가다. 그러나 B유치원의 자체평가서를 보면 지표 [2−2−13]에 대한 자체평가로서 부적절함을 볼 수 있다. B유치원의 자체평가는 [2−2−12] 지표(유아발달수준과 주제에 적합한 교재 · 교구를 구비하고 효과적으로 활용하고 있다.)와 혼용하여 자체평가를 한 것으로 보인다. 이처럼, 각 유치원은 평가지표에 대해 정확하게 숙지하지 않았을 경우, B유치원이 보였던 실수와 같은 상황이 일어날 수 있고 낮은 점수를 받게 되는 결과를 가져온다.

3 자체평가보고서의 허위기재

3-2. 영양관리의 적절성에 대한 평가결과서 예시

[3-2-16]

평가지표	균형있는 영양의 급 · 간식 식단을 작성 · 시행하고 있으며, 식습관 지도를 하고 있다.										
관련내용 및 실적 등 기술	• 영양균형을 유지하기 위해 영양사가 식단표를 작성하고 종일반 간식은 유아에게 알맞은 영양 있는 간식을 제공하고 있음. • 급 · 간식 식단표를 홈페이지 탑재 및 가정에 발송하여 가정과 연계한 영양공급이 이루어지도록 함.										
현장방문 시 확인사항 및 현장평가 의견	• 영양사에 의해 균형 잡힌 식단 구성하여 급식 제공함. • 영양사가 교직원(조리원)조리종사원을 대상으로 급식위생 연수를 매월 실시하며 "위생교육평가"가 계획적으로 이루어지며, 결과물이 잘 비치되어 있음. • 식사 진행 시 교사와 영양사가 도우미로 활동하며 식습관 지도함.										
서면 평가	❺	④	③	②	①	현장평가	❺	④	③	②	①

[높은 점수를 받은 A유치원]

평가지표	균형있는 영양의 급 · 간식 식단을 작성 · 시행하고 있으며, 식습관 지도를 하고 있다.										
관련내용 및 실적 등 기술	• 초등학교의 영양교사가 유아에게 균형있는 급식식단과 영양관리에 대한 안내문을 작성하여 가정에 월 1회 발송하고 홈페이지에 탑재함.										
현장방문 시 확인사항 및 현장평가 의견	• 균형있는 영양의 급 · 간식 식단을 작성 · 시행하고 있으나, 식습관 지도가 이루어지지 않고 있음.										
서면 평가	❺	④	③	②	①	현장평가	⑤	④	❸	②	①

[낮은 점수를 받은 B유치원]

[3-2-16] 지표는 영양 균형을 유지한 급식과 다양한 종류의 간식이 제공되기 위해 급 · 간식 식단을 작성 · 시행하고 있으며 식습관 지도를 하고 있는지에 대한 평가다. 그러나 B유치원을 살펴보면 관련내용 및 실적에 대해 자체평가와는 달리 평가위원들이 현장방문 시 현장평가에서 식습관 지도가 이루어지지 않고 있다고 평가되었다. 현장평가에서 B유치원과 같이 평가요소를 이행하지 않았을 경우에는 높은 점수를 받을 수 없다. 예를 들면 영양사, 교사는 유아의 급식시간을 통해 다양한 방법으로 식습관지도 및 영양지도를 해야 한다. 따라서 앞의 3장에서 영역별 지표에 따른 기준에 적합한 평가를 준비해야 한다.

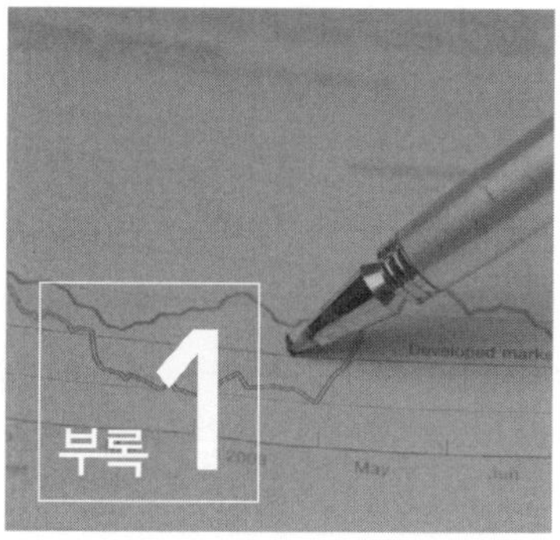

유치원 자체평가보고서 예시

경기도 A유치원의 자체평가보고서 예시

2009년도 유치원 자체평가보고서

본 보고서는 「2009년도 유치원 평가 편람」에 따라 정확하게 작성되었으며, 사실과 다른 내용이 보고서에 포함되지 않았음을 확인합니다.

자체평가위원회

성명	소속 및 직위	자체평가 담당 업무
○○○	원장	자체평가 총괄관리
○○○	원감	검토
○○○	유치원 교사	교육과정, 운영관리
○○○	유치원 교사	종일반 운영, 교육환경,
○○○	유치원 교사	유아의 건강안전운영관리

○○○ 유치원 원장 ○○○ (직인)

Ⅰ. 유치원 현황

<table>
<tr><td rowspan="4">유치원현황</td><td>유치원명</td><td colspan="3">○○○유치원</td><td>원장명</td><td colspan="4">○○○</td></tr>
<tr><td>설립유형</td><td colspan="3">공립(단설)___ 공립(병설)___
사립(법인)___ 사립(사인)___</td><td>지역
교육청</td><td colspan="4"></td></tr>
<tr><td rowspan="2">주 소</td><td colspan="3" rowspan="2"></td><td>전화번호</td><td colspan="4"></td></tr>
<tr><td>이메일</td><td colspan="4"></td></tr>
<tr><td rowspan="2">원아 현황</td><td rowspan="2">학급수</td><td>일반학급</td><td>종일반</td><td>특수학급</td><td rowspan="2">연령별
원아수</td><td>만 3세</td><td>만 4세</td><td>만 5세</td><td>계</td></tr>
<tr><td></td><td></td><td></td><td></td><td></td><td></td><td></td></tr>
<tr><td rowspan="3">운영현황
(평일기준)</td><td>반일제</td><td colspan="8">시 분~ 시 분( ) 명</td></tr>
<tr><td>연장제</td><td colspan="8">09 시 00 분 ~ 14 시 00 분 ( ) 명</td></tr>
<tr><td>종일제(반)</td><td colspan="8">09 시 00 분 ~ 17 시 00 분 ( ) 명</td></tr>
<tr><td>종일반
운영형태</td><td colspan="9">___ 오전에는 각 반 수업 후, 오후에 종일반으로 구성
___ 오전부터 별도 종일반으로 구성
___ 종일반 없음</td></tr>
</table>

<table>
<tr><td rowspan="3">교직원 현황</td><td rowspan="2">원장</td><td rowspan="2">원감</td><td colspan="2">교사</td><td rowspan="2">기타직원</td><td rowspan="2">계</td></tr>
<tr><td>일반학급</td><td>종일반</td></tr>
<tr><td>명</td><td>명</td><td>명</td><td>명</td><td>명</td><td>명</td></tr>
</table>

<table>
<tr><td rowspan="8">교직원 배경</td><td>구분</td><td>성명</td><td>성 별</td><td>최종학력</td><td>소지자격</td><td>총
근무경력</td><td>현 유치원
근무경력</td></tr>
<tr><td></td><td></td><td></td><td></td><td></td><td></td><td></td></tr>
<tr><td></td><td></td><td></td><td></td><td></td><td></td><td></td></tr>
<tr><td></td><td></td><td></td><td></td><td></td><td></td><td></td></tr>
<tr><td></td><td></td><td></td><td></td><td></td><td></td><td></td></tr>
<tr><td></td><td></td><td></td><td></td><td></td><td></td><td></td></tr>
<tr><td></td><td></td><td></td><td></td><td></td><td></td><td></td></tr>
<tr><td></td><td></td><td></td><td></td><td></td><td></td><td></td></tr>
</table>

<table>
<tr><td rowspan="4">수업료
(수혜성 경비
제외, 월단위)</td><td>구분</td><td>만 3세</td><td>만 4세</td><td>만 5세</td></tr>
<tr><td>반일제</td><td>원</td><td>원</td><td>원</td></tr>
<tr><td>연장제</td><td>원</td><td>원</td><td>원</td></tr>
<tr><td>종일반</td><td>원</td><td>원</td><td>원</td></tr>
</table>

(계속)

<table>
<tr><td rowspan="2">정부지원금
수혜 원아수</td><td>만 5세
무상교육비</td><td>만 3~4세
차등교육비</td><td>두 자녀 이상
교육비</td><td>장애유아
무상교육비</td><td>기타</td></tr>
<tr><td>명</td><td>명</td><td>명</td><td>명</td><td>명</td></tr>
<tr><td>교사급여</td><td colspan="5">전문대졸(초임) ______호봉 연봉: ______만원
대 졸(초임) ______호봉 연봉: ______만원</td></tr>
<tr><td>교사수당</td><td colspan="5">__________, __________, __________, __________, __________
※지급하는 수당 모두 기록 요망</td></tr>
<tr><td>원내 교원 외의
외부강사가 실시하는
별도의 교육활동 및
프로그램 종류</td><td colspan="5">만 3세: __________, __________, __________, __________
만 4세: __________, __________, __________, __________
만 5세: __________, __________, __________, __________</td></tr>
</table>

II. 자체평가 결과

1. 지표별 자체평가

1) 교육과정 영역(65점)

<table>
<tr><th rowspan="2">항목</th><th rowspan="2">지표</th><th colspan="5">평정</th><th rowspan="2">관련 내용 및 실적 등 기술(필요 시 기록)</th></tr>
<tr><th>매우우수</th><th>우수</th><th>보통</th><th>미흡</th><th>매우미흡</th></tr>
<tr><td rowspan="2">1－1. 교육 계획 수립의 적절성 (15점)</td><td>1. 교육계획안을 충실하게 작성하며, 효율적으로 활용하고 있다. (5점)</td><td>⑤</td><td>4</td><td>3</td><td>2</td><td>1</td><td>연간, 월간, 주간, 일일교육계획을 수립하여 활동 운영에 영향을 주는 여러 요인들을 고려하여 교육계획안을 작성하고 실행하며 다음의 교육활동계획에 반영하도록 사후평가하고 있다.</td></tr>
<tr><td>2. 유아교육에 적합한 교육 내용 및 활동을 통합적으로 구성·계획하고 있다. (10점)</td><td>⑩</td><td>8</td><td>6</td><td>4</td><td>2</td><td>교육부 2007 개정 유치원 교육과정을 바탕으로 선정한 생활주제를 중심으로 유아의 경험, 흥미 및 요구와 교육내용을 통합하여 구성, 계획하고 있다.</td></tr>
<tr><td rowspan="2">1－2. 일과 운영의 적절성 (15점)</td><td>3. 개별 유아의 일일 활동계획과 평가 과정이 포함된 통합적 일과 운영이 이루어지고 있다. (10점)</td><td>⑩</td><td>8</td><td>6</td><td>4</td><td>2</td><td>매일 일과 안에서 유아 스스로 놀이를 계획, 실행, 평가하는 수행과정이 포함되도록 운영하며, 일일활동주제를 바탕으로 자유선택활동, 대·소집단 활동이 서로 상호관련 있는 활동들로 통합하여 일과를 운영하고 있다.</td></tr>
<tr><td>4. 교육활동 유형 간의 균형적인 안배가 이루어지고 있다. (5점)</td><td>⑤</td><td>4</td><td>3</td><td>2</td><td>1</td><td>매일의 일과 속에서 유아들이 동적인 활동과 정적인 활동, 개별활동과 집단활동, 교사주도와 유아주도의 활동을 경험할 수 있도록 하고 있다.</td></tr>
<tr><td rowspan="2">1－3. 교수·학습방법의 적합성 (20점)</td><td>5. 유아교육에 적합한 교수·학습방법을 사용하고 있다. (10점)</td><td>⑩</td><td>8</td><td>6</td><td>4</td><td>2</td><td>모든 활동들은 놀이 속에서 통합되어 이루어지도록 하고 있으며 자기표현, 토의하기, 추론하기, 문제해결, 모델링, 설명 등의 방법으로 유아들의 내적 동기를 불러일으켜 경험을 확장시킬 수 있도록 하는 교수·학습방법을 사용하도록 노력하고 있다.</td></tr>
<tr><td>6. 교사-유아 간에 질적인 상호작용이 이루어지고 있다. (10점)</td><td>⑩</td><td>8</td><td>6</td><td>4</td><td>2</td><td>유아 스스로 탐구하고 문제를 해결하고 사고를 촉진시킬 수 있는 확산적 발문으로 교사-유아 간 상호작용이 활발히 일어나도록 하여 유아의 자기존중감을 증진시킬 수 있도록 하는 교수전략과 의사소통 전략을 사용하기 위해 노력하고 있다.</td></tr>
<tr><td rowspan="2">1－4. 평가의 적절성 (15점)</td><td>7. 개별 유아의 발달 상황을 지속적으로 기록하고 활용한다. (10점)</td><td>⑩</td><td>8</td><td>6</td><td>4</td><td>2</td><td>다양한 환경 안에서 비형식적인 방법으로 정기적인 관찰을 통해 발달상황을 기록하고 있으며, 개별 유아 포트폴리오를 이용한 평가로 유아의 성장발달 판단, 부모면담자료, 교육과정 운영에 활용하고 있다.</td></tr>
<tr><td>8. 교사 자체평가를 포함한 교육과정 평가를 실시하고, 그 결과를 교육과정 개선에 활용한다. (5점)</td><td>⑤</td><td>4</td><td>3</td><td>2</td><td>1</td><td>유치원 경영평가 및 교육과정 평가를 매학기 실시하여 다음 학기의 교육계획 수립을 위한 개선자료로 활용하고 있다.</td></tr>
</table>

2) 교육환경 영역(45점)

항목	지표	평정					관련 내용 및 실적 등 기술(필요시 기록)
		매우우수	우수	보통	미흡	매우미흡	
2-1. 교육 환경의 적합성 (25점)	9. 실내 교육환경 구성이 적절하고, 효율적으로 활용되고 있다. (10점)	⑩	8	6	4	2	넓은 교실을 이용하여 유아들의 발달과 흥미를 고려한 10개의 흥미 영역을 개방적으로 구성하고 영역별로 특수성을 유지하면서 영역간 통합과 연계가 가능하도록 활용하고 있으며, 생활주제, 계절, 흥미, 활동 등에 따라 공간을 유동적으로 재구성하여 활용하고 있다.
	10. 실외 교육환경은 다양한 활동이 이루어질 수 있게 구성되어 있다. (10점)	⑩	8	6	4	2	실외 놀이기구, 모래놀이터(수도시설 설치), 벤치, 생태연못·식물재배장(동·식물관찰), 연못옆 쉼터 등 다양한 공간이 있으며, 학교와 아파트 간의 경계가 없어 산책로 및 넓은 등원통로를 놀이공간으로 활용할 수 있어, 6~7가지 이상의 다양한 동적 및 정적 활동을 할 수 있도록 배려하고 있다.
	11. 유아의 발달 수준에 적합한 시설·설비가 구비되어 있다. (5점)	⑤	4	3	2	1	유아들의 신체에 적합한 높이와 크기로 설비된 심미감을 고려한 밝은 화장실이 두 반 교실 사이에 위치하고 있어 유아들이 활동 중 수시로 이용할 수 있도록 설비되어 있다. 유아들의 발달수준에 적합한 높이의 낮은 교구장을 제작하여 구비하였고 유아용 책상, 의자, 현관 출입문 도어키퍼 , 바깥놀이터 경계석과 현관 계단 슬립키퍼, 교실내에 안전전기 콘센트가 설비되어 있다.
2-2. 교재·교구의 적합성 (20점)	12. 유아 발달 수준과 주제에 적합한 교재·교구를 구비하고 효과적으로 활용하고 있다. (10점)	⑩	8	6	4	2	유아의 발달수준과 생활주제에 적합한 다양한 교구를 구입하였고, 교육실습생에게 교재·교구 제작방법 지도하여 교구를 제작할 뿐만 아니라 자체 제작한 충분한 교구가 있어 생활 주제에 따라 주기적으로 교체활용이 가능하다.
	13. 교재·교구를 체계적으로 정리·관리하고 있다. (10점)	⑩	8	6	4	2	교재교구를 생활주제별로 목록화하여 1학기·2학기로 구분하여 교재·교구사진대장에 정리하고, 교재·교구의 특성에 따라 놀이실과 제1자료실, 제2자료실로 나누어 보관하며, 생활주제에 따라 도서를 분류정리하여 관리하고 있다.

3) 건강 · 안전 영역(40점)

<table>
<tr><th rowspan="2">항목</th><th rowspan="2">지표</th><th colspan="5">평정</th><th rowspan="2">관련 내용 및 실적 등 기술(필요시 기록)</th></tr>
<tr><th>매우우수</th><th>우수</th><th>보통</th><th>미흡</th><th>매우미흡</th></tr>
<tr><td rowspan="2">3－1. 건강 관리의 적절성 (15점)</td><td>14. 유아에게 적합한 건강지도와 기본적인 건강관리를 실시하고 있다. (5점)</td><td>⑤</td><td>4</td><td>3</td><td>2</td><td>1</td><td>개별 유아의 건강과 안전을 위한 기본생활 습관 형성을 위해 매일 일과 속에서 반복지도하고 있으며, 체격검사(몸무게, 신장)를 실시, 기관의 협조를 받아 시력검사, 영양교육, 심전도 검사를 실시하고 치료를 요하는 유아는 가정에 안내하고 있다. 유치원 활동 중 발생한 열감기, 찰과상 등의 경우 초등학교 보건실에서 적절한 조치를 받도록 하며, 약물안전사고예방을 위해 부모, 교사 간 투약의뢰서와 투약보고서를 교환하고 있다.</td></tr>
<tr><td>15. 시설 · 설비를 청결하게 유지 · 관리하고 있다. (10점)</td><td>⑩</td><td>8</td><td>6</td><td>4</td><td>2</td><td>유치원 실내외 위생 관리표, 자외선 식기살균소독기 점검표, 교실내 천정매립형 공기살균기, 칫솔 · 양치컵 소독점검표를 비치 및 바깥놀이터 철망을 설치하여 실내외 설비를 청결하게 유지관리하고 있다.</td></tr>
<tr><td rowspan="2">3－2. 영양 관리의 적절성 (10점)</td><td>16. 균형 있는 영양의 급 · 간식 식단을 작성 · 시행하고 있으며, 식습관 지도를 하고 있다. (5점)</td><td>⑤</td><td>4</td><td>3</td><td>2</td><td>1</td><td>초등학교 영양교사의 관리하에 초등학교 급식메뉴와 동일한 메뉴로 급식이 실시되며, 간식으로 우유, 과일, 떡, 조리음식 등을 제공하여 급 · 간식 식단표를 가정에 배부하고 있다. 유아의 바른 식습관 지도를 위해 일과 속에서 지속 반복하여 지도하며, 월 1회 식사왕을 선발하여 음식을 골고루 먹도록 유도하고 있다.</td></tr>
<tr><td>17. 급 · 간식 식재료를 위생적으로 관리 · 사용하고 있다. (5점)</td><td>⑤</td><td>4</td><td>3</td><td>2</td><td>1</td><td>초등학교 영양교사의 관리하에 위생적으로 검수, 관리되고 있으며 유아의 건강과 위생을 위해 간식재료의 유통기간을 매확인하고 보존식을 실시하고 있다.</td></tr>
<tr><td rowspan="2">3－3. 안전 관리의 적절성 (15점)</td><td>18. 유아, 교사를 대상으로 안전교육을 실시하고, 안전사고 대비책이 마련되어 있다. (10점)</td><td>10</td><td>⑧</td><td>6</td><td>4</td><td>2</td><td>연간 안전교육계획을 수립하여 추진하고 있으며, 자율연수의 형태로 교사연수자료를 통해 안전교육연수를 실시하고 있다. 유아에 대한 화재대피훈련을 전체 유아를 대상으로 매월 4일 실시하고 있다. 만일의 안전사고를 대비하기 위하여 학부모들로부터 비상응급처치동의서와 비상연락처를 받아 활용하고 있다.</td></tr>
<tr><td>19. 시설 · 설비를 안전하게 관리하고 있다. (5점)</td><td>⑤</td><td>4</td><td>3</td><td>2</td><td>1</td><td>시설, 설비의 안전관리를 위해 매월 4일 안전점검의 날을 지정하여 실내, 실외 안전점검표를 활용한 안전점검을 실시하고 있다.</td></tr>
</table>

4) 운영관리 영역(40점)

<table>
<tr><th rowspan="2">항목</th><th rowspan="2">지표</th><th colspan="5">평정</th><th rowspan="2">관련 내용 및 실적 등 기술(필요시 기록)</th></tr>
<tr><th>매우우수</th><th>우수</th><th>보통</th><th>미흡</th><th>매우미흡</th></tr>
<tr><td rowspan="2">4-1. 교직원 인사 및 복지의 적절성 (10점)</td><td>20. 공정한 교직원 인사규정이 있으며, 이를 잘 준수하고 있다. (5점)</td><td>⑤</td><td>4</td><td>3</td><td>2</td><td>1</td><td>-</td></tr>
<tr><td>21. 교직원 복지규정이 있으며, 관련 지원을 하고 있다. (5점)</td><td>⑤</td><td>4</td><td>3</td><td>2</td><td>1</td><td>-</td></tr>
<tr><td rowspan="2">4-2. 예산 편성 및 운용의 합리성 (10점)</td><td>22. 유치원 운영 예·결산서를 작성·보고(공개)하고 있다. (5점)</td><td>⑤</td><td>4</td><td>3</td><td>2</td><td>1</td><td>학교운영위원회를 통해 유치원의 운영 예결산서를 작성, 보고(공개)하고 있다.</td></tr>
<tr><td>23. 정부지원금의 예산 편성 및 사용내역이 타당하다. (5점)</td><td>⑤</td><td>4</td><td>3</td><td>2</td><td>1</td><td>유치원 시설 및 교재, 교구 확충 중장기 교육 발전계획을 바탕으로 교사 간의 협의를 통해 유치원 예산을 편성 운영하고 있다. 무상교육비 지원 대상 유아가 누락되지 않도록 홍보하였다.</td></tr>
<tr><td rowspan="2">4-3. 가정 및 지역사회와의 연계 (10점)</td><td>24. 다양한 부모교육 및 참여활동을 실시하고 가정과의 연계를 위해 노력하고 있다. (5점)</td><td>⑤</td><td>4</td><td>3</td><td>2</td><td>1</td><td>부모교육연간교육 계획을 수립하여 운영하며 가정과의 연계를 위해 주 1회 지혜로운 느리울의 자녀교육을 발송하고, 엄마-아빠참여수업(연 3회), 개별면담(연 3회), 안내장, 강연회, 학부모자원봉사자(주 1회)를 활용한 교구제작 및 행사운영으로 계획에 따라 충실하게 운영하고 있다. 매학기 유치원 교육과정 운영 설문조사를 통해 가정과 교류하고 있다.</td></tr>
<tr><td>25. 지역사회 인사 및 자원을 적극적으로 활용하고 지역사회와의 연계를 위해 노력하고 있다. (5점)</td><td>⑤</td><td>4</td><td>3</td><td>2</td><td>1</td><td>○○보건소, 인구보건복지협회 등 기관자원을 활용한 건강검진, 초등학교와의 공동행사로 체육대회 실시, 초등학교 입학 전 유아를 대상으로 초등학교 진학준비를 위한 안내(12월), 초등학교 입학 전 1학년 교실 둘러보기를 실시하고 있다.</td></tr>
<tr><td rowspan="2">4-4. 기관장의 원 운영의 전문성 (10점)</td><td>26. 원장은 올바른 유아교육 철학과 신념을 가지고 있으며, 교육과정 질 제고를 위해 노력하고 있다. (5점)</td><td>⑤</td><td>4</td><td>3</td><td>2</td><td>1</td><td>-</td></tr>
<tr><td>27. 구성원들 간의 민주적 의사소통을 격려하고, 리더십을 발휘한다. (5점)</td><td>⑤</td><td>4</td><td>3</td><td>2</td><td>1</td><td>-</td></tr>
</table>

5) 종일반 운영 영역

지표	평정					관련 내용 및 실적 등 기술(필요시 기록)
	매우우수	우수	보통	미흡	매우미흡	
5-1. 종일반 운영에 필요한 기본적인 시설·설비를 구비하고 있다.						종일반 전용 교실 1칸(공기정화기, 냉·난방 시설 포함), 놀이실 1칸, 교실내 수면실 1칸(공기청정기), 조리실(냉장고, 싱크대, 자외선 살균소독기, 전자레인지, 가스레인지 포함), 세탁실 및 샤워실, 화장실(양변기 6개, 소변기 3개)을 갖추고 있으며, 각 실별로 종일반 운영에 필요한 기본시설과 설비를 구비하고 있다. 유아 침구의 정기적인 햇볕 소독 및 세탁을 위해 점검부를 마련하여 운영하고 있다.
5-2. 교육과 보호의 균형에 기초한 종일반 프로그램을 충실하게 운영하고 있다.						유아의 신체 및 심리적인 발달 요구를 반영하여 교육과정을 계획하며 오전·오후 자유선택활동, 낮잠 및 휴식 활동, 간식 및 점심 제공, 실외놀이 및 대근육활동 등 교육과 보호의 균형에 기초하여 교육과정을 융통성 있게 운영하고 있다.
5-3. 종일반 운영을 위한 교사를 확보하고 있다.						정교사 1인, 업무보조인 1인, 종일반 종사원 1인 배치되어 있으며, 2학기 학급자원봉사자를 활용하도록 종일반 운영을 위한 교사 확보에 노력하고 있다.

6) 시 · 지역교육청 역점사업 영역(20점)

항목	지표	평정					관련 내용 및 실적 등 기술(필요시 기록)
		매우우수	우수	보통	미흡	매우미흡	
6-1. 시교육청 역점사업 (10점)	29. 도 · 농 연계 및 체험 활동에 대한 계획을 수립하며 활발하게 운영하고 있다. (5점)	5	4	③	2	1	봄에는 ○○시 ○○면으로 딸기따기 체험활동, 여름에는 부여땅 미술학교 체험 활동을 통한 자연친화활동을 진행하였고, 가을에는 ○○역 철도체험과 ○○초등학교병설유치원의 식물재배장 내 고구마 캐기 등의 현장학습을 통한 연계공동활동 계획을 수립하고 있다.
	30. '유아의 참살이를 위한 3거리' 환경제공을 실천하고 있다. (5점)	5	4	③	2	1	홈페이지 느리울 소식〉학교소식〉영양소식지를 탑재하고 있으며, 가정으로 월 1회 유아들의 참살이를 도모하기 위한 영양소식지를 발송하고 있다. 급식시, 친환경 농산물 식재료를 사용하고 있으며 식재료 원산지 표시재를 실시하여 홈페이지와 가정통신문으로 안내하고 있다.
6-2. 지역 교육청 역점사업 (10점)	31. 교육과정과 연계한 복지시설과의 교류로 유아의 인성교육을 실시하고 있다. (10점)	10	8	6	4	2	○○교육청 역점사업으로 해당없음.
	31. 가정과 연계한 유아주말 프로그램을 효율적으로 운영하고 있다. (10점)	⑩	8	6	4	2	유치원과 연계할 수 있는 가정 주말 프로그램을 구안하여 연간계획을 수립하여 유치원의 활동과 유사한 활동이 가정에 정착될 수 있도록 운영하고 있다.

2. 자체평가 점수표

교육과정 영역

<table>
<tr><th rowspan="2">평가항목(배점)</th><th rowspan="2">평가지표(배점)</th><th colspan="2">점수</th></tr>
<tr><th>지표별</th><th>항목별</th></tr>
<tr><td rowspan="2">1－1.
교육계획 수립의 적절성(15)</td><td>1. 교육계획안 작성 및 활용(5)</td><td>5</td><td rowspan="2">15</td></tr>
<tr><td>2. 유아교육에 적합한 교육내용 · 활동 선정(10)</td><td>10</td></tr>
<tr><td rowspan="2">1－2.
일과 운영의 적절성
(15)</td><td>3. 통합적 일과 운영(10)</td><td>10</td><td rowspan="2">15</td></tr>
<tr><td>4. 교육활동 유형 간의 균형적 안배(5)</td><td>5</td></tr>
<tr><td rowspan="2">1－3.
교수 · 학습방법의
적합성(20)</td><td>5. 유아교육에 적합한 교수 · 학습방법의 사용(10)</td><td>10</td><td rowspan="2">20</td></tr>
<tr><td>6. 교사-유아 간의 질적인 상호작용(10)</td><td>10</td></tr>
<tr><td rowspan="2">1－4.
평가의 적절성(15)</td><td>7. 유아의 발달 상황 기록 및 활용(10)</td><td>10</td><td rowspan="2">15</td></tr>
<tr><td>8. 교육과정 평가 실시 및 결과 활용(5)</td><td>5</td></tr>
</table>

총 65점 / 65점

교육환경 영역

<table>
<tr><th rowspan="2">평가항목(배점)</th><th rowspan="2">평가지표(배점)</th><th colspan="2">점수</th></tr>
<tr><th>지표별</th><th>항목별</th></tr>
<tr><td rowspan="3">2－1.
교육환경의 적합성(25)</td><td>9. 실내 교육환경의 적합성(10)</td><td>10</td><td rowspan="3">25</td></tr>
<tr><td>10. 실외 교육환경의 적합성(10)</td><td>10</td></tr>
<tr><td>11. 유아 발달 수준에 적합한 시설 · 설비(5)</td><td>5</td></tr>
<tr><td rowspan="2">2－2.
교재 · 교구의 적합성(20)</td><td>12. 유아 발달 수준과 주제에 적합한 교재 · 교구의 구비 및 활용(10)</td><td>10</td><td rowspan="2">20</td></tr>
<tr><td>13. 교재 · 교구의 체계적인 관리 및 보관(10)</td><td>10</td></tr>
</table>

총 45점 / 45점

건강 · 안전 영역

평가항목(배점)	평가지표(배점)	점수	
		지표별	항목별
3－1. 건강관리의 적절성(15)	14. 유아 건강 지도 및 관리(5)	5	15
	15. 시설 · 설비의 청결한 관리(10)	10	
3－2. 영양관리의 적절성(10)	16. 균형있는 급간식 시행 및 식습관 지도(5)	5	10
	17. 식재료의 위생적 관리 및 사용(5)	5	
3－3. 안전관리의 적절성(15)	18. 안전교육 실시 및 안전사고 대비책(10)	8	13
	19. 시설 · 설비의 안전 관리(5)	5	

총 38점 / 40점

학부모 만족도

평가항목(배점)	평가지표(배점)	점수	
		지표별	항목별
학부모 만족도(10)	28. 유치원교육 및 운영에 대한 학부모의 만족도가 높다. (10)	•	•

• / 10점

운영관리 영역

평가항목(배점)	평가지표(배점)	점수	
		지표별	항목별
4－1. 교직원 인사 및 복지의 적절성(10)	20. 교직원 인사 규정 보유 및 준수(5)	5	10
	21. 교직원 복지 규정 보유 및 지원(5)	5	
4－2. 예산 편성 및 운용의 합리성(10)	22. 예 · 결산서 작성 및 공개(5)	5	10
	23. 정부지원금 예산 편성 및 사용의 타당성(5)	5	
4－3. 가정 및 지역사회와의 연계(10)	24. 다양한 부모교육 및 가정과의 교류(5)	5	10
	25. 지역사회 인사 · 자원의 활용 및 기관 홍보(5)	5	
4－4. 기관장의원 운영의 전문성(10)	26. 교육과정의 질 제고를 위한 노력(5)	5	10
	27. 기관장의 리더십(5)	5	

총 40점 / 40점

시 · 지역 역점사업 영역

평가항목(배점)	평가지표(배점)	점수	
		지표별	항목별
6－1. 시교육청 역점사업(10)	29. 도 · 농 연계 및 체험활동에 대한 계획을 수립하며 활발하게 운영하고 있다. (5점)	3	6
	30. '유아의 참살이를 위한 3거리' 환경제공을 실천하고 있다. (5점)	3	
6－2. 지역교육청 역점사업 (10)	31. 교육과정과 연계한 복지시설과의 교류로 유아의 인성교육을 실시하고 있다. (10점)	•	10
	31. 가정과 연계한 유아주말 프로그램을 효율적으로 운영하고 있다. (10점)	10	

총 16점 / 20점

총 점	204 점 / 220점

III. 자체평가 결과 종합 논의

1. 유치원의 특색 사업 및 우수 사례 소개

유치원의 특색 사업 및 우수 사례
1. 친사회적 행동 증진을 위한 협동활동 프로그램 운영 1) 목적 본원은 지리적으로는 신개발지역의 아파트 밀집지역에 위치하고 있어 학부모 계층이 다양하고 소극적인 자기표현, 자기중심적인 성향, 깊은 사고나 탐구를 기피하는 유아들이 다수 분포하고 있다. 개인간, 연령간 발달의 차이가 큰 유아들이 오랜 시간을 유치원에서 머물게 됨에 따라 자기중심적 태도와 경쟁으로 인해 갈등 상황이 빈번하게 발생하거나 문제상황 시 해결의 어려움을 갖고 있다. 이에 공동의 목적을 달성해나갈 수 있는 협동활동을 통해 인성교육에 도움을 주는 데 있다. 2) 운영방법 협동활동을 생활주제에 따라 적용할 수 있도록 조형활동, 토의활동, 게임, 요리활동 등의 다양한 활동유형을 월 1회 실시하여 적용하고 모둠별 평가, 대집단 평가를 통해 활동과정을 평가하며 유아들이 서로의 경험과 느낌을 공유할 수 있도록 하고 있다. 3) 기대효과 자기중심적 사고를 벗어나 자기 통제력을 갖고 다른 사람과의 협력, 협동의 기회를 가짐으로써 문제해결력 및 사회적 기술을 증진되었다. 또한 유아-유아 간의 평가과정을 통해 다른 사람의 감정과 표현을 존중하게 되었다. 2. 자기존중감 증진활동을 통한 인성교육 실시 1) 목적 본원 유아들은 하원 후 학원, 학습지 등 과다한 사교육 환경 속에서 자신을 둘러싼 여러 영향력 있는 사람들로부터 긍정적인 피드백보다는 성취, 경쟁과 비교속에서 충분히 자기존중감을 가진 유아로 성장하기 어려운 환경에 놓여 있다. 이에 유치원에서 자기존중감 활동을 통해 유아로 하여금 자기존중감을 성취하도록 도움을 주는 데 목적이 있다. 2) 운영방법 ○○연구소에서 개발한 자기존중감 프로그램을 바탕으로 6개 영역 11개의 활동을 생활주제와 통합하여 운영할 수 있도록 연간운영계획을 수립하여 운영하고 있으며, 일과 속에서 활용 가능한 교수전략과 의사소통전략을 활용하고 있다. 3) 기대효과 유아들의 유치원 적응을 용이하게 도와주며, 자기수용 및 타인수용능력이 증진되었다.

2. 유치원 자체평가를 실시한 후 느낀 점

구분	느낀 점 및 의견
좋았던 점	• 기존에 구두협의로 끝냈던 전반적인 유치원 운영에 관련된 사항들을 재정비하고 유목화하며 평가항목에 따른 평가 요소를 바탕으로 유치원 교육활동 전반에 걸친 분석의 기회를 가짐으로써 자기반성 및 피드백을 하는 기회가 되어 유치원 운영을 보다 체계적으로 하는 기회가 되었다. • 위생안전 등과 관련한 업무에 종사하는 교직원들의 유치원 내 역할과 책임의 한계를 분명히 하는 데 도움이 되었다. • 유아의 발달상황에 대한 정기적인 가정과의 의사소통의 기회를 가짐으로써 학부모의 만족도가 향상되었다.
어려웠던 점	• 일반학급 1학급, 종일반 1학급으로 정교사 2인 배치된 유치원으로 종일반 유아들의 오후 교육활동 시간으로 인하여 기존에 구두로 마쳤던 유치원 운영에 관한 전반적인 협의사항들을 문서화 시키는 데 시간과 노력이 요구되었다. 또한 유치원에서 이루어지고 있는 모든 교육활동과 성과를 문서상으로 기록화하는 작업에 어려움이 있었다. • 종일반 담당 교사와의 협의시간 조율의 어려움으로 인해 유치원 운영과 관련한 다양한 교육활동 및 행사를 추진하면서 기존에 구두협의로 마쳤던 매주의 교육계획 및 행사 등의 운영을 교사회의록을 통해 기록화하는 작업에 어려움이 있었다.
자체평가 결과 활용 계획 (자체평가 결과에 근거한 개선 방안)	• 유치원 평가를 준비하면서 본원의 강점과 약점을 파악하고 약점의 원인을 자체 분석하여 다음해 교육과정 운영계획에 보완하도록 한다. 또한 유아의 발달에 적합한 통합적 교육활동을 충실히 실행하기 위해 교육과정 운영계획에 근거한 월안, 주안, 일안계획을 바탕으로 충실한 수업을 함은 물론, 교육과정, 교사, 원운영에 대한 평가와 분석을 지속적으로 문서화하여 정리한다. • 종일반의 경우 오전 8시에서 오후 5시 이후까지 혼합연령 유아들에 대한 교육, 보육활동을 해야 하는 어려움이 있으나, 유아의 연령을 고려한 수준별 교육활동을 제공하기 위해 노력한다. • 교사 스스로 안전에 대한 중요성을 인식하고 유아를 대상으로 한 화재대피뿐만 아니라 재난대피 훈련을 강화하여 수시로 실시하도록 한다.

경상남도 B유치원의 자체평가보고서 예시

2009년도 유치원 자체평가보고서

본 보고서는 「2009년도 유치원 평가 편람」에 따라 정확하게 작성되었으며, 사실과 다른 내용이 보고서에 포함되지 않았음을 확인합니다.

제출일 : ○○○○년 ○○월 ○○일

○○○유치원

자체평가위원회

성명	소속 및 직위	자체평가 담당 업무
○○○	원장	총괄
○○○	원감	자체평가보고서 작성
○○○	유치원 교사	평가관련자료 및 교육결과물 정리
○○○	유치원 교사	교육과정 관련 예 · 결산 자료 정리

○○○ 유치원 원장 ○○○ (직인)

Ⅰ. 유치원 현황

유치원현황	유치원명	○○○유치원	원장명	○○○
	설립유형	공립(단설)___ 공립(병설)___ 사립(법인)___ 사립(사인)___	지역 교육청	
	주 소		전화번호	
			이메일	

구분	항목	일반학급	종일반	특수학급	항목	만 3세	만 4세	만 5세	계
원아 현황	학급수				연령별 원아수				

운영현황 (평일기준)	반일제	시 분 ~ 시 분 ( ) 명
	연장제	09 시 00 분 ~ 14 시 00 분 ( ) 명
	종일제(반)	09 시 00 분 ~ 17 시 00 분 ( ) 명
종일반 운영형태		___ 오전에는 각 반 수업 후, 오후에 종일반으로 구성 ___ 오전부터 별도 종일반으로 구성 ___ 종일반 없음

구분	원장	원감	교사		기타직원	계
			일반학급	종일반		
교직원 현황	명	명	명	명	명	명

	구분	성명	성 별	최종학력	소지자격	총 근무경력	현 유치원 근무경력
교직원 배경							

	구분	만 3세	만 4세	만 5세
수업료 (수혜성 경비 제외, 월단위)	반일제	원	원	원
	연장제	원	원	원
	종일반	원	원	원

(계속)

<table>
<tr><td rowspan="2">정부지원금
수혜 원아수</td><td>만 5세
무상교육비</td><td>만 3~4세
차등교육비</td><td>두 자녀 이상
교육비</td><td>장애유아
무상교육비</td><td>기타</td></tr>
<tr><td>명</td><td>명</td><td>명</td><td>명</td><td>명</td></tr>
<tr><td>교사급여</td><td colspan="5">전문대졸(초임) ______호봉 연봉: ______만원
대 졸(초임) ______호봉 연봉: ______만원</td></tr>
<tr><td>교사수당</td><td colspan="5">담임수당, 교직수당, 초과근무수당, 보전수당, 가족수당
정근수당, 보전수당, 보전수당가산금, 시간외수당, 정근수당가산금,
가계지원비, 지급보조금, 자녀학비보조수당, 육아휴직수당
※ 지급하는 수당 모두 기록 요망</td></tr>
<tr><td>원내 교원 외의
외부강사가 실시하는
별도의 교육활동 및
프로그램 종류</td><td colspan="5">만 3세: ___해___, ___당___, ___없___, ___음___
만 4세: __________, __________, __________, __________
만 5세: __________, __________, __________, __________</td></tr>
</table>

II. 자체평가 결과

1. 지표별 자체평가

1) 교육과정 영역(65점)

항목	지표	평정				
		매우 우수	우수	보통	미흡	매우 미흡
1-1. 교육계획 수립의 적절성 (15점)	1. 교육계획안을 충실하게 작성하며, 효율적으로 활용하고 있다. (5점)	⑤	4	3	2	1
	2. 유아교육에 적합한 교육 내용 및 활동을 통합적으로 구성·계획하고 있다. (10점)	10	⑧	6	4	2
관련내용 및 실적 등 기술	• 교육과정 수립단계에서 국가수준, 도 단위 유치원 운영 교육과정 편성 운영 지침에 근거하여 유치원 실정과 지역여건에 맞는 교육과정계획을 작성함. • 학부모 설문조사를 기초로 지역여건을 고려한 교육계획을 수립하고, 교육계획서를 바탕으로 유치원 상황에 맞추어 연계성 있는 월·주간 및 일일교육계획안을 작성 활용함. • 주간계획안 작성 시 생활주제, 자료, 행사의 방법에 대하여 교사 간의 사전협의와 검토 후 작성하며 다음 활동에 반영함. • 연간교육계획에 따른 주간교육계획 수립 후 가정으로 발송, 홈페이지에 탑재하여 가정에서 수시로 볼 수 있게 하고 있음. • 일일교육계획안에는 당일 주제, 소주제, 교육목표, 시간대별 활동, 활동목표, 준비물, 평가 내용이 포함됨. • 일과 활동 후 일일교육계획에 대한 반성 및 평가 후 차후 교육계획 수립에 반영함. • 교육내용 및 활동 선정 시 국가수준의 유치원 교육과정의 내용을 근거로 하여 5개 생활영역 활동들이 고루 안배된 통합적 교육계획을 세우고 유아발달 모든 영역에서 전인발달을 이루도록 구성함.					

항목	지표	평정				
		매우 우수	우수	보통	미흡	매우 미흡
1-2. 일과 운영의 적절성 (15점)	3. 개별 유아의 일일 활동계획과 평가과정이 포함된 통합적 일과 운영이 이루어지고 있다. (10점)	10	⑧	6	4	2
	4. 교육활동 유형 간의 균형적인 안배가 이루어지고 있다. (5점)	5	④	3	2	1
관련내용 및 실적 등 기술	• 당일 주제에 따른 자유선택활동, 대·소집단/개별 활동, 이야기 나누기 등이 연관성 있게 통합되어 운영함. • 일일교육활동과 주간교육활동의 연계성 있는 운영을 위해 교육계획을 바탕으로 일일교육계획을 작성함. • 매일 등원 후 자유선택활동 시간 계획하에 유아 개인의 흥미와 수준에 맞는 놀이가 이뤄지고 있음. • 일과 운영에 동적/정적, 실내/실외, 대·소집단/개별 활동 등이 골고루 배치되어 유아들이 긴장과 휴식을 취할 수 있도록 서로 대비되는 이동을 번갈아 제공하고 있음. • 일일 교육에 의해 매일 점심식사 후 실외활동을 계획하여 다양한 신체활동과 복합놀이 시설을 이용함.					

항목	지표	평정				
		매우 우수	우수	보통	미흡	매우 미흡
1－3. 교수 · 학습방법의 적합성 (20점)	5. 유아교육에 적합한 교수 · 학습방법을 사용하고 있다. (10점)	⑩	8	6	4	2
	6. 교사–유아 간에 질적인 상호작용이 이루어지고 있다. (10점)	⑩	8	6	4	2
관련내용 및 실적 등 기술	• 발표, 관찰, 실험, 조사, 견학, 자연체험 등의 다양한 교수방법을 사용하고 있음. －주말지낸 이야기, 이야기나누기 시간을 통해 유아의 발표력을 신장시키는 기회를 갖게 함. －일일 주제와 연관된 표상활동으로 그림으로 표현하기, 생각 적어보기 등을 통해하여 창의력을 기름. －연간 현장학습계획을 수립하여 다양한 체험의 기회를 제공하고 있음. －교실과 화단에 있는 여러 식물들의 자람을 관찰하는 기회를 제공하여 자연을 사랑하고 보살피는 태도를 갖게 함. －날씨조사 활동을 전개하여 자연현상에 관심을 갖고 탐구하는 태도를 기름. • 교육내용 및 활동에 적합한 교재 · 교구를 직접 제작하여 제시하고, 주제에 맞는 각 영역에 다양한 교재 · 교구를 비치하여 유아의 학습활동에 도움을 주고 있음.(영역별 교재 · 교구, 동화자료 등) • 당일 주제에 따른 유아의 흥미와 수준을 고려한 활동을 선정하여 유아 개인의 능력을 발휘할 수 있도록 전개하고 있음. (대 · 소 근육 활동, 동적/정적, 유아주도/교사주도) • 교사–유아, 유아－유아, 유아－교구 간 상호작용을 촉진하고 있음. －혼합반 운영으로 연령간 자신의 경험과 지식을 전달해주고 모델링 기회 제공함. －유아발달을 고려한 교사–유아 간 개별 상호작용이 이뤄지고 있음. －자유선택활동 시간에 개별수준에 맞는 교구를 선택하고 활용함.					

항목	지표	평정				
		매우 우수	우수	보통	미흡	매우 미흡
1－4. 평가의 적절성 (15점)	7. 개별 유아의 발달 상황을 지속적으로 기록하고 활용한다. (10점)	⑩	8	6	4	2
	8. 교사 자체평가를 포함한 교육과정 평가를 실시하고, 그 결과를 교육과정 개선에 활용한다. (5점)	⑤	4	3	2	1
관련내용 및 실적 등 기술	• 일화기록, 작품분석, 특별한 상황을 수시로 기록하여 학부모 면담 시 활용하며 원아의 발달상황을 교육에 반영함. • 연 1회 학부모 면담 일을 정해 가정과 유치원 상호 협조로 연계지도가 되게 하고 있음. • 연 2회 유아의 발달 평가를 통해 5개 생활 영역의 유아발달을 종합적으로 평가하여 학기말에는 유아발달상황부를 가정으로 송부함. • 학기별 교사자기 평가를 통해 교사 반성 및 교수 · 학습방법 개선되도록 노력하고 있음. • 월 1회 기본생활습관 평가를 가정에서와 연 2회 유치원에서 기본생활습관 평가를 실시하여 기록하고 기본생활이 정착되도록 지속적으로 지도하고 있음. • 학부모 및 교사를 대상으로 연 1회의 교육과정평가를 실시하고 결과를 다음해 교육과정계획 수립에 반영함.					

2) 교육환경 영역(45점)

항목	지표	평정				
		매우 우수	우수	보통	미흡	매우 미흡
2-1. 교육환경의 적합성 (25점)	9. 실내 교육환경 구성이 적절하고, 효율적으로 활용되고 있다. (10점)	⑩	8	6	4	2
	10. 실외 교육환경은 다양한 활동이 이루어질 수 있게 구성되어 있다. (10점)	10	⑧	6	4	2
	11. 유아의 발달 수준에 적합한 시설·설비가 구비되어 있다. (5점)	⑤	4	3	2	1
관련내용 및 실적 등 기술	• 혼합연령의 학급을 고려하여 실내 교육환경을 학기 초 3~4개의 흥미 영역에서 점차 확대하여 6개의 흥미 영역을 구성하고 융통성 있게 영역의 종류와 수를 고려하여 배치함. • 흥미 영역은 물리적·기능적인 면을 고려하여 소음과 움직임이 많은 역할·쌓기 영역을 근접배치하고, 소음이 적은 언어-과학 영역을 근접 배치하였으며 자료 정리대로 영역을 구분하여 서로 활동이 방해되지 않도록 함. • 주제에 연관된 유아 작품을 통한 환경을 구성함. • 유아의 신체 발달에 적합하고 안전을 고려한 책상, 의자, 사물함, 교구장을 구비하였음. • 유아 발달 수준에 맞게 사용할 수 있는 실외 복합놀이기구를 설치하여 유아들이 안전하고 적극적인 바깥 활동을 할 수 있도록 하였음. • 실외 공간에는 복합놀이기구 외 초등학교의 시소, 정글짐, 철봉, 축구대 등이 설치되어 있어 활용할 수 있음. • 넓은 실외 공간을 활용하여 모래놀이, 전통놀이, 줄넘기, 맨손 운동 등의 신체활동을 하기에 유용함.					

항목	지표	평정				
		매우 우수	우수	보통	미흡	매우 미흡
2-2. 교재·교구의 적합성 (20점)	12. 유아 발달 수준과 주제에 적합한 교재·교구를 구비하고 효과적으로 활용하고 있다. (10점)	⑩	8	6	4	2
	13. 교재·교구를 체계적으로 정리·관리하고 있다. (10점)	⑩	8	6	4	2
관련내용 및 실적 등 기술	• 교재·교구는 유아의 발달 수준에 적합하고 검증된 교재·교구를 구입하여 활용하고 있음. • 유치원 예산편성 기준 범위 내에서 다양한 교재·교구의 확충을 위해 지속적으로 노력하고 있음. • 자료실의 확보로 교재 교구를 효율적으로 보관 활용하고 있음. • 자료실의 자료들은 "자료활용부"를 기재 활용함으로써 자료가 체계적으로 관리됨. • 생활주제별 교재·교구를 교실에 동시에 수용하지 못하는 경우는 자료실에 비치해 두고 항상 이용하는 데 용이하도록 하였음. • 교실 공간을 활용하여 교재·교구 및 학습 자료를 정리하여 관리하고 적절한 시기에 유아들에게 제공을 하고 있음. • 유아가 흥미와 주제에 따른 동화를 구비하여 제공하고, 2주에 한 번씩 도서대여 프로그램을 운영하면서 가정과 연계하여 효과적으로 활용을 하고 있음. • 예산편성기준과 교재 교구 확충 계획에 의거 도서 100권을 구입하였음. • 골마루 환경을 개선하여 교재·교구의 보관 및 활용에 용이하게 함. • 유아가 사용하는 교재나 학습의 도구들은 유아들의 개인의 사물함을 구비하여 보관하고 효과적으로 사용하고 있음.					

3) 건강 · 안전 영역(40점)

항목	지표	평정				
		매우 우수	우수	보통	미흡	매우 미흡
3－1. 건강관리의 적절성 (15점)	14. 유아에게 적합한 건강지도와 기본적인 건강관리를 실시하고 있다. (5점)	⑤	4	3	2	1
	15. 시설 · 설비를 청결하게 유지 · 관리하고 있다. (10점)	⑩	8	6	4	2
관련내용 및 실적 등 기술	• 점심, 간식 먹기 전, 바깥놀이 후에는 반드시 손씻기 지도를 통하여 항상 청결을 유지하도록 하고 있음. • 점심식사 후에는 개인 칫솔과, 양치컵을 이용하여 이닦기 지도를 하고 있음. • 이닦기가 끝나고 나면 칫솔을 깨끗이 하여 칫솔 소독기에 보관을 하도록 하고 있음. • 유아를 대상으로 치과 검진을 실시하여 가정과 연계하여 건강한 치아를 관리할 수 있도록 하고 있으며 6월에 치과의사 선생님을 모셔서 유아들의 치아 건강 상태를 확인하였음. • 교실 안의 공기 정화를 위해 수시로 창문을 열어 환기를 시키고, 화분들을 많이 키우고 있음. • 유아들의 개인위생을 위해 개인 핸드 타올을 비치하여 사용하도록 함. • 교실에 식기 살균 건조기를 구비하여 유아들이 사용하는 컵이나 접시, 수저 등을 위생적으로 관리 보관함. • 교육계획안에 기본 생활습관지도를 제시하여 지도하고 있으며 가정과 연계하여 기본생활습관이 잘 이루어지고 있는지 매월 1회 기본생활습관평가서를 가정으로 보내고 청결 부분의 평가를 바탕으로 지도를 하고 있음. • 영양교사와 연계하여 올바른 식습관을 형성하여 건강한 식생활을 할 수 있도록 하고 있음. • 교실에 쓰레기통을 비치하고, 작은 빗자루와 쓰레받기를 구비하여 유아들이 활동 후에는 스스로 주변 환경을 정리할 수 있도록 지도하고 있음.					

항목	지표	평정				
		매우 우수	우수	보통	미흡	매우 미흡
3－2. 영양관리의 적절성 (10점)	16. 균형 있는 영양의 급 · 간식 식단을 작성 · 시행하고 있으며, 식습관 지도를 하고 있다. (5점)	⑤	4	3	2	1
	17. 급 · 간식 식재료를 위생적으로 관리 · 사용하고 있다. (5점)	⑤	4	3	2	1
관련내용 및 실적 등 기술	• 급식소의 식품위생, 유아의 건강을 위하여 원감의 점검 및 확인. • 유아에게 적합하고 균형 있는 식단을 제공, 정기적인 소독과 안정성 및 철저한 청결 상태를 유지하고 있음. • 조리원 위생교육을 매월 실시하고 있음. • HACCP시스템에 의한 위생 관리－CCP기록지 7가지를 기록하고 있음. • 월 1회 식단표 및 영양교육에 관한 내용을 가정으로 발송되며, 영양 표시제를 통하여 유아들에게 적절한 영양, 5대 영양소를 골고루 제공하고 있음. • 홈페이지에 급식게시판을 운영하여 학부모님들의 의견을 적극 반영하여 수렴하도록 하고 있음. • 쇠고기, 돼지고기 등 육가공품의 원산지를 공개하고 있음. • 간식과 중식으로 제공된 음식은 5°C 이하 72시간 보존식 냉장보관하고 있음. • 화학조미료는 일체 사용하지 않으며, 천연재료로 맛을 내고 김치류는 전 품목 무농약 제품으로 제공함. • 영양교사의 책임지도하에 쾌적한 환경에서 초등학교와 함께 급식을 실시하고 있음. • 올바른 식습관 지도를 위해 교육과정에 포함하여 지도를 하고 있음. (식사예절, 골고루 먹기, 바른 자세로 식사하기, 젓가락 사용) • 균형 있는 영양을 공급하기 위하여 아침에 우유를 마시도록 지도하고 있음. • 더운 여름 개인 물통을 준비하여 물은 집에서 준비해 오고, 먹고 모자라면 급식소에서 끓인 물을 제공하여 식중독 예방을 위해 노력하고 있음.					

<table>
<tr><th rowspan="2">항목</th><th rowspan="2">지표</th><th colspan="5">평정</th></tr>
<tr><th>매우 우수</th><th>우수</th><th>보통</th><th>미흡</th><th>매우 미흡</th></tr>
<tr><td rowspan="2">3-3.
안전관리의
적절성
(15점)</td><td>18. 유아, 교사를 대상으로 안전교육을 실시하고, 안전사고 대비책이 마련되어 있다. (10점)</td><td>⑩</td><td>8</td><td>6</td><td>4</td><td>2</td></tr>
<tr><td>19. 시설 · 설비를 안전하게 관리하고 있다. (5점)</td><td>⑤</td><td>4</td><td>3</td><td>2</td><td>1</td></tr>
<tr><td>관련내용 및
실적 등 기술</td><td colspan="6">• 2009년 유치원 안전교육계획을 수립하여 통합적인 교육과정을 통하여 안전에 대한 지속적인 예방교육을 실시하고 안전에 관한 기초지식 및 대처 능력을 길러 주고 있음.
• 매월 4일 안전점검의 날 운영으로 유치원 실 · 내외 안전점검을 지속적으로 하고 있음.
• 월 1회 부모를 위한 안전교육에 관한 안내장을 가정으로 발송하여 가정과 연계한 안전교육이 이루어질 수 있도록 지도하고 있음.
• 투약 의뢰서를 홈페이지에 탑재하여 가정에서 약과 함께 유치원으로 가져오게 함.
• 학부모에게 응급처치 동의서와 비상연락망을 작성하게 하여 비치함.
• 귀가지도 시 교사가 교문 밖까지 동행하여 귀가지도를 하고 있음.
• 지진 대피훈련과, 실종 유괴 예방교육을 실시했으며 전국 재난대응 안전 한국훈련은 초등학교와 연계하여 화재 대피 훈련을 실시하였음.
• 유아들은 매주 월요일에 안전 생활 실천 카드로 안전한 생활을 하기 위하여 지켜야 되는 안전 약속을 정하고 일주일 동안 매일 귀가 전 체크하면서 안전한 생활을 지속적으로 지도하고 있음.
• 현장체험학습 활동 시 교통질서 지키기, 횡단보도 건너기, 차량 승 · 하차하기 등을 통하여 유아들이 직접 체험 해보면서 실제 상황과 생활이 연계되어 지도되도록 하고 있음.
• 유아를 대상으로 연중 수시로 실내에서 안전한 교재, 교구 놀잇감 사용법에 관한 내용을 반복지도 하고 그림자료 또는 실물을 이용한 사용법 및 유의점 지도, 소그룹 형태의 토의 활동을 통하여 지도하고 있음.
• 전 유아가 안전 공제회에 가입이 되어 있으며, 안전사고 발생기 즉각 가정에 통보하고 안전공제회를 이용하도록 안내됨.
• 모든 시설 · 설비는 유아의 발달 수준에 적합하게 구비됨.
• 유아의 신체 크기 및 안전을 고려하여 교실 내 교구장, 책상, 의자의 모서리가 둥근 것으로 비치함.
• 실외 유원장 바닥에 모래를 깔아 유아가 안전하게 놀이 활동을 하도록 함.</td></tr>
</table>

4) 운영관리 영역(40점)

<table>
<tr><th rowspan="2">항목</th><th rowspan="2">지표</th><th colspan="5">평정</th></tr>
<tr><th>매우 우수</th><th>우수</th><th>보통</th><th>미흡</th><th>매우 미흡</th></tr>
<tr><td rowspan="2">4-1.
교직원 인사 및 복지의 적절성
(10점)</td><td>20. 공정한 교직원 인사규정이 있으며, 이를 잘 준수하고 있다. (5점)</td><td>⑤</td><td>4</td><td>3</td><td>2</td><td>1</td></tr>
<tr><td>21. 교직원 복지규정이 있으며, 관련 지원을 하고 있다. (5점)</td><td>⑤</td><td>4</td><td>3</td><td>2</td><td>1</td></tr>
<tr><td>관련내용 및 실적 등 기술</td><td colspan="6">• 유치원 교원 인사관리는 교육공무원 인사 사무처리 관리규정에 의거 거제교육청 관내 인사관리 세부원칙 및 본원 교원 인사위원회에서 중요사항을 공정하게 심의 결정하고 있음.
• 공립유치원 종일반 교육과정 정상 운영과 안정성을 확보하기 위하여 에듀케어 강사에 대한 사항은 계약제 교원 운영지침에 의거함.
• 교직원의 임금은 국가공무원법에 준하여 공정하게 처리되고 있으며 연금가입과 보험가입도 철저하게 준수하여 이루어지고 있음.
• 교원의 전문성 개발을 위한 자율연수 참가 시 연 1회 70,000원의 연수비를 지원하고 있음.
• 교원들의 담임희망과 업무희망 신청서를 토대로 유치원 실정을 반영하여 업무를 분장함.
• 다면평가 결과, 성과 상여금 자기실적 평가서 등으로 교직원의 근무성적 평정을 공정하게 평가함.
• 유치원 내부 규정을 제정하여 교직원들의 심의규정을 통한 효율적인 유치원 경영을 구성함.
• 전 교직원이 연구 활동 및 각종 자율연수에 참여하고 있음.
• 교직원의 건강 및 사기진작과 친목도모를 위하여 스포츠활동을 주 1회 실시함.
• 학습활동에 필요한 교단선진화기기 및 자료실 확충
• 원무실에 교사의 피로회복을 위한 다양한 차를 항시 준비함.</td></tr>
</table>

<table>
<tr><th rowspan="2">항목</th><th rowspan="2">지표</th><th colspan="5">평정</th></tr>
<tr><th>매우 우수</th><th>우수</th><th>보통</th><th>미흡</th><th>매우 미흡</th></tr>
<tr><td rowspan="2">4-2.
예산 편성 및 운용의 합리성
(10점)</td><td>22. 유치원 운영 예·결산서를 작성·보고(공개)하고 있다. (5점)</td><td>⑤</td><td>4</td><td>3</td><td>2</td><td>1</td></tr>
<tr><td>23. 정부지원금의 예산 편성 및 사용내역이 타당하다. (5점)</td><td>⑤</td><td>4</td><td>3</td><td>2</td><td>1</td></tr>
<tr><td>관련내용 및 실적 등 기술</td><td colspan="6">• 유치원 예산 계획서와 결산서를 학교 홈페이지 /정보공개방/ 학교회계현황을 통해 공개하여 예산집행과정을 투명하게 집행하기 위해 노력함.
• 학년말 당해연도 예산 집행결과를 바탕으로 다음해의 예산요구서를 작성 수립하며 유치원 교육의 기본방향에 맞추어 우선순위를 결정하여 예산배정, 집행함으로써 예산집행의 효율성을 위함.
• 예산요구서 편성 시 교직원협의회를 거쳐 의견 수렴을 반영함.
• 예산은 계획된 용도에 효율적으로 집행함과 동시에 형평성에 맞게 교육활동에 지원함.
• 목적사업비로 지원된 지원금은 목적에 부합되게 사용하며 공정하게 운용될 수 있도록 심의와 정보공개를 원칙으로 하고 있음.</td></tr>
</table>

<table>
<tr><th rowspan="2">항목</th><th rowspan="2">지표</th><th colspan="5">평정</th></tr>
<tr><th>매우 우수</th><th>우수</th><th>보통</th><th>미흡</th><th>매우 미흡</th></tr>
<tr><td rowspan="2">4-3.
가정 및
지역사회와의
연계(10점)</td><td>24. 다양한 부모교육 및 참여활동을 실시하고 가정과의 연계를 위해 노력하고 있다. (5점)</td><td>⑤</td><td>4</td><td>3</td><td>2</td><td>1</td></tr>
<tr><td>25. 지역사회 인사 및 자원을 적극적으로 활용하고 지역사회와의 연계를 위해 노력하고 있다. (5점)</td><td>⑤</td><td>4</td><td>3</td><td>2</td><td>1</td></tr>
<tr><td>관련내용 및
실적 등 기술</td><td colspan="6">• 연간 부모교육계획을 수립하여 주간교육계획안을 활용한 부모교육을 실시 및 월 1회 부모교육 자료를 가정에 배부하고 있음.
• 신학기에 학부모 교실을 운영하여 유치원교육에 대한 이해와 유치원과 가정의 연계를 이룸.
• 주간교육계획안에 유치원의 교육내용 및 활동을 안내하고 있으며 학교 홈페이지를 활용해서 유치원의 다양한 활동을 소개함.
• 연 1회 학부모 상담을 실시하여 유아의 특성, 가정환경, 학부모들의 교육관 및 유치원에 바라는 요구사항 등을 교육에 반영함.
• 유치원 교육활동은 원 홈페이지, 센터유치원 홈페이지, 지역교육청 홈페이지, 지역신문, 거제사랑 인터넷 신문 등에 게시하여 홍보함.
• 월 1회 산책활동을 통해 동네 어른들의(조선소 인근) 활동 모습을 살펴봄으로써 이웃과 지역사회를 이해하는 데 도움을 줌.
• 관내 경찰관과 소방관의 방문을 계획하여(2학기) 실질적인 안전에 대한 교육을 실시하고자 함.
• 학부모와 함께하는 가족운동회를 실시함으로써 유치원 행사에 적극적으로 참여하게 함.
• 유치원 안전요원으로 원내 배움터 지킴이 배치로 지역인사 자원을 활용함.</td></tr>
</table>

<table>
<tr><th rowspan="2">항목</th><th rowspan="2">지표</th><th colspan="5">평정</th></tr>
<tr><th>매우 우수</th><th>우수</th><th>보통</th><th>미흡</th><th>매우 미흡</th></tr>
<tr><td rowspan="2">4-4.
기관장의
원 운영의
전문성(10점)</td><td>26. 원장은 올바른 유아교육 철학과 신념을 가지고 있으며, 교육과정 질 제고를 위해 노력하고 있다. (5점)</td><td>⑤</td><td>4</td><td>3</td><td>2</td><td>1</td></tr>
<tr><td>27. 구성원들 간의 민주적 의사소통을 격려하고, 리더십을 발휘한다. (5점)</td><td>⑤</td><td>4</td><td>3</td><td>2</td><td>1</td></tr>
<tr><td>관련내용 및
실적등 기술</td><td colspan="6">• 담임희망과 업무 희망서 및 능력을 고려하여 업무를 분장하여 유치원 교육의 목적 및 방법에 적절이 반영되어 운영함.
• 병설유치원으로 가족운동회, 학예발표회 등의 행사에 유치원을 참여하게 하여 초등학교와의 연계교육과 유기적인 업무추진이 이루어지도록 하고 있음.
• 장학협의회 제 2지구 중심유치원 원장으로서 적극적인 지원하에 협동교육과정 운영, 연합건강놀이 한마당 잔치, 교사 1인 1연구 활동 등이 활성화되고 있음.
• 원장실의 개방화로 교사, 학부모 유아에 대한 제반문제 등의 상담이 원장실을 중심으로 항시 이루어짐.
• 참모회의, 부장회의, 교직원 회의를 통해 유치원 경영활동에 많은 교원이 의견 참여 기회를 부여함.
• 연 2회의 학부모교육을 통해 유아교육에 대한 인식 변화와 유치원에 대한 관심을 높임.
• 연 2회의 학부모 참여수업을 실시하여 교사의 학습활동방법의 개선과 학부모의 자녀에 대한 이해도와 유치원 교육의 질 제고를 이룸.
• 골마루환경, 자료실 확충으로 유아의 발달에 적합한 환경을 조성함.</td></tr>
</table>

5) 자율사업 영역(30점)

항목	지표	평정				
		매우 우수	우수	보통	미흡	매우 미흡
5－1. 유아교육 방향구현 (20점)	29. 취원율 확대를 위해 노력하고 있다. (10)	⑩	8	6	4	2
	30. 교원의 전문성 신장을 위해 노력하고 있다. (5점)	⑤	4	3	2	1
	31. 기본교육 실천을 위해 노력하고 있다. (5점)	⑤	4	3	2	1
관련내용 및 실적 등 기술	• 취원율 확대를 위해 홈페이지를 활용한 유치원 교육활동 홍보 및 입학원서와 안내문을 전교생들을 통해 이웃에 전달이 되게 협조체제를 운영함. • 지역의 특성을 이용하여 각 아파트 단지 내의 안내방송과, 벽보공간을 활용해서 적극적인 홍보를 하였음. • 보다 많은 사람들에게 알리고자 지역의 요소에 현수막을 설치해서 홍보하였음. • 예비 학부모교실 운영과 학부모 참여 수업 통해 유아교육에 대한 이해를 높이고 취원율 확대를 위한 다각적 노력을 하였음. • 유치원 행사 시 학부모를 참여시켜 유치원 활동에 대한 이해를 돕고 적극적 참여를 유도함. • 지역 공립 유치원행사에 적극 참여하여 지역민에 대한 공립유치원의 인식과 이해를 높이며, 유치원을 홍보하였음. • 1인 1연구 및 지구별 자율장학 활동을 통한 교원 연구 활동을 지속적으로 하고 있음. • 월 1회의 원내 교원 연수, 연 1회의 선진유치원의 현장 연수로 교원의 전문성 신장에 조력함. • 유아들의 기본생활습관 형성을 위해 연간계획을 수립, 추진하고 있음. • 유아들의 올바른 성장을 위해 모든 교육활동을 연간 교육계획에 의거하여 실시하고 있음.					

<table>
<tr><th rowspan="2">항목</th><th rowspan="2">지표</th><th colspan="5">평정</th></tr>
<tr><th>매우
우수</th><th>우수</th><th>보통</th><th>미흡</th><th>매우
미흡</th></tr>
<tr><td rowspan="2">5−2.
단위유치원
교육활동
추진노력
(10점)</td><td>32. 교육수요자 중심의 교육활동이 전개되고, 지원체제가 구축되어 있다. (5점)</td><td>⑤</td><td>4</td><td>3</td><td>2</td><td>1</td></tr>
<tr><td>33. 교육활동 추진 성과가 유아교육 발전에 기여 한다. (5점)</td><td>⑤</td><td>4</td><td>3</td><td>2</td><td>1</td></tr>
<tr><td>관련내용 및
실적 등 기술</td><td colspan="6">• 지역 중심 유치원으로서 인근 7개 유치원과 협력하여 유아들에게 다양한 경험의 장을 마련해줌으로써 단위 유치원만의 교육활동의 문제점을 해결함.
• 활동 결과를 교육청 홈페이지에 홍보 · 게시함으로써 유치원 활동에 대한 지역민들의 관심을 높였다.
• 협동교육과정에 참여한 200여 명의 유아들은 6개 코너의 조형 활동을 경험함으로써 매우 높은 성취감을 가질 수 있었음.
• 연간계획에 의한 전통놀이 활동은 유아들의 흥미와 학부모들의 유치원 교육활동에 대한 관심을 높이고 있음.
• 학부모 상담에 참여한 학부모님들의 반응과 참여도는 우리 유치원교육활동의 성과이며 그들의 공립유치원에 대한 긍정적 인식은 취원율을 높일 수 있으며 나아가 많은 이들의 공립유치원 선호는 유아교육발전에 기여한다 할 것임.
• 도서대여 프로그램 실시로 독서교육의 중요성 인식이 높아지고 있고 가족간의 대화의 기회가 되었다고 함.
• 동화 주인공에게 편지쓰기 활동 등을 통해 유아들의 어휘력과 발표력, 듣고 말하기 등이 확장되었다고 함.
• ○○문화제 등에 참여하는 유아들의 모습을 보고 병설유치원에 대한 인식이 달라졌다고 함.
• 급식지도를 하는 교사들의 모습을 보고(급식 모니터 요원의 얘기를 듣고) 병설유치원에 보내게 되었다고 함.</td></tr>
</table>

6) 종일반 운영 영역(20점)

항목	지표	평정				
		매우 우수	우수	보통	미흡	매우 미흡
6-1. 종일제 운영의 내실화 (10점)	34. 종일제 운영에 필요한 기본적인 시설 · 설비를 구비하고 있다. (5점)	⑤	4	3	2	1
	35. 교육과 보호의 균형에 기초한 종일제 프로그램을 충실하게 운영하고 있다. (5점)	⑤	4	3	2	1
관련내용 및 실적 등 기술	• 장시간 교육과 보육이 가능하도록 교실 내에 주방시설, 수면실, 세면실겸 화장실에는 냉 · 온수 샤워 시설이 설치되어 있음. • 교실 내에 냉 · 난방 시설을 갖추고 있음. • 교실 내의 수면실에 유아용 침구류와 비품들이 청결하게 관리되고 있음. • 개인별 유아의 욕구와 신체적 보호를 위해 낮잠과 충분한 휴식을 취할 수 있도록 쾌적한 환경을 제공하고 , 유아들이 언제나 청결을 유지할 수 있도록 교육환경을 조성함. • 오전의 교육활동과 연계하여 주제에 적합한 활동을 선택하여 운영하고 있음. • 연간교육계획에 의거 가정통신문, 전화 상담을 통해 가정과 연계하여 기본생활습관 지도형성을 위해 주력함. • 자연친화적 교육을 위해 유치원 주변을 산책하며 계절에 따른 변화를 관찰하고 채집놀이 등 다양한 활동을 하고 있으며 자연과학 자료를 주마다 주제로 선정해 구체적으로 지도하고 있음. • 그 주의 주제나 자연과학 수업에 연계를 둔 색종이 접기 및 그리기를 지도함으로써 정서적 표현을 자유롭게 하고 기능적 실력향상을 도모하고 있음. • 신체적 활동으로 요가 동작을 기본으로 한 유아적 응용 스트레칭을 하여 원활한 성장 발육에 힘쓰고 있음. • 유아가 친구들에게 책 읽어주기 릴레이를 함으로써 읽기에 서투른 유아에게도 책을 가까이 접하도록 유도함. • 고른 영양섭취를 위해 친환경적 간식을 제공하고 있으며 다양한 요리활동을 통해 만든 음식을 간식으로 이용하여 올바른 식습관 형성을 조성해 주고 있음. • 15명의 혼합연령 구성으로 교사 대 유아의 비율이 적절하며 교사의 원활한 교육과 보육이 잘 이루어지고 있음.					

<table>
<tr><th rowspan="2">항목</th><th rowspan="2">지표</th><th colspan="5">평정</th></tr>
<tr><th>매우
우수</th><th>우수</th><th>보통</th><th>미흡</th><th>매우
미흡</th></tr>
<tr><td rowspan="2">6-2.
종일제 운영의
효율성(10점)</td><td>36. 수요자 요구에 부응하는 종일제 일과 시간이 운영되고 있다. (5점)</td><td>⑤</td><td>4</td><td>3</td><td>2</td><td>1</td></tr>
<tr><td>37. 종일제 교사(강사)를 확보하고, 인력을 효율적으로 활용하고 있다. (5점)</td><td>⑤</td><td>4</td><td>3</td><td>2</td><td>1</td></tr>
<tr><td>관련내용 및
실적 등 기술</td><td colspan="6">• 종일제의 효율적인 운영을 위한 규정을 만들고, 운영위원회를 조직하여 종일반 운영관련사항에 대해 협의를 거침.
• 지역 실정 및 학부모 면담, 학부모 설문조사를 통하여 종일반 운영 및 가정과 같은 편안한 분위기를 조성하고 활동 간의 통합성을 고려하여 프로그램을 운영함.
• 실외 놀이를 일과 운영 중에 매일 실시하여 아동의 놀이 욕구를 충족시키며, 유아의 기초체력 및 또래 간 상호협동능력 향상에 힘쓰고 있음.
• 학부모 요구를 충분히 반영하여 종일반 시간을 조정 운영하며 학원을 다니는 원아들의 귀가시간이 다양해 그에 맞추어 귀가지도를 하고 있음.
• 매월 둘째주, 넷째주 토요일을 제외한 나머지 날에는 종일제를 운영하고 있으며, 방학 중에도 종일제를 운영하고 있음.
• 오전의 교육활동과 연계하여 주안교육계획 및 일일 활동계획안을 작성하여 계획적이고 실천적인 교육을 도모함.
• 종일반 업무와 교육을 원활히 하고자 유치원 2급 정교사 자격증 소지자를 에듀케어 강사로 채용하였음.
• 종일반 담당교사는 에듀케어 강사와 상호 협동하여 원아 실태파악 및 지도 연구하며 학부모 요구 반영 및 대처행동을 결정함.
• 원감은 종일반 특색교육의 지표방안을 제시하고 정보를 제공함.
• 3월에는 25명이었지만 환경개선이 빨리 되지 못하여 원아가 15명으로 감소되었음.
• 본 유치원은 시 지역에 해당됨으로써 주위에 학원들이 많고 학원을 다니는 원아들이 많아 귀가시간이 다양해 어려움이 있음.</td></tr>
</table>

2. 자체평가 점수표

교육과정 영역

평가항목(배점)	평가지표(배점)	점수	
		지표별	항목별
1−1. 교육계획 수립의 적절성(15)	1. 교육계획안 작성 및 활용(5)	5	13
	2. 유아교육에 적합한 교육내용 · 활동 선정(10)	8	
1−2. 일과 운영의 적절성(15)	3. 통합적 일과 운영(10)	8	12
	4. 교육활동 유형 간의 균형적 안배(5)	4	
1−3. 교수 · 학습방법의 적합성(20)	5. 유아교육에 적합한 교수 · 학습방법의 사용(10)	10	20
	6. 교사−유아 간의 질적인 상호작용(10)	10	
1−4. 평가의 적절성(15)	7. 유아의 발달상황 기록 및 활용(10)	10	15
	8. 교육과정 평가실시 및 결과 활용(5)	5	

총 60점 / 65점

교육환경 영역

평가항목(배점)	평가지표(배점)	점수	
		지표별	항목별
2−1. 교육환경의 적합성(25)	9. 실내 교육환경의 적합성(10)	10	23
	10. 실외 교육환경의 적합성(10)	8	
	11. 유아 발달 수준에 적합한 시설 · 설비(5)	5	
2−2. 교재 · 교구의 적합성(20)	12. 유아 발달 수준과 주제에 적합한 교재 · 교구의 구비 및 활용(10)	10	20
	13. 교재 · 교구의 체계적인 관리 및 보관(10)	10	

총 43점 / 45점

건강 · 안전 영역

평가항목(배점)	평가지표(배점)	점수	
		지표별	항목별
3－1. 건강관리의 적절성(15)	14. 유아 건강 지도 및 관리(5)	5	15
	15. 시설 · 설비의 청결한 관리(10)	10	
3－2. 영양관리의 적절성(10)	16. 균형있는 급간식 시행 및 식습관 지도(5)	5	10
	17. 식재료의 위생적 관리 및 사용(5)	5	
3－3. 안전관리의 적절성(15)	18. 안전교육 실시 및 안전사고 대비책(10)	10	15
	19. 시설 · 설비의 안전 관리(5)	5	

총 40점 / 40점

운영관리 영역

평가항목(배점)	평가지표(배점)	점수	
		지표별	항목별
4－1. 교직원 인사 및 복지의 적절성(10)	20. 교직원 인사 규정 보유 및 준수(5)	5	10
	21. 교직원 복지 규정 보유 및 지원(5)	5	
4－2. 예산 편성 및 운용의 합리성(10)	22. 예 · 결산서 작성 및 공개(5)	5	10
	23. 정부지원금 예산 편성 및 사용의 타당성(5)	5	
4－3. 가정 및 지역사회와의 연계(10)	24. 다양한 부모교육 및 가정과의 교류(5)	5	10
	25. 지역사회 인사 · 자원의 활용 및 기관 홍보(5)	5	
4－4. 기관장의 원 운영의 전문성(10)	26. 교육과정의 질 제고를 위한 노력(5)	5	10
	27. 기관장의 리더십(5)	5	

총 40점 / 40점

자율사업 영역

평가항목(배점)	평가지표(배점)	점수	
		지표별	항목별
5−1. 유아교육 방향구현 (20)	29. 취원율 제고 노력(10)	10	20
	30. 교원의 전문성 신장(5)	5	
	31. 기본교육 실천 노력(5)	5	
5−2. 단위유치원 교육활동 추진 노력(10)	32. 교육수요자 중심의 교육활동 전개 및 지원체제 구축(5)	5	10
	33. 교육활동 추진 성과의 유아교육발전 기여도(5)	5	

총 30점 / 30점

종일제 운영 영역

평가항목(배점)	평가지표(배점)	점수	
		지표별	항목별
6−1. 종일제 운영의 내실화 (10)	34. 종일제 운영을 위한 기본 시설 · 설비 구비(5)	5	10
	35. 종일제 프로그램의 적절성(5)	5	
6−2. 종일제 운영의 효율성 (10)	36. 종일제 운영시간의 적절성(5)	5	10
	37. 종일제 교사(강사) 확보 및 인력 활용의 효율성(5)	5	

총 20점 / 20점

총점	233점 / 240점

Ⅲ. 자체평가 결과 종합 논의

1. 유치원의 특색 사업 및 우수 사례 소개

유치원의 특색 사업 및 우수 사례
중점과제 1: 기본생활습관 형성을 통한 바른 인성 기르기 • 기본생활습관 평가표를 통한 바른생활습관 정착 • 일과 활동을 통한 청결, 질서, 절제, 절약 생활교육 • 주안교육계획안을 통한 가정과 연계한 기본생활습관 지도 • 생활 속에서의 지속적인 환경교육 • 교육과정 운영을 통한 공동체 의식 강화 • '친구의 날'(7/9) 운영으로 친구의 소중함과 더불어 사는 태도 지도 • 친구사랑 3운동 전개하기(칭찬하기, 양보하기, 도와주기) 중점과제 2: 책보기 활동을 통한 창의성 기르기 • 수준별 도서 선정 및 확충과 책보기 방 환경 구성 • 도서관 찾아가기 및 도서대여 활동 전개 • 책보기를 통한 다양한 표상활동 전개 및 책보기 왕 시상 • 자원봉사자 활용 동화책 읽어주기 및 매일 책 읽는 시간 활동 • 동화 주인공에게 편지 쓰기로 창의성 신장 중점과제 3 : 전통문화예술 활동을 통한 감성 기르기 • 매월 둘째주 수요일 전통문화의 날 운영 • 전통놀이, 전래동요 부르기 • 지역 문화제 및 박물관 견학하기 • 교육과정 전개를 통한 전통문화 예술 감상하기 • 신나는 리듬합주와 장평진들 문화제 참여하기 • 사물놀이를 통한 우리 가락 익히기 • 음악감상 활동하기

유치원의 특색 사업 및 우수 사례

[전통문화 예술 체험을 통한 감성 기르기]

1. 이렇게 시작했습니다.
   유아 수준에 알맞고 학급에서 쉽게 실행할 수 있는 우리 가락과 우리 놀이를 선정하여 유아들에게 경험하게 함으로써 우리나라의 정서가 담겨있는 전통문화에 대한 존중심과 자긍심 그리고 전통문화에 대한 이해의 폭을 넓히며 감성을 기르는 데 목적을 두었다.

2. 계획을 이렇게 세웠습니다.
   가. 매월 첫째주 수요일 전통문화의 날 운영
   나. 매주 전래동요 부르기
   다. 도자기 만들기, 염색하기 전통문화 체험하기
   라. 지역문화제와 박물관 견학하기
   마. 주 1회 사물놀이를 통한 우리 가락 익히기

3. 이렇게 실천하고 있습니다.
   가. 매월 첫째 주 수요일 전통문화의 날 운영
      – 전통문화의 날에는 우리 조상들이 즐기던 고유의 민속 투호놀이를 전 원아가 운동장에서 함께 실시하였으며 사후 활동으로 놀이를 하면서 즐거웠던 모습을 그림으로 그려보는 활동을 함.

투호놀이 활동

      – 고유의 민속놀이 비석치기를 각 교실에서 경험하고, 놀이터에서 두껍이 집도 만들어 보고 구음으로 장단 익히기도 경험함.

두껍아 두껍아~

비석치기 활동

      – 여러 가지 전통놀이 경험 후 사후활동을 통해 심화할 수 있게 함.

(계속)

나. 원아들이 쉽게 부를 수 있는 것으로 매주 1곡씩 선정하여 학급에서 즐겨 듣고 부름.

다. 체험학습을 통한 전통문화 경험하기

- 도자기 만들기와 염색하기 체험활동으로 전통문화를 직접 경험해 봄으로써 전통문화에 대한 자긍심과 이해의 폭을 넓히는 계기가 되었음.

염색하기 체험활동

도자기 만들기 체험활동

라. 주 1회 사물놀이를 통한 우리 가락을 경험함으로써 우리 가락의 친근함과 전통문화에 대한 이해와 자긍심을 갖게 함.

4. 예상되는 성과는

자라나는 유아들에게 전통문화의 참맛과 아름다움을 느낄 수 있도록 유치원 현장에서 지속적으로 지도한다면 전통문화의 깊이를 이해하고 사랑하며 우리의 정체성을 높이게 될 것임.

교사들 또한 사물놀이나 전통놀이가 우리 것임에도 불구하고 낯설고 어렵게 느껴지는 부분이 적어질 것임.

유아기부터 우리 전통문화의 멋과 맛을 느끼고 경험함으로써 우리 전통문화에 대한 자긍심과 존중감을 갖게 될 것이며 미래에 더욱 발전된 민족문화를 창조하고 발전하는 한국인이 될 것으로 예상됨.

2. 유치원 자체평가를 실시한 후 느낀 점

구분	느낀 점 및 의견
좋았던 점	• 유치원 운영과 교육활동 전반을 점검할 수 있는 바람직한 기회가 되었음. • 실천 가능하고 구체적인 교육계획을 수립하는 데 도움을 줌. • 2010학년도 교육계획 수립 시 첨삭부분이 보다 명확해졌음. • 2010학년도 예산편성 시 예산배분의 적절성, 효율성을 꾀함. • 유치원 전반에 대하여 자체평가를 실시함으로써 현재 수준과 문제점을 파악하고 개선 방안을 모색할 수 있는 계기가 되었음. • 평가위원 간의 의사소통이 유치원 교육과정 전반에 대하여 협의를 거침으로써 구성원 간의 협력체제가 이루어지고 향후 유치원의 비전 제시 자료가 되었음.
어려웠던 점	• 병설유치원의 여건으로 평가지표의 평가항목을 전부 점검하기에는 시간적 한계와 인원의 한계가 있음. • 유아발달 특성상 기록이나 자료화가 어려운 활동들도 많은데 실적 위주의 평가가 되어 실제로 하고는 있지만 기록이나 자료가 없는 경우가 많아 어려움. • 초등학교와는 달리 적은 인원으로 업무를 분장하여 평가준비를 위해 기록이나 자료화하고 누가 기록하는 데는 교사의 업무 부담이 과중하여 교육과정을 운영하는 데 어려움이 있음. • 노후화된 초등학교 병설유치원의 환경여건으로서 전체적인 환경구성에 한계점이 있음.
자체평가 결과 활용 계획 (자체평가 결과에 근거한 개선 방안)	• 병설유치원과 단설유치원의 인적자원, 환경적 여건 등을 고려한 평가지표와 평가항목이 요구되며, 차별화되고 수정 보완된 평가 도구가 개발되어야 함. • 연차별로 평가 부분을 실시함으로써 자체 평가의 효율성과 교사들의 교수활동을 위축시키는 요인을 최소화하여야 함.

경상남도 C유치원의 자체평가보고서 예시

2009년도 유치원 자체평가보고서

본 보고서는 「2009년도 유치원 평가 편람」에 따라 정확하게 작성되었으며, 사실과 다른 내용이 보고서에 포함되지 않았음을 확인합니다.

제출일 : 2009년 06월 12일

○○○유치원

자체평가위원회

성명	소속 및 직위	자체평가 담당 업무
○○○	원장	총괄
○○○	원감	검토
○○○	교사	기본계획수립, 자료수합, 정리, 보고서작성
○○○	교사	기본계획수립, 자료수합, 정리
○○○	에듀케어 강사	평가관련 자료 및 교육 결과물 정리

○○○ 유치원 원장 ○○○ (직인)

Ⅰ. 유치원 현황

유치원현황	유치원명	○○○유치원	원장명	○○○
	설립유형	공립(단설)___ 공립(병설)___ 사립(법인)___ 사립(사인)___	지역 교육청	
	주 소		전화번호	
			이메일	

원아 현황									
학급수	일반학급	종일반	특수학급	연령별 원아수	만 3세	만 4세	만 5세	계

운영현황 (평일기준)	구분	시간
	반일제	시 분 ~ 시 분 ( ) 명
	연장제	09 시 00 분 ~ 14 시 00 분 (26) 명
	종일제(반)	09 시 00 분 ~ 17 시 00 분 (22) 명

종일반 운영형태	
	____ 오전에는 각 반 수업 후, 오후에 종일반으로 구성 ____ 오전부터 별도 종일반으로 구성 ____ 종일반 없음

교직원 현황	원장	원감	교사		기타 직원	계
			일반학급	종일반		
	명	명	명	명	명	명

교직원 배경	구분	성명	성 별	최종학력	소지자격	총 근무경력	현 유치원 근무경력
	원장						
	원감						
	교사1						
	교사2						
	교사3						

수업료 (수혜성 경비 제외, 월단위)	구분	만 3세	만 4세	만 5세
	반일제	원	원	원
	연장제	원	원	원
	종일반	원	원	원

(계속)

<table>
<tr><td rowspan="2">정부지원금
수혜 원아수</td><td>만 5세
무상교육비</td><td>만 3~4세
차등교육비</td><td>두 자녀 이상
교육비</td><td>장애유아
무상교육비</td><td>기타</td></tr>
<tr><td>8 명</td><td>명</td><td>명</td><td>명</td><td>명</td></tr>
<tr><td>교사급여</td><td colspan="5">전문대졸(초임) ______호봉 연봉: ______만원
대 졸(초임) ______호봉 연봉: ______만원</td></tr>
<tr><td>교사수당</td><td colspan="5">교직수당, 교직수당가산금, 시간외 수당, 성과상여금, 명절휴가비, 정액급식비, 교통보조비, 가계지원비, 보전수당, 보전수당가산금, 교직수당, 담임업무수당, 정근수당, 정근수당가산금</td></tr>
<tr><td>원내 교원 외의
외부강사가 실시하는
별도의 교육활동 및
프로그램 종류</td><td colspan="5"></td></tr>
</table>

II. 자체평가 결과

1. 지표별 자체평가

1) 교육과정 영역(65점)

<table>
<tr><th rowspan="2">항목</th><th rowspan="2">지표</th><th colspan="5">평정</th></tr>
<tr><th>매우 우수</th><th>우수</th><th>보통</th><th>미흡</th><th>매우 미흡</th></tr>
<tr><td rowspan="2">1-1.
교육계획
수립의 적절성
(15점)</td><td>1. 교육계획안을 충실하게 작성하며, 효율적으로 활용하고 있다. (5점)</td><td>⑤</td><td>4</td><td>3</td><td>2</td><td>1</td></tr>
<tr><td>2. 유아교육에 적합한 교육내용 및 활동을 통합적으로 구성 · 계획하고 있다. (10점)</td><td>⑩</td><td>8</td><td>6</td><td>4</td><td>2</td></tr>
<tr><td>관련내용 및
실적 등 기술</td><td colspan="6">지표 1
◎ 월, 주간 및 일일 주제들 간에 연계성이 있는가?
○ 연간교육계획안 작성
제6차 유치원 교육과정, 2007년 개정 유치원 교육과정, 도교육청 교육계획, 시교육청 교육계획, 학부모 설문조사를 통한 교육과정 평가, 전년도 연간 교육과정 운영과정 중 수정 보완한 자료 등을 종합하여 작성
○ 주간교육계획안 작성
–연간교육계획안을 바탕으로 유아들의 이전 경험과 연령 및 흥미를 고려하여 활동주제 선정
–선정된 주제에 대해 활동 계획안을 작성
–주간교육계획안 작성 내용:
• 앞면 : 주제에 따른 교육목표, 자유선택활동, 이야기 나누기, 실외활동, 음률활동, 동화, 동시, 신체표현, 게임, 요리활동 등의 대 · 소그룹 활동계획 및 기본생활습관, 교통 및 생활안전교육, 전통교육, 가정 통신을 계획하여 작성, 매주 금요일에 가정에 배부
• 뒷면 : 2008학년도–안전교육 관련 부모교육 내용, 2009학년도–부모교육을 위한 다양한 안내글
○ 일일교육계획안 작성
–주간교육계획에 따라 이루어질 구체적 활동들을 중심으로 유아들과 이루어질 상호작용 내용과 필요한 자료를 준비하기 위해 일일 교육계획안 작성
◎ 교육과정 생활 주제별, 유아의 발달 영역별 통합적 구성이 이루어지고 있는가?
○ 생활주제별, 발달 영역별 통합적 구성
–생활주제는 계절, 유아의 경험과 흥미와 요구, 교육적 가치정도를 고려하여 발달 영역별 활동이 골고루 통합적으로 이루어지도록 구성함.
–생활주제 구성 시, 연간 · 주간 · 일일교육계획안이 연계성을 갖고 발달 영역간 균형적 안배가 이루어지도록 구성함.
–등원, 우유급식, 자유선택활동, 점심처럼 매일의 일과에서 반복되는 내용은 간략하게 기술: 그날의 소주제에 따른 교사의 발문 기술함.
◎ 일일 주제와 교육목표, 활동 내용 및 방법 등이 일치하는가?
○ 서로 관련성을 갖고 연계되어 있음.
◎ 일일교육계획안에는 당일 소주제(또는 소단원 등), 시간대별 활동, 활동목표, 준비물 및 방법, 평가내용이 포함되어 있는가?</td></tr>
</table>

(계속)

	○ 일안의 구성은 생활주제, 주제, 소주제, 교육목표, 오늘의 일과, 활동 목표, 활동내용, 자료 및 유의점, 교육과정관련요소, 평가로 구성함. ◎ 일과활동 후, 일일교육계획(과정)에 대한 평가가 이루어지고 있으며 다음 교육계획에 반영하고 있는가? ○ 일과 후 수업 활동에 대해 평가해 봄으로써 유아의 흥미도, 교육적 가치, 자료의 적절성 등을 살펴봄 → 향후 교육계획 시 참고함. ◎ 교육계획안을 작성 및 활용함에 있어서 교직원들 간의 사전협의 – 사후검토 등이 이루어지고 있는가? ○ 주안 작성 전 교사 간의 상호 의견 교환을 통하여 주제에 따른 활동들과 가정통신문에 나갈 내용을 사전 협의하며 작성 후 교육계획안 서로 검토하며 수정 보완하면서 의견을 교환함. 지표 2 ◎ 교육내용 및 활동은 국가 유치원 교육과정의 내용과 수준(공통, Ⅰ, Ⅱ수준)에 근거하여 유아의 발달 수준(연령별로)에 적합하게 선정하고 있는가? ○ 유아의 발달 수준에 알맞은 교육 내용과 활동을 선정 – 단위 유치원 및 지역의 특성, 유아의 발달 수준을 고려하여 교육내용을 선정함. – 교육계획안 계획단계에서 공통, Ⅰ, Ⅱ 수준을 고려하여 교육내용을 선정함.

<table>
<tr><th rowspan="2">항목</th><th rowspan="2">지표</th><th colspan="5">평정</th></tr>
<tr><th>매우 우수</th><th>우수</th><th>보통</th><th>미흡</th><th>매우 미흡</th></tr>
<tr><td rowspan="2">1-2.
일과 운영의 적절성
(15점)</td><td>3. 개별 유아의 일일 활동계획과 평가 과정이 포함된 통합적 일과 운영이 이루어지고 있다. (10점)</td><td>⑩</td><td>8</td><td>6</td><td>4</td><td>2</td></tr>
<tr><td>4. 교육활동 유형 간의 균형적인 안배가 이루어지고 있다. (5점)</td><td>⑤</td><td>4</td><td>3</td><td>2</td><td>1</td></tr>
<tr><td>관련내용 및 실적 등 기술</td><td colspan="6">지표 3
◎ 당일 주제에 따라 자유선택활동, 대집단/소집단/개별활동, 이야기나누기, 교재 · 교구 등이 연관성 있게 통합되어 운영되고 있는가?
○ 일일교육계획안의 교육활동은 당일 주제에 따라 연관성 있게 통합적으로 활동을 구성하여 다양한 교재 · 교구를 준비하여 통합적으로 운영함.
◎ 일과 중 유아들이 각자 자신이 하고 싶은 활동을 계획(선택)-실행-평가하는 과정이 포함되어 있는가?
○ 자유선택활동은 '자유선택활동 계획 · 평가집'에 자신이 하고 싶은 놀이 활동을 계획란에 표시(선택)를 하고 자신이 계획한 곳에서 놀이하며(실행), 모이는 시간에 정리한 후 자신이 놀았던 곳에 표시(평가)하는 과정을 경험함으로써 자신의 놀이 선호도를 살펴보고 이를 바탕으로 골고루 놀이 할 수 있도록 유도할 수 있음.
○ 대집단 모임 시간에 결과물이나 자신의 경험, 느낌, 새로운 발견에 대한 사실을 다른 유아와 공유하며 전체적 평가를 함.
◎ 일과 중 자유선택활동 시간을 충분히 포함하고 있는가?
○ 생활주제, 활동, 유아의 흥미, 시기 등에 따라 학기 초에는 4~6개, 점차 6~8개로 영역의 수를 증가하여 융통성 있게 운영.
○ 일과 중 60~90분가량을 자유선택활동시간으로 계획하여 운영.
◎ 매일의 일과와 주간 교육활동이 연계 · 진행되면서 점차 심화되는가?
○ 주간 · 일일 주제와 관련되고 유아들의 활동이 더욱 적극적이면 유아의 활동을 심화 · 확장하여 교육활동을 전개함.

지표 4
◎ 실내/실외, 대근육/소근육, 개별/소집단/대집단, 정적/동적, 유아주도/교사주도 활동 등이 균형적으로 포함되어 있는가?
○ 도시지역에 위치하고 있는 우리 유치원의 유아에게 부족하기 쉬운 대 · 소근육 신체활동을 도와주기 위해 실내 · 외, 활동을 균형적으로 안배하여 실내에서는 체조, 율동 및 주 3~5회 정도 실외 놀이를 실시함.
○ 교육활동의 내용 및 형태에 따라 집단크기를 개별/소집단/디집단, 유이주도/교사주도 활동간 균형을 갖고 일과 운영은 동적 활동과 정적 활동이 적절히 안배되도록 운영함.
◎ 실외활동이 충분하게 포함되어 있는가?
○ 날씨(황사, 우천, 눈 등), 유아의 건강상태, 유치원의 행사 등을 제외하고는 오전반은 월, 수, 금 점심식사 후, 종일반은 화, 목 간식시간 이후 바깥놀이를 실시하고 있으며 계절이나 주제에 따라 운동장이나 학교주변 돌아보기를 하고 있음.
○ 실외에서 지속적으로 유아들과 함께 하는 '긴 줄넘기'를 통해 유아의 체력을 기르고 줄넘기의 기본 원리를 알게 하며 익숙해지면 여럿이 함께 뛰며 협동심을 기를 수 있음.</td></tr>
</table>

항목	지표	평정				
		매우 우수	우수	보통	미흡	매우 미흡
1−3. 교수 · 학습방법의 적합성 (20점)	5. 유아교육에 적합한 교수 · 학습방법을 사용하고 있다. (10점)	⑩	8	6	4	2
	6. 교사−유아 간에 질적인 상호작용이 이루어지고 있다. (10점)	⑩	8	6	4	2

관련내용 및 실적 등 기술

지표 5

◎ 발표 · 토의, 관찰, 실험, 조사, 견학, 체험 등 다양한 교수 · 학습방법을 사용하고 있는가?

○ 유아에게 적합한 다양한 교수 · 학습방법을 사용하여 교육활동을 극대화함.

발표	• 소주제의 교육목표와 성격, 활동내용에 따라 이야기 나누기, 체험활동 사전 · 사후활동, 활동평가 시간
토의	• 유아 간 문제상황 발생 시, 교육활동 전개 중 의사결정이 필요할 때
관찰 · 실험 · 조사	• 자유선택활동, 실외 활동
현장학습	• 월 1~2회 실시(○○수산과학관, ○○공원, 문화관광농원, 포로수용소, 지세포 어촌박물관, 고성 탈박물관, 농업기술 개발원 등)
체험	• 영화단체관람, 종이 접기 '시계' 만들기 학부모 참여수업, 우체국 견학, 홈플러스 견학 및 시장놀이, 거제시 공립유치원 건강놀이 한마당 참여, 얼렁뚱땅 색깔공장 체험전 외 적합한 교재 · 교구를 활용하여 매주 실시

◎ 교육내용 및 활동에 적합한 교재 · 교구와 교수 · 학습방법을 사용하고 있는가?

○ 계획안 작성 시 단위활동에 대한 목표를 달성시키기 위해 교사는 다양한 참고자료와 실천적 지식을 바탕으로 주제에 적절한 교재 · 교구를 선정한 후 제작 · 구입하여 교수 · 학습 교육활동을 전개함.

지표 6

◎ 교사는 당일 주제 및 활동을 적절하게 전개하는가?

○ 당일 주제에 맞추어 활동을 선정하고 전개함.

◎ 교사가 유아의 호기심과 참여(동기)를 유발하는 질문을 적절히 사용하고 있는가?

○ 유아중심/유아와 유아/유아와 교구 간의 상호작용을 통하여 유아의 창의적 사고를 확장시켜줄 수 있는 확산적이고 개방적인 질문을 함.

(계속)

	유아 중심	• 유아가 주체가 되어 발견하고 탐색하고, 자신이 잘못 이해한 개념이나 지식을 주도적으로 발견, 수정, 확장할 수 있도록 도움을 제공하기 위하여 유아를 주의 깊게 관찰하며 상황에 적절한 상호작용 제공 • 실수를 허용하는 자유로운 분위기 조성 • 교사는 확산적 발문으로 유아의 지적 호기심과 인지적 갈등 유도 • 유아가 새로운 상황에 접했을 때나 문제를 해결할 때 스스로 생각하여 문제를 해결할 수 있도록 충분한 시간을 제공한 후 상호작용 적용
	유아와 유아	• 일과 안에 이루어지는 대부분의 활동은 유아−유아 간의 상호작용이 많이 일어나도록 계획 • 궁금증이 있을 경우 또래와 함께 알아보도록 안내하고 알려주고 도와주면서 상호작용하도록 격려
	유아와 교구	• 생활주제와 관련하여 유아발달과 흥미에 알맞은 교재 · 교구를 제공함으로써 다양한 교구 · 교재와 상호작용 • 유아에게 수준별 교구를 제공하고 단순한 활동만이 아닌 창의적으로 다양한 놀이를 할 수 있는 교구를 제공 • 교구는 유아들이 쉽게 놀이하고 정리할 수 있도록 자리표시를 붙여 활용

<table>
<tr><th rowspan="2">항목</th><th rowspan="2">지표</th><th colspan="5">평정</th></tr>
<tr><th>매우 우수</th><th>우수</th><th>보통</th><th>미흡</th><th>매우 미흡</th></tr>
<tr><td rowspan="2">1-4.
평가의 적절성
(15점)</td><td>7. 개별 유아의 발달 상황을 지속적으로 기록하고 활용한다. (10점)</td><td>⑩</td><td>8</td><td>6</td><td>4</td><td>2</td></tr>
<tr><td>8. 교사 자체평가를 포함한 교육과정 평가를 실시하고, 그 결과를 교육과정 개선에 활용한다. (5점)</td><td>⑤</td><td>4</td><td>3</td><td>2</td><td>1</td></tr>
<tr><td>관련내용 및
실적 등 기술</td><td colspan="6">지표 7
◎ 관찰, 작품분석, 면담 등 교육적으로 바람직한 다양한 방법을 활용하여 유아 발달 평가를 실시하고 있는가?
<table>
<tr><td rowspan="2">관찰</td><td>일화기록</td><td>• 일과 중 유아의 행동이 일어나는 그대로 기술함.</td></tr>
<tr><td>체크리스트</td><td>• 유아의 특정 행동을 간략하게 체크(연 1회 이상)</td></tr>
<tr><td>실적물 분석</td><td>발달영역별 평가</td><td>• 유아의 기본생활습관 평가표를 작성하여 유아의 바람직한 기본생활습관이 형성될 수 있도록 지속적으로 지도하고 있음.
• 체크리스트, 포트폴리오 등을 통해 유아의 발달상태를 파악하여 부모면담 자료와 교육활동, 유아를 이해하는 참고자료로 활용함.</td></tr>
<tr><td>면담</td><td>학부모 개별 면담</td><td>• 유아관찰자료, 작품분석을 통하여 유아의 전반적인 발달 상태를 면담함(연 2회).
• 1학기: 학부모의 요구 사항 및 아이의 심리적 상태이해.
2학기: 유아 실적물 분석 중심으로 면담.</td></tr>
</table>
◎ 유아 발달 상황을 지속적으로 기록 · 점검하고, 그 내용을 교육과정 운영이나 학부모 면담 등에 활용하고 있는가?
○ 다양한 방법으로 실시한 평가는 누가적으로 수집 · 분석함.
○ 교육과정 운영과 학부모 개별 면담자료로 활용함.
○ 개별유아 발달을 도모하기 위한 기초 자료로 활용함.

지표 8
◎ 평가회, 협의회 또는 자체 제작 도구 등을 활용하여 교사 자체평가를 실시하고 있는가?
○ 교육과정 전반에 걸쳐 교사 간 평가 · 협의회 시간을 가져 장점과 단점을 논의함.
○ 평가도구의 적절성에 대해 계속적 협의 시간을 가지고 연구하여 본 유치원 유아에 맞는 자체 평가도구(건강생활영역 체크리스트, 5개 생활영역별 활동 평가)를 마련함, 지속적인 수정 보완작업 함.
○ 교사 스스로 일과를 살펴봄으로써 주 · 일일교육계획의 수정 및 자료, 준비물의 적합성 등을 평가.
○ 교육계획의 평가영역에 의거 교사자기 평가서를 통하여 반성적 사고를 함.
◎ 교육적으로 적절한 방법과 도구 등을 활용하여 교육과정 평가를 실시하고 있는가?
○ 학기말, 교사 스스로 한 학기 동안 교육과정을 계획하고 적용해 본 것에 대해 교육과정 평가서를 통해 실시함.
◎ 교사 자체평가 및 교육과정 평가 결과를 교사의 교수 · 학습방법 개선 및 교육계획 수립 등에 반영 · 활용하고 있는가?
○ 교사 평가는 사명감과 연구 및 연수활동의 측면에서 교사 자신에 대한 형식적, 비형식적 평가를 실시하고 그 결과를 교수 · 학습방법 개선 및 향후 교육계획에 반영하여 교육과정 운영계획 수립의 기초 자료로 활용함.</td></tr>
</table>

2) 교육환경 영역(45점)

항목	지표	평정				
		매우 우수	우수	보통	미흡	매우 미흡
2-1. 교육환경의 적합성 (25점)	9. 실내 교육환경 구성이 적절하고, 효율적으로 활용되고 있다. (10점)	⑩	8	6	4	2
	10. 실외 교육환경은 다양한 활동이 이루어질 수 있게 구성되어 있다. (10점)	10	⑧	6	4	2
	11. 유아의 발달 수준에 적합한 시설 · 설비가 구비되어 있다. (5점)	⑤	4	3	2	1

관련내용 및 실적 등 기술

지표 9

◎ 실내 흥미 영역의 구성이 적합한가?

○ 유아의 흥미를 생활주제를 고려한 적합한 흥미 영역이 구성되어 활용되고 있으며 교육계획에 따라 유사 영역 간의 통합분리가 가능하도록 되어 있음.

○ 흥미 영역은 물리적 · 기능적인 면을 고려하여 효율적으로 구성

쌓기	• 유아의 창의성 신장을 위하여 레고놀이를 편안히 즐길 수 있도록 제공. • 역할놀이방을 연결하여 연합놀이를 할 수 있도록 배치.
역할	• 다양한 역할놀이 자료를 주제에 맞게 제시.
조형	• 다양한 재료를 준비해 두고 사용 후 유아들이 정리하기 편리하도록 바구니에 라벨 부착함.
수 · 과학	• 조형 옆에 두어 언제든지 표상활동을 할 수 있고, 궁금한 것을 찾아볼 수 있도록 함.
조작	• 여러 가지 퍼즐과 바둑알 등의 다양한 자료 준비.
음률	• 시끄러운 영역이므로 책보기 영역과는 떨어지고 유아들이 자유롭게 놀이할 수 있도록 하고 여러 종류의 악기를 자료 표시하여 정리하여 두었음.
언어	• 책보기 방과 붙여 두어 읽기를 자연스럽게 하고 글쓰기 활동도 수시로 할 수 있도록 이면지를 준비해 둠.
책보기	• 바닥에 앉아 책 볼 수 있도록 낮은 책상 배치함.

항목	지표	평정				
		매우 우수	우수	보통	미흡	매우 미흡
2－2. 교재 · 교구의 적합성(20점)	12. 유아 발달 수준과 주제에 적합한 교재 · 교구를 구비하고 효과적으로 활용하고 있다. (10점)	⑩	8	6	4	2
	13. 교재 · 교구를 체계적으로 정리 · 관리하고 있다. (10점)	⑩	8	6	4	2
관련내용 및 실적 등 기술	지표 12 ◎ 다양한 교재 · 교구를 충분하게 구비 · 활용하고 있는가? ○ 진행되는 생활주제에 따라 이야기나누기, 동화 및 동시, 노래지도, 요리 활동, 음악 감상자료 등 활동에 적합한 자료를 구비함. ○ 영역별 활동 교재 · 교구는 생활주제에 따라 구분하여 비치함. ○ 영역별 활동에 기본적으로 비치될 블록, 소꿉놀이 소품, 레고 등은 다양하게 구비함. ○ 교재와 교구는 유아의 연령과 유아수를 고려하여 적정량을 구비하여 활용하고 있음. ◎ 교재 · 교구가 유아의 발달 수준과 주제에 적합한가? ○ 교재 · 교구는 생활주제에 따라 이야기나누기, 동화 및 동시, 노래, 요리 활동, 음악 감상자료 등 유아의 발달수준에 적합한 자료를 구비함. 지표 13 ◎ 교재 · 교구가 주제별로 정리되어 있는가? ○ 생활주제별로 동화, 동시, 이야기나누기 자료는 세워두는 자료장에 보관하고, 자유선택활동과 신체활동, 조형 활동자료는 서랍형 자료장에 보관하고 있으며, 음률 · 표현활동자료는 CD 및 비디오장에 보관하고 있음. ◎ 교재 · 교구의 사용과 보관이 용이하도록 체계적으로 관리하고 있는가? ○ 교사실 및 종일반 교실 벽면에 설치한 붙박이 자료장을 활용하여 교수 · 학습자료 체계적으로 정리하고 있음.					

3) 건강 · 안전 영역(40점)

항목	지표	평정				
		매우 우수	우수	보통	미흡	매우 미흡
3－1. 건강관리의 적절성 (15점)	14. 유아에게 적합한 건강지도와 기본적인 건강관리를 실시하고 있다. (5점)	⑤	4	3	2	1
	15. 시설 · 설비를 청결하게 유지 · 관리하고 있다. (10점)	⑩	8	6	4	2

관련내용 및 실적 등 기술

지표 14

◎ 유아를 대상으로 청결 및 위생 지도(손 닦기, 양치질 포함) 등을 실시하고 있는가?

○ 기본생활습관 체크리스트지를 활용한 반복지도

보건교육	• 각 연 1회 본교 보건교사의 구강교육 및 성교육 실시함. • 건강교육과 관련된 '보건 소식지' 매월 가정으로 발송함.
손닦기	• 간식 및 점심 전, 실외 및 특정 놀이 후 1830운동 실시함. • 1830 : 하루에 8번씩 30초간 손을 씻어요.
이닦기	• 점심 급식 후 3.3.3 양치지도 함.

◎ 유아 건강검진을 1년에 1회 이상 실시하고, 관련 서류를 비치 · 보관하고 있는가?

체격검사	• 연 2회 실시하고 학기 말에 생활기록부에 기록함.
치과 검진	• 연 1회(1학기, 치아 홈메우기)
소아과 검진	• 학부모님께 가정통신문으로 안내함.

◎ 유아 건강검진 결과를 가정에 통보하고, 치료를 요하는 유아에 대한 적절한 조치를 취하고 있는가?

○ 본원에서 실시하는 구강검진 결과 및 체격검사 결과는 가정에 통보하고 학부모 상담이 필요한 경우는 전화를 통해 적절한 조치를 취할 수 있도록 함.

지표 15

◎ 실내외 시설 · 설비를 청결하게 관리하고 있는가?

놀잇감	• 월 1회 유치원 대청소시 정기적인 세척함.
교실, 복도, 계단	• 정기적인 실내 방역시 소독함.
화장실과 세면대	• 매일 청소하고 청결하게 유지함. • 본교 채용 화장실 청소 용역인원이 정기적으로 와서 바닥 물청소 및 변기 청소 해주심.
조리실, 식기, 조리도구 등	• 자외선 소독과 열탕 소독함.
실외 시설 · 설비	• 정기적인 안전점검과 함께 매일 점검함.
방역 등 기타	• 실내 · 외 방역 실시 및 물탱크 청소함.

◎ 유아 개인용품에 대한 위생관리를 하고 있는가?

○ 유아 개인 위생관리를 위한 개인용품 설치하였음.

－개인용 칫솔 관리를 위한 소독기 설치하여 이용함.

－화장실에 핸드 타올 설치하여 사용함.

항목	지표	평정				
		매우 우수	우수	보통	미흡	매우 미흡
3－2. 영양관리의 적절성(10점)	16. 균형있는 영양의 급간식 식단을 작성·시행하고 있으며, 식습관 지도를 하고 있다. (5점)	⑤	4	3	2	1
	17. 급간식 식재료를 위생적으로 관리·사용하고 있다. (5점)	⑤	4	3	2	1

관련내용 및 실적 등 기술

지표 16

◎ 영양균형을 유지한 급식과 다양한 종류의 간식이 제공되고 있는가?

○ 영양균형 유지를 위한 급식 및 간식 제공함.

－인스턴트를 사용하지 않는 범위 안에서 식단 구성함.

－HACCP시스템 중 CCP1 식단구성기록지. CCP2. 잠재적으로 위험한 식품의 공정과정을 통해 면역력이 약한 유아에게 위생적으로 안전한가를 면밀히 검토하였음.

－식단표는 행정실장, 원감, 원장의 협의를 거쳐 검토한 후 실시함.

◎ 급식 및 간식 식단표를 공개하고, 가정에 제공하고 있는가?

○ 급식식단표는 월말 가정으로 배부하고 신현홈페이지 정보공개방－급식란에 내용 탑재함.

◎ 유아 대상 식습관 및 영양지도를 하고 있는가?

○ 매일 반복지도를 통한 식습관 및 영양지도

점심시간 전	• 손씻기, 식단 알기, 처음 먹는 음식 지도
점심시간	• 올바르게 수저 사용하기, 바른 자세로 앉기 • 처음 나온 음식 한두 번 먹어보기 • 급식소에서 돌아다니지 않기 • 입안에 음식 있을 때 다 먹고 말하기
점심시간 후	• 의자 바르게 밀어 넣기, 잔반 한곳에 모아버리기 • 교실에 갈 때 걸어서 가기 • 수다날(수요일, 금요일은 다 먹는 날) 유아에게 스티커 붙여주기

지표 17

◎ 신선한 식재료를 구입하고, 검수 절차를 거치고 있는가?

○ 식재료 구입 및 검수 절차 강화를 강화하여,

－HACCP 시스템을 시행함으로써 위해중점 요소를 집중적으로 감시

－유아들이 먹는 식자재에서 위험 요소에 노출되지 않도록 함.

－식자재는 당일 사용할 양을 구입하여 소비함.

－식재료 발주 시 규격을 정하여 잠재적으로 위험하지 않고 우수한 품질의 식자재가 들어올 수 있도록 함.

－검수는 행정실장, 영양교사의 복수 검사함.

－음식 조리 시 교차 오염이 되지 않도록 잠재적 위험한 식자재는 시간차를 두어 작업하며, 조리기구도 구분하여 사용.

－신현홈페이지 정보 공개방－급식 안내란에 내용 탑재함.

◎ 신선한 식재료를 위생적으로 보관·사용하고 있는가?

○ 식재료 보관 방법

－신선한 식재료를 위생적으로 보관함.

－선입 선출이 용이하도록 보관함.

－유통기한이 있는 것은 유통기한순으로 사용할 수 있도록 보관함.

－냉장·냉동고에 식품을 보관할 경우에는 반드시 그 제품의 표시 사항(보관방법 등)을 확인한 후 그에 맞게 보관함.

－냉장고는 5℃ 이하, 냉동고는 －18℃ 이하의 내부 온도가 유지되는가를 확인하며, 이상이 있을 시는 즉시 조치함.

◎ 보존식을 시행하고 있는가?

○ 보존식 보관은 배식 직전에 소독된 보존식 전용용기에 음식 종류별로 각각 100g 이상을 －18℃ 이하에서 72시간 이상 보관함.(영양 관리실에 비치)

<table>
<tr><th rowspan="2">항목</th><th rowspan="2">지표</th><th colspan="5">평정</th></tr>
<tr><th>매우 우수</th><th>우수</th><th>보통</th><th>미흡</th><th>매우 미흡</th></tr>
<tr><td rowspan="2">3-3. 안전관리의 적절성(15점)</td><td>18. 유아, 교사를 대상으로 안전교육을 실시하고, 안전사고 대비책이 마련되어 있다. (10점)</td><td>⑩</td><td>8</td><td>6</td><td>4</td><td>2</td></tr>
<tr><td>19. 시설 · 설비를 안전하게 관리하고 있다. (5점)</td><td>⑤</td><td>4</td><td>3</td><td>2</td><td>1</td></tr>
</table>

관련내용 및 실적 등 기술

지표 18

◎ 유아를 대상으로 하는 안전교육을 수시로(또는 주기적으로) 실시하고 있는가?

교통안전교육	• 항목을 세분화하여 매주 실시하며, 귀가 시 횡단보도 5원칙지도를 철저히 하여 유아의 교통안전을 생활화함.(매일 실시) • 매일 교사가 장평과 화인아파트 근처로 귀가 지도 실시함. • 3월 27일 거제시 보건소에서 본원을 방문하여 건강체험교실 실시하였음.(안전사고 예방교육 및 장애체험교육 등의 실시함)
놀이시설 안전 및 놀이 규칙	• 실내 · 외 놀이 시 유아 스스로 규칙 정하기를 하여 놀이 시 안전을 습관화하도록 교육함.
아동학대 및 성폭력 교육	• 생활주제 외에도 연중 상황 중심으로 아동학대 및 성폭력관련 교육활동을 전개하며, 본교 보건교사가 연 1회 원아들을 대상으로 성교육을 실시함.
유괴 및 미아예방 교육	• 실종아동전문기관에서 발행한 어린이 실종예방 애니메이션 '끼오' 자료를 활용하여 유괴예방교육을 실시하며, 현장학습을 갈 때마다 이탈하지 않기 반복지도.
소방대피훈련	• 소방대피훈련 계획에 의하여 월 1회 실시(초등연계 연 1회, 유치원 자체 월 1회)
지진대피훈련	• 지진대피훈련 계획에 의하여 월 1회 실시.

◎ 정기적으로 실시하는 안전교육 외에도 일과 중 교육활동 주제와 관련하여 안전교육이 적절히 포함되어 있는가?

○ 유치원 교육계획 수립 시 연간 안전교육계획을 수립하여 실시함.

○ 주간 교육계획안에 안전교육지도를 안내하며 매일의 활동 중에 안전사고 발생을 미연에 방지할 수 있도록 지속적 지도를 함.

◎ 교사를 대상으로 하는 안전교육을 수시로(또는 주기적으로) 실시하고 있는가?

○ 교사도 유아와 함께 월 1회 소방대피훈련과 지진대피훈련을 실시.

○ 도로교통공단에서 실시하는 교통안전 교사 연수 참여(2009.04.09): 어린이 행동 특성과 교통안전, 어린이 교통사고 사례 원인 및 예방법, 어린이 교통안전지도 방법에 대해 연수받음.

◎ 유아를 위한 상해보험에 가입하고, 이를 가정에 공지하고 있는가?

○ 가정 통신문 등을 통한 각 가정에 공지.

–학교 안전 공제회 : 원생 전원 가입.

–관련내용을 입학 시 오리엔테이션 자료로 가정 통신문을 통해 학부모에게 공지함.

◎ 시설을 위한 재난 보험에 가입하고, 이를 가정에 공지하고 있는가?

○ 교육시설 재난공제회 가입.(매년 가입)

○ 가정에 안내장을 통한 공지.

◎ 사고 발생에 대비하여 적절한 수습책이 마련되어 있는가?

○ 비상연락망 및 응급처치 동의서 비치.

(계속)

<table>
<tr>
<td>관련내용 및
실적 등 기술</td>
<td>
–입학 초 응급처치 동의서 및 비상연락망 작성 수거하여 비치함.
–유치원 전용 전화기 주변에 비상시 연락전화번호를 붙여 두고 응급상황 발생 시 가정과 신속히 연락이 이루어지도록 함.
–유치원 현관에 학부모용 응급처치 요법에 관한 안내책자 비치함.
○ 유치원에서 사고 발생 시
–사고 발생 즉시 보건교사의 도움을 받아 바로 응급처치 후, 보호자에게 연락함.
–병원 치료가 필요할 경우 가정과 긴급히 연락을 하고, 부모가 원하는 병원 혹은 인근 병원에서 진료함.
○ 현장학습지에서 사고 발생 시
–현장학습을 갈 경우에는 비상구급약품 가방을 상비함.
–유아의 비상연락전화번호를 휴대폰에 저장하여 부모와 연락함.
※ 현장학습 장소가 건물일 경우 비상시 이동 가능한 출구 및 대피장소가 건물 내에 있는지 확인함.

지표 19
◎ 실내 · 외 시설 · 설비가 유아가 사용하기에 안전한가?
○ 실내 시설 · 설비
–유아 발달 수준에 맞는 크기와 공간, 배치 등을 고려해 가장 안전하게 유아들이 사용하고 놀이할 수 시설 및 설비 구비.
–전기선은 몰딩 작업 실시하여 안전하게 사용.
–화장실 입구 문에 안전장치를 하여 유아들의 손이 다치지 않도록 사전 예방.
○ 실외 시설 · 설비
–유아의 발달을 고려하여 만든 유치원 전용 실외 놀이시설 사용.
◎ 실내외 시설 · 설비에 대한 안전관리가 철저하게 이루어지고 있는가?
<table>
<tr><td>실내 · 외 안전관리</td><td>• 매월 4일 안전점검의 날 운영(월 1회)
• 안전점검부로 점검 실시</td></tr>
<tr><td>소방점검 및 방화관리</td><td>• 소방점검 및 방화관리 관할 소방서에 통보(월 1회)</td></tr>
<tr><td>전기안전점검</td><td>• 실시하고 결과를 보관하고 있으며 필요에 따라 전기안전 공사 직원의 도움을 받아 문제점을 찾아 보수 공사(연 2회)</td></tr>
<tr><td>방역</td><td>• 실내 · 외 소독(연 4회)</td></tr>
<tr><td>저수조 청소</td><td>• 옥상물탱크 청소(연 4회)</td></tr>
</table>
</td>
</tr>
</table>

4) 운영관리 영역(40점)

<table>
<tr><th rowspan="2">항목</th><th rowspan="2">지표</th><th colspan="5">평정</th></tr>
<tr><th>매우
우수</th><th>우수</th><th>보통</th><th>미흡</th><th>매우
미흡</th></tr>
<tr><td rowspan="2">4−1.
교직원 인사 및
복지의 적절성
(10점)</td><td>20. 공정한 교직원 인사규정이 있으며, 이를 잘 준수하고 있다. (5점)</td><td>⑤</td><td>4</td><td>3</td><td>2</td><td>1</td></tr>
<tr><td>21. 교직원 복지규정이 있으며, 관련 지원을 하고 있다. (5점)</td><td>⑤</td><td>4</td><td>3</td><td>2</td><td>1</td></tr>
<tr><td>관련내용 및
실적 등 기술</td><td colspan="6">지표 20
◎ 교직원 인사와 관련하여 공정한 규정이 있으며, 이를 공지하고 있는가?
※ 본원은 공립 병설유치원 및 복수 학급임
○ 09. 학교규칙에 명시 : 신현홈페이지에 '09. 학교규칙' 탑재 및 공지
−제10장 교직원 관리규정 : 1절 교직원 복무, 2절 교내 인사 관리에 반영함.
◎ 교직원 근무성적 평정 방법이 적절하고, 그 결과를 활용하고 있는가?
○ 도교육청 다면평가 평정에 의한 지침 준수
−교원으로 구성된 다면평가단 조직 운영
◎ 교직원의 임용과 해임이 공정하게 이루어지고, 기한 내에 교육청에 보고되고 있는가?
○ 법령에 의한 임용과 해임 실시
−교육공무원 임용에 관련된 법령에 의거하여 임용 및 해임 실시
−계약제일 경우 : 도교육청에서 하달한 계약제 공무원 임용 관련 지침에 의거하여 실시

지표 21
◎ 교직원의 기본 수당(교직수당, 담임수당)을 지급하고 있는가?
○ 공무원 보수규정에 의한 지급
−본원의 유치원 교사는 국가공무원 임용령에 의한 정규직 교원으로 기본수당에 관한 사항은 도교육청 및 00교육청에서 해당 교사의 호봉에 적절한 기본 수당을 지급하고 있음.
◎ 교직원의 연금 가입을 지원하고 있는가? : 자동 가입되어 불입함.
◎ 교직원의 전문성 제고를 위한 다양한 연수기회를 부여하고, 비용 및 시간을 지원하고 있는가?
○ 직무연수 및 자율연수 실시
−유아교육 관련 직무연수 및 자율연수 참여 권장.
−교사의 전문성 함양을 위해 각종 연수에 참여하여 자기연마함.
<table>
<tr><th>구분</th><th>직무 및 자율 연수명</th></tr>
<tr><td>2008년</td><td>• 찾아가는 연수
• 유치원 교원 전통문화연수
• 유치원 교원 전통음악교육연수
• 2008. 유치원 교육과정 직무연수
• 00시 교사동아리(유아 요리연구) 가입활동
• 배드민턴 직무연수</td></tr>
<tr><td>2009년</td><td>• 교통안전담당교사 연수 참석</td></tr>
</table>
○ 직무연수 연수비 지원
−도교육청의 2009. 학교회계예산편성기본지침에 의거 특수분야 직무연수 연수비 지원 : 30시간(52,000원), 60시간(104,000원)</td></tr>
</table>

<table>
<tr><th rowspan="2">항목</th><th rowspan="2">지표</th><th colspan="5">평정</th></tr>
<tr><th>매우 우수</th><th>우수</th><th>보통</th><th>미흡</th><th>매우 미흡</th></tr>
<tr><td rowspan="2">4-2.
예산 편성 및 운용의 합리성 (10점)</td><td>22. 유치원 운영 예 · 결산서를 작성 · 보고(공개)하고 있다. (5점)</td><td>⑤</td><td>4</td><td>3</td><td>2</td><td>1</td></tr>
<tr><td>23. 정부지원금의 예산 편성 및 사용내역이 타당하다. (5점)</td><td>⑤</td><td>4</td><td>3</td><td>2</td><td>1</td></tr>
<tr><td>관련내용 및 실적 등 기술</td><td colspan="6">지표 22
◎ 예 · 결산서를 구체적으로 작성 · 관리하고 있는가?
○ 행정실장과 연계하여 유치원회계 예 · 결산서 작성하여 NEIS에 탑재 후 수시 활용함.
◎ 예산 편성 시 교직원 및 학부모의 의견을 수렴하고 있으며, 예 · 결산서를 공개하고 있는가?
○ 교육공동체의 의견을 수렴하여 예산 편성하며, 예 · 결산서를 00 홈페이지-정보공개방란에 예 · 결산 내용 공개함.

지표 23
◎ 정부에서 지원하는 비용의 예산편성 및 사용내역이 타당한가?
○ 정부지원금-유아교육비, 목적사업비 등은 그 목적에 맞게 집행하고 교육청에 보고하며, 분기별로 유아교육비 점검 등을 통하여 감사를 받음.
○ 목적사업비는 예산 편성 시 목적사업비로 따로 예산을 편성하여 그 목적에만 집행하며, 장부에 모든 사항을 기록함. 집행 완료 후 3일 이내에 교육청에 그 집행내역 보고함.</td></tr>
</table>

<table>
<tr><th rowspan="2">항목</th><th rowspan="2">지표</th><th colspan="5">평정</th></tr>
<tr><th>매우
우수</th><th>우수</th><th>보통</th><th>미흡</th><th>매우
미흡</th></tr>
<tr><td rowspan="2">4-3.
가정 및
지역사회와의
연계(10점)</td><td>24. 다양한 부모교육 및 참여활동을 실시하고 가정과의 연계를 위해 노력하고 있다. (5점)</td><td>⑤</td><td>4</td><td>3</td><td>2</td><td>1</td></tr>
<tr><td>25. 지역사회 인사 및 자원을 적극적으로 활용하고 지역사회와의 연계를 위해 노력하고 있다. (5점)</td><td>⑤</td><td>4</td><td>3</td><td>2</td><td>1</td></tr>
<tr><td>관련내용 및
실적 등 기술</td><td colspan="6">지표 24
◎ 부모교육 및 참여활동 계획을 체계적으로 수립하고 있는가?
○ 학부모 오리엔테이션 실시 : 본원 입학 전(연 1회)
○ 학부모 강연회 및 연수 참여 권장 : 유아교육원에서 정기적으로 실시하는 학부모 강연회 및 연수 참여 안내(수시), ○○교육청 주최 학부모 강연회 참여 안내함.
○ 학부모 참여수업 : 워크숍 형태로 연 1회 이상 실시.(본교 '아빠와 함께하는 하루' 행사에 맞추어 도자기 빚기나, 종이접기 등의 활동으로 실시)
◎ 유치원의 교육내용 및 활동, 유아의 발달 및 교육문제 등과 관련하여 가정으로 안내하고 있는가?
○ 각종 행사 사진 탑재 : 유치원 행사 및 현장학습 후에는 학교홈페이지 내 유치원 학급홈페이지 '학급앨범'란에 탑재하여 유아들의 활동 알림.
○ 학교소식지 '○○소식'을 통한 홍보: 매월 말일 발행하는 학교소식지 '병설유치원 코너'를 통하여 한 달 동안 있었던 유치원행사나 교육활동 내용을 실어 유치원 학부모님들뿐 아니라 지역사회에도 유치원 홍보 효과를 얻고 있으며 반응이 좋음.
◎ 유아의 가정 배경 및 학부모의 특성 · 요구 등을 고려하여 가정과 교류하고자 노력하고 있는가?
○ 학부모 상담 실시 : 3월 말에서 4월 초 실시
○ 유아들의 가정 연락부 활용한 의견 교류
○ 부모들을 위한 대화방 운영 : 홈페이지 내 학급홈페이지 '대화방' 코너 활성화.

지표 25
◎ 지역적 특성을 반영한 활동을 실시하고 있으며, 지역사회 인적 · 물적 자원을 활용하고 있는가?
<table>
<tr><th>기관</th><th>지역사회 자원</th></tr>
<tr><td>○○시 보건소</td><td>• 건강체험교실 참가(2009. 03.27)</td></tr>
<tr><td>○○시 도서관</td><td>• 필요한 교육용 컨텐츠 대출 활용(수시)</td></tr>
<tr><td>○○대학
유아교육과</td><td>• (2008.10.17~2008.12.31)「예비유아교사 전문성 신장을 위한 멘토링 실습 프로그램」 참가
-유아교육과 1학년 학생들의 멘토로서 수업참관을 허용하고 수업지도안 지도 및 실습기회 제공하였음.</td></tr>
<tr><td>○○복지관</td><td>• ○○복지관에서 노인복지 사업에서 양성한 실버 선생님 활용
-매주 월, 수 각 1시간씩 파견된 실버 선생님을 통하여 무료로 한자와 종이접기 공부를 함께하고 있음. 세대간 소통을 원활히 하고 친숙함을 쌓는 데 도움이 됨.</td></tr>
<tr><td>○○신문사</td><td>• 본원 유치원생들 참여한 ○○시 공립유치원 건강놀이 한마당(2009.05.21 실시) 안내문 및 관련 기사 취재하여 보도함.</td></tr>
</table></td></tr>
</table>

<table>
<tr><th rowspan="2">항목</th><th rowspan="2">지표</th><th colspan="5">평정</th></tr>
<tr><th>매우 우수</th><th>우수</th><th>보통</th><th>미흡</th><th>매우 미흡</th></tr>
<tr><td rowspan="2">4−4.
기관장의
원 운영의
전문성(10점)</td><td>26. 원장은 올바른 유아교육 철학과 신념을 가지고 있으며, 교육과정 질 제고를 위해 노력하고 있다. (5점)</td><td>⑤</td><td>4</td><td>3</td><td>2</td><td>1</td></tr>
<tr><td>27. 구성원들간의 민주적 의사소통을 격려하고, 리더십을 발휘한다. (5점)</td><td>⑤</td><td>4</td><td>3</td><td>2</td><td>1</td></tr>
<tr><td>관련내용 및
실적등 기술</td><td colspan="6">지표 26
◎ 원장은 기관의 운영방침을 바람직하게 설정하고 공개하고 있는가?
○ 유아교육의 특성을 바르게 파악하고 적합하게 운영방침을 수립하여 운영하고 있으며 유치원 교육과정을 공개하고 있음.
◎ 원장은 원내 자율장학을 실시하고 있으며, 그 결과를 교육과정 개선에 활용하고 있는가?
○ 행사를 위한 행사 지양 : 교실수업 개선에 전념하는 '교사다운 교사' 분위기 조성.
◎ 원장은 유치원 교사가 교육활동에 전념하게 하며, 적극 지원하는가?
○ 유치원 교사의 잡무를 경감하고 본연의 교육활동에 전념할 수 있도록 원감이 지원 역할을 담당하고 있음.

지표 27
◎ 기관 운영 의사결정 과정에 다양한 구성원의 의견이 반영되고 있는가?
○ 유치원 교육과정과 운영 전반에 걸쳐 원장, 원감, 교사의 의견을 충분히 수렴하여 유치원 교육활동에 반영하며, 예산 관련 의사결정은 유치원 구성원들 간의 의견과 행정실장의 의견을 상호 교류하여 반영함.
◎ 교직원 회의의 내용이 적절하고, 민주적인 방식으로 운영되고 있는가?
○ 교사 간 회의 시 유아교육활동에 서로의 교육경험을 공유하여 유익하고 바람직한 방향으로 서로의 견해를 존중하여 의사결정을 함.
○ 유아교육에 직접적으로 많은 영향을 미치는 안건은 원장, 원감, 유치원 교사 간 의견을 나누어 소수의 의견도 존중하여 의사결정함.
◎ 원장은 유아교육 및 유치원의 발전에 대한 비전을 구성원과 공유하려고 노력하는가?
○ 원장의 비전
−비전 : 원아 개인의 개성과 창의성을 신장시키는 원아−유치원−학부모 중심의 교육실천과 '가르침' 활동에 전념할 수 있는 양질의 교육환경 서비스 제공으로 미래지향적 교육 지향.
−미션 : 꿈을 가꾸는 원아, 존경받는 교원, 믿음 주는 유치원
−경영관 : 유치원 운영의 내실화와 교육과정의 정상운영을 위한 행 · 재정적 지원 충실.
○ 유치원의 발전 방안
−전인 발달을 위한 5개 생활 영역의 통합적 운영
−생애초기 기본교육 충실
−실천중심의 교육과정 운영
−지역별 장학협의회를 통한 협동 교육과정 운영
−종일제 운영의 내실화
○ 공유 노력
−교직원 회의 시 초등학교와 병행하여 유치원 교육내용 및 활동을 전 교직원과 공유토록 지시함.</td></tr>
</table>

5) 자율사업 영역(30점)

항목	지표	평정				
		매우 우수	우수	보통	미흡	매우 미흡
5－1. 경남유아교육방향구현 (20점)	29. 취원율 확대를 위해 노력하고 있다. (10)	⑩	8	6	4	2
	30. 교원의 전문성 신장을 위해 노력하고 있다. (5점)	⑤	4	3	2	1
	31. 기본교육 실천을 위해 노력하고 있다. (5점)	⑤	4	3	2	1
관련내용 및 실적 등 기술	지표 29 ◎ 원아 확보를 위해 노력하고 있는가? ○ 원아 확보를 위한 본원만의 특징 안내 －국가수준의 유치원 교육과정 운영 강조 －유치원 종일반 운영 －유치원 리모델링 사업 추진 및 교육환경 개선 노력 －다양한 현장학습 실시 ◎ 다양한 홍보 활동을 하고 있는가? ○ 원아 확보를 위한 다양한 홍보 활동 －현수막 설치 : 학교 교문 및 울타리 －홈페이지 홍보 : 신현홈페이지 팝업과 공지 사항란에 원아모집 홍보 －원아모집 안내장 발송 : 본교 재학생들을 통해 가정에 발송 ◎ 수요자 중심의 지원을 하고 있는가? ○ 학부모 교육과정 설문지를 통하여 학부모와 예비학부모의 의사 반영 ○ 입학원서 접수 시 개인조사서 및 부모자원 봉사설문지를 통한 학부모의 요구사항 및 건의사항 조사 ○ 입학 시 오리엔테이션을 통하여 학부모 의견 수렴 ◎ 유·초 연계협력 체제를 구축하고 있는가? ○ 초등학교와 연계하여 유치원 교육과정 계획함. ○ 초등 부장회의, 전체 직원회의, 교직원연수를 통하여 초등학교의 교육과정과 유치원 교육과정이 상호 협력체제를 구축하고 있음. ◎ 교육과정 편성·운영에 상호 협력하고 있는가? ○ 초등교육과정 편성·운영 시 유치원의 교육과정과 상호 의견교환 : 연간 교육일정, 행사, 방학, 교원연수 등 ○ 초등학교 부장회의 시 유치원 교사도 1인 참석하여 함께 움직이는 신현 교육과정을 만듦. ○ 유치원 행사 및 일과 운영을 교무부장에게 안내하여 초등학교 월, 주간, 일일 일지에 기재 지표 30 ◎ 원내 장학 계획이 다양하게 수립되어 있는가? ○ 원감은 주간교육계획안을 매주 검토 ○ 장학지도와 학부모 참여 수업 시 수업 참관 후 평가 ○ 초등학교와 함께하는 현장학습, 운동회, 학예회 등은 전 교원이 함께 계획을 수립하고 평가함.					

(계속)

관련내용 및 실적 등 기술	◎ 원내 장학을 지속적으로 실천하고 있는가? ○ 원의 행사, 교육활동 전반에 걸쳐 교사 간 수업과 자료를 공유하여 지속적으로 협의시간을 가지고 장학활동을 실천하고 있음. ◎ 전 교원이 연구 활동에 참여하고 있는가? ○ 2008학년도에 전 교원이 거제 지역 1인 1연구 단체인 '유아 요리 연구회'에 가입 후 적극 참여하여 전문성 신장을 위해 노력하였음. ○ 한국교총 주최 제53회 현장연구대회 참여하여 소기의 성과 달성함. ◎ 교원연수에 적극적으로 참여하고 있는가? ○ 유아교육관련 직무연수 30시간 2회씩 실시(2008학년도) ○ 특수 분야 직무연수 30시간－배드민턴(2008학년도) ○ 특수 분야 직무연수 30시간－배구(2009학년도) －방학 중 각종 직무, 자율연수에 참석함. 지표 31 ◎ 기본예절교육을 실천하고 있는가? ○ 유치원 생활 전반과 교육과정 전반에 걸쳐 지속적으로 연중 기본예절교육을 실천하고 있으며, 칭찬 카드를 활용한 행동 강화를 통하여 유아의 기본예절습관 형성을 반복적으로 지도하고 있음. ◎ 전통문화교육을 위해 노력하고 있는가? ○ 우리 민족의 전통문화를 계승 · 발전시키고 우리 문화를 이해하기 위하여 전통놀이 및 전래동요를 통한 전통문화교육을 하고 있음. ◎ 기본생활습관 형성을 위해 지속적으로 노력하고 있는가? ○ 기본생활습관 형성을 위하여 연간교육계획을 세우고 주간교육계획 안에 포함하여 실천하고 있음. ◎ 기본생활습관과 태도를 기르기 위하여 가정과 연계지도하고 있는가? ○ 주간교육계획안 뒷면의 가정통신문을 통하여 기본생활습관 교육을 지속적으로 실시하고 있음.

<table>
<tr><th rowspan="2">항목</th><th rowspan="2">지표</th><th colspan="5">평정</th></tr>
<tr><th>매우 우수</th><th>우수</th><th>보통</th><th>미흡</th><th>매우 미흡</th></tr>
<tr><td rowspan="2">5－2.
단위유치원
교육활동
추진노력
(10점)</td><td>32. 교육수요자 중심의 교육활동이 전개되고, 지원체제가 구축되어 있다. (5점)</td><td>⑤</td><td>4</td><td>3</td><td>2</td><td>1</td></tr>
<tr><td>33. 교육활동 추진 성과가 유아교육발전에 기여한다. (5점)</td><td>⑤</td><td>4</td><td>3</td><td>2</td><td>1</td></tr>
<tr><td>관련내용 및
실적 등 기술</td><td colspan="6">지표 32
◎ 교육수요자의 요구를 반영한 특색 있는 교육활동이 전개 되었는가?
○ 유치원 교육과정 학부모 설문지를 통하여 교육수요자가 요구하는 내용을 유치원의 실정을 고려하여 수렴함.
◎ 유치원 특성에 맞는 중점과제가 설정 추진되고 있는가?
○ 단위 유치원의 실정과 상황에 맞는 교육계획을 수립하여 교육목표를 세우고 중점과제를 수행하고자 노력함.

지표 33
◎ 기본생활교육 증진 및 교육격차 해소를 위해 노력하고 있는가?
○ 유아교육의 기회를 받지 못하는 유아들이 겪게 되는 교육격차의 해소를 위해 지역사회에 유아교육의 무상교육 수혜를 받을 수 있도록 원아모집기간에 홍보를 하고 있으며 또한 예비학부모교실을 통해 자세한 내용을 설명하며 많이 지원하여 혜택 받을 수 있도록 권장함.</td></tr>
</table>

6) 종일반 운영 영역(20점)

<table>
<tr><th rowspan="2">항목</th><th rowspan="2">지표</th><th colspan="5">평정</th></tr>
<tr><th>매우
우수</th><th>우수</th><th>보통</th><th>미흡</th><th>매우
미흡</th></tr>
<tr><td rowspan="2">6－1.
종일제 운영의
내실화
(10점)</td><td>34. 종일제 운영에 필요한 기본적인 시설 · 설비를 구비하고 있다. (5)</td><td>5</td><td>④</td><td>3</td><td>2</td><td>1</td></tr>
<tr><td>35. 교육과 보호의 균형에 기초한 종일제 프로그램을 충실하게 운영하고 있다. (5점)</td><td>⑤</td><td>4</td><td>3</td><td>2</td><td>1</td></tr>
<tr><td>관련내용 및
실적 등 기술</td><td colspan="6">지표 34
◎ 장시간 보호가 가능하도록 교육활동실(가급적 종일반 전용교실 구비), 수면실(유희실, 교실 겸용 가능), 조리실, 세면실, 화장실(냉 · 온 샤워시설 포함) 등이 설치되어 있는가?
○ 종일반 교실 : 기존의 교실 2개 중 보통 교실보다 크기가 큰 교실에 분리벽을 설치하며 리모델링하여 수면실과 조리실 등을 설치하였음.
○ 수면실 : 문을 달지 않고 접이식 자바라나 커텐을 설치하여 필요할 때 수면실로 이용하고 공간 활용을 다양하게 할 수 있도록 하였음.
○ 화장실 및 세면실 : 냉온수기로 샤워 할 수 있는 공간 있으며 유아 용변기 구비되어 있음.
◎ 급 · 간식을 위한 조리실에는 냉장고, 식기세척기, 싱크대, 살균소독기 등 기타 취사에 필요한 설비가 구비되어 있는가?
○ 간식을 위한 냉장고, 싱크대, 쿡탑(가스렌지 대용), 자외선 살균소독기, 전기프라이팬, 등의 조리에 필요한 설비 구비함.
◎ 유아용 침구 및 비품들이 청결하게 관리되고 있는가?
○ 수면실에는 유아용 침구가 구비되어 있음.

지표 35
◎ 다양한 활동 간의 균형과 통합성을 고려하고 있는가?
○ 주간교육활동계획 시 생활주제와 관련된 실내 · 외, 대 · 소근육, 개별/대 · 소집단, 정 · 동적, 유아주도 · 교사주도 활동 등이 균형적으로 포함될 수 있도록 구성 · 계획하고 있음.
○ 일일교육활동계획안 작성 시 다양한 활동(이야기나누기, 자유선택활동, 대 · 소집단/개별활동, 체험학습 등)이 포함되도록 계획 · 구성하여 통합적으로 운영하고 있으며 종일반의 특성을 충분히 고려한 휴식시간을 유아들의 개인차에 따라 제공하고 있음.
◎ 오전 교육활동과의 연계가 잘 이루어지고 있는가?
○ 오후에 이루어지는 활동은 단순히 오전의 활동을 반복하거나 특기적성 수업으로 이루어지는 것이 아니라 유아들에게 흥미로운 특색 교육을 요일마다 실시함.
○ 종일반 담당교사와 오후 담당교사(에듀케어 강사)는 점심시간에 서로 수업을 교체하면서 오전의 수업활동에 대해 정보를 교류하는 시간을 가지고 있음.
◎ 가정과 긴밀하게 연계하여 유아의 기본생활습관 태도를 기를 수 있도록 지도하고 있는가?
○ 유치원 및 가정에서 형성해야 하는 기본생활습관 태도를 유치원의 하루 일과 및 다양한 활동을 통해 자연스럽게 습득할 수 있도록 교육계획안을 작성하여 지도하고 있음.
○ 가정과의 연계를 위해 해당 유아의 발달상황을 안내하거나 도움이 필요할 때에는 정기적인 학부모 개별면담 외에 귀가 시 유치원으로 유아를 데리러 온 학부모와 간단한 상담이 이루어지기도 함.
◎ 낮잠, 휴식, 배변, 청결 등 유아의 기본적인 욕구 충족과 신체적 보호를 위한 기본생활 측면이 고려되고 있는가?
○ 가정과 같은 느낌 가질 수 있도록 적절한 휴식 시간 제공하고 있으며 화장실과 세면대가 교실과 근접해 있어 하루 일과 중 배변 및 청결 등의 기본 욕구를 편안하게 해소할 수 있도록 돕고 있음.</td></tr>
</table>

<table>
<tr><th rowspan="2">항목</th><th rowspan="2">지표</th><th colspan="5">평정</th></tr>
<tr><th>매우 우수</th><th>우수</th><th>보통</th><th>미흡</th><th>매우 미흡</th></tr>
<tr><td rowspan="2">6－2.
종일제 운영의 효율성(10점)</td><td>36. 수요자 요구에 부응하는 종일제 일과 시간이 운영되고 있다. (5점)</td><td>5</td><td>④</td><td>3</td><td>2</td><td>1</td></tr>
<tr><td>37. 종일제 교사(강사)를 확보하고, 인력을 효율적으로 활용하고 있다. (5점)</td><td>⑤</td><td>4</td><td>3</td><td>2</td><td>1</td></tr>
<tr><td>관련내용 및 실적 등 기술</td><td colspan="6">지표 36
◎ 종일제 시간이 수요자 중심으로 운영되고 있는가?
○ 3월 초 실시한 종일반 운영 설문조사 및 종일반 학부모운영위원회 안건 토의 과정에서 오후 5시로 희망하는 학부모의 요구가 가장 많아 그 시간을 채택하여 수요자 중심으로 운영하고 있음.
◎ 연중(토요일, 방학 포함) 종일제를 운영하고 있는가?
○ 본원의 종일반 운영 설문 조사 및 종일반 학부모 운영위원회에 의거 토요일은 12시까지 운영하고 있었으나 토요일에는 본교 교사 자녀 중심으로 몇 명만 등원하는 실태였는데 새로운 지침이 본원 여건에 맞지 않고 무리가 있어 내년부터 실시하려고 조정하였음.
◎ 종일제 일일활동계획안을 작성하여 활용하고 있는가?
○ 주간교육계획에 따라 다음날 이루어질 활동에 대하여 유아들과의 이루어질 상호작용 내용과 필요한 자료를 준비하기 위해 일일교육 활동계획안을 작성하여 활용하고 있음.

지표 37
◎ 종일제 운영을 위한 전담교사 또는 강사가 있는가?
○ 유치원 2급 정교사 자격증 외 다양한 자격증을 소지한 에듀케어 강사를 채용하여 종일반을 담당하고 있음.
◎ 종일제 전담교사(강사) 배치가 가능한 종일제 원아수가 확보되어 있는가?
○ 시 기준 최소 종일제 원아수 12명을 훨씬 웃도는 22명의 원아를 확보함.
◎ 종일제 운영을 위한 인력이 효율적으로 활용 관리되고 있는가?
○ 자원봉사자(제3세대하모니)가 지원되지 않아 종일반 교사와 에듀케어 강사가 간식 만들기와 설거지 청소 등을 해나가고 있는 실정임.</td></tr>
</table>

2. 자체평가 점수표

교육과정 영역

평가항목(배점)	평가지표(배점)	점수	
		지표별	항목별
1−1. 교육계획 수립의 적절성(15)	1. 교육계획안 작성 및 활용(5)	5	15
	2. 유아교육에 적합한 교육내용 · 활동 선정(10)	10	
1−2. 일과 운영의 적절성(15)	3. 통합적 일과 운영(10)	10	15
	4. 교육활동 유형 간의 균형적 안배(5)	5	
1−3. 교수 · 학습방법의 적합성(20)	5. 유아교육에 적합한 교수 · 학습방법의 사용(10)	10	20
	6. 교사−유아 간의 질적인 상호작용(10)	10	
1−4. 평가의 적절성(15)	7. 유아의 발달 상황 기록 및 활용(10)	10	15
	8. 교육과정 평가 실시 및 결과 활용(5)	5	

총 65점 / 65점

교육환경 영역

평가항목(배점)	평가지표(배점)	점수	
		지표별	항목별
2−1. 교육환경의 적합성(25)	9. 실내 교육환경의 적합성(10)	10	25
	10. 실외 교육환경의 적합성(10)	10	
	11. 유아 발달 수준에 적합한 시설 · 설비(5)	5	
2−2. 교재 · 교구의 적합성(20)	12. 유아 발달 수준과 주제에 적합한 교재 · 교구의 구비 및 활용(10)	10	20
	13. 교재 · 교구의 체계적인 관리 및 보관(10)	10	

총 45점 / 45점

건강 · 안전 영역

평가항목(배점)	평가지표(배점)	점수	
		지표별	항목별
3－1. 건강관리의 적절성(15)	14. 유아 건강 지도 및 관리(5)	5	15
	15. 시설 · 설비의 청결한 관리(10)	10	
3－2. 영양관리의 적절성(10)	16. 균형있는 급 · 간식 시행 및 식습관 지도(5)	5	10
	17. 식재료의 위생적 관리 및 사용(5)	5	
3－3. 안전관리의 적절성(15)	18. 안전교육 실시 및 안전사고 대비책(10)	10	15
	19. 시설 · 설비의 안전 관리(5)	5	

총 40점 / 40점

운영관리 영역

평가항목(배점)	평가지표(배점)	점수	
		지표별	항목별
4－1. 교직원 인사 및 복지의 적절성(10)	20. 교직원 인사 규정 보유 및 준수(5)	5	10
	21. 교직원 복지 규정 보유 및 지원(5)	5	
4－2. 예산 편성 및 운용의 합리성(10)	22. 예 · 결산서 작성 및 공개(5)	5	10
	23. 정부지원금 예산 편성 및 사용의 타당성(5)	5	
4－3. 가정 및 지역사회와의 연계(10)	24. 다양한 부모교육 및 가정과의 교류(5)	5	10
	25. 지역사회 인사 · 자원의 활용 및 기관 홍보(5)	5	
4－4. 기관장의 원 운영의 전문성(10)	26. 교육과정의 질 제고를 위한 노력(5)	5	10
	27. 기관장의 리더십(5)	5	

총 40점 / 40점

자율사업 영역

평가항목(배점)	평가지표(배점)	점수	
		지표별	항목별
5－1. 경남유아교육 방향구현 (20)	29. 취원율 제고 노력(10)	10	20
	30. 교원의 전문성 신장(5)	5	
	31. 기본교육 실천 노력(5)	5	
5－2. 단위유치원 교육활동 추진 노력(10)	32. 교육수요자 중심의 교육활동 전개 및 지원체제 구축(5)	5	10
	33. 교육활동 추진 성과의 유아교육발전 기여도(5)	5	

총 30점 / 30점

종일제 운영 영역

평가항목(배점)	평가지표(배점)	점수	
		지표별	항목별
6－1. 종일제 운영의 내실화 (10)	34. 종일제 운영을 위한 기본 시설 · 설비 구비(5)	4	9
	35. 종일제 프로그램의 적절성(5)	5	
6－2. 종일제 운영의 효율성 (10)	36. 종일제 운영시간의 적절성(5)	4	9
	37. 종일제 교사(강사) 확보 및 인력 활용의 효율성(5)	5	

총 18점 / 20점

총점	238점 / 240점

Ⅲ. 자체평가 결과 종합 논의

1. 유치원의 특색 사업 및 우수 사례 소개

유치원의 특색 사업 및 우수 사례

특색사업 (2009년) → 좋은 책 보기 생활화

1. 필요성

유아 시기에 책을 좋아하며 읽는 경험은 유아들의 상상력과 창의력, 언어능력 등에 많은 발달을 가져온다. 특히 책에 대한 다양한 접근 방식과 매일의 책읽기는 유아 언어능력과 독서능력 향상을 위하여 좋은 지도 방법으로 알려져 있다. 따라서 다양한 교육적 방법을 시도하여 유아들이 '독서는 재미있고 흥미로운 활동이다'라는 생각을 할 수 있고 나아가 항상 책과 가까이하는 습관을 갖도록 해주기 위해 특색사업으로 '좋은 책 보기 생활화'를 선정하여 실천해 나가고자 하였다.

2. 세부 실천계획

영역	독서지도 내용	독서지도 방법
독서 및 사후활동	독서의 생활화	▪ 표현 활동을 통한 독서지도 －동화를 통한 극놀이 －동시 암송 ▪ 선생님, 부모님과 함께 책읽기 ▪ 유아 스스로 책읽기 ▪ 다양한 도서 활동 전개 －내가 읽은 책제목 쓰기 －재미있었던 점 그림이나 글로 표현하고 토의하기 －이야기 끝부분 상상해서 말해보기 ▪ '동화책을 읽었어요' 활용을 통한 책보기 습관 형성지도
	도서관 체험활동	▪ 지역도서관 현장학습
가정과 연계활동	부모님과 함께 좋은 책읽기	▪ 1주일에 한 번 이상 부모님이 유아에게 책 읽어주기 ▪ 책을 읽은 느낌을 유아가 말로 표현한 것을 부모님이 글로 적어 월요일 유치원으로 보내기

3. 기대되는 효과

가. 책을 친숙하게 여기고 책 읽는 습관을 형성하고 있음.

나. 책읽기 활동을 통해 유아들의 상상력과 창의력을 길러줄 수 있음.

유치원의 특색 사업 및 우수 사례

특색사업 (2008년) → 사회성 발달을 돕는 협동활동 프로그램 실시

1. 필요성

핵가족화와 맞벌이 부부 증가, TV와 컴퓨터의 보급과 발달로 인해 방치되거나 사회적 상호작용이 부족한 유아들이 많다. 이러한 유아들이 겪는 사회적 갈등을 해소해 나가기 위해서는 친구들과 서로 돕고 나누는 긍정적인 상호작용을 많이 할 수 있는 협동활동 프로그램을 통하여 사회성을 증진시키는 것이 필요하다.

2. 세부실천사항

활동형태	기간	활동내용
생활주제에 따른 협동게임 중심의 활동	연중	• 생활주제에 맞는 협동게임 활동을 선정하여 활동하였음. • 게임과 관련하여 협동적 조형, 언어, 신체표현 등의 다양한 활동을 해보았음.
협동 주제 동화의 적용을 통한 통합적 활동	연중	• 2006년 교육부 개발자료 '유아의 사회성 발달을 돕는 협동활동 프로그램'에 소개된 협동동화를 중심으로 통합적 활동을 실시하였음.
가정과의 연계 활동	연중	• 가정에서 할 수 있는 협동활동을 소개하였음. • 가족과 함께 한 활동들을 친구들에게 소개하는 시간을 가졌음. • 가정에서 읽은 협동동화를 유치원에 소개해 주기. • '책 읽어주기 가족 콘서트를 열어요' 실시함.

3. 교육적 효과

가. 유아들 간의 사회적 갈등 상황이 줄어들고 함께 활동하는 것을 즐기게 되었음.

나. 친구를 배려하고 도와주려는 행동들을 보이며 서로 나누고 함께 사용하며 양보하는 모습도 많이 볼 수 있었음.

유치원의 특색 사업 및 우수 사례

우수사례 유아의 전인적 발달 도모를 위한 다양한 현장체험활동 실시

1. 필요성

호기심이 많은 유아들에게 현장체험활동은 학습의 장을 교실이 아닌 현장으로 옮겨 관찰, 탐구하며 자연과 문화를 접하게 하여 폭넓고 다양한 경험을 할 수 있도록 해준다. 따라서 유치원 교육과정의 통합 활동이며 유아의 전인적 성장 발달에 도움을 줄 수 있는 다양한 현장체험활동이 필요하다고 생각되어 실시하였다.

2. 세부 실천계획

월	활동내용	월	활동내용
4	• ○○수산과학관, ○○공원 • ○○문화관광농원	9	• 고성 탈 박물관
5	• 도자기 빚기 • 포로수용소 현장학습 • 공립두레유치원전통놀이 한마당 참가	10	• 공립유치원연합 건강놀이 한마당 • 동부면 해강도예예술학교
6	• 고성 당항포 공룡 엑스포 • 홈플러스 견학 및 시장놀이	11	• 농업개발원
7	• 물놀이	12	• 인형극 '똥장군 구리구리' 관람 • 뮤지컬 '하얀마음 백구' 관람

3. 기대되는 효과

가. 유아들이 다양한 현장체험활동을 하며 무척 즐거워하였고 생활주제 이해에도 많은 도움이 되었다.

나. 유치원 전용차량이 없는 병설유치원에서 현장체험활동을 다니기에는 수익자 부담 원칙에 의한 차량 대여비 부담으로 다소 어려움이 있어 쉽게 실시하지 못하는 경우가 많았다. 그러나 ○○시의 경우 단설유치원에 지원된 차량을 병설유치원에서 함께 사용함으로써 인근지역에 갈 때 많은 도움이 되었다. 본 유치원도 그 차량을 이용하여 학부모에게 부담을 덜 주며 많은 현장체험활동을 할 수 있었다. 이에 따라 학부모님들의 반응이 상당히 좋았다.

다. 학부모님들의 반응에 따라 유치원 홍보 효과도 높았다.

2. 유치원 자체평가를 실시한 후 느낀 점

구분	느낀 점 및 의견
좋았던 점	• 단위 유치원 교육과정 운영에 대하여 유치원 교육과정을 어떻게 계획하고 수립해야 하는지, 어떻게 실행하고 운영해야 하는지에 대한 기준 및 근거를 마련해 주어 유치원 교육과정 편성 · 운영에 많은 도움이 되었음. • 유치원 교육과정의 청사진을 보면서 세부항목까지 잘되고 있는 점, 잘되지 않는 점을 정리해 볼 수 있는 시간이 되어 교사에게는 반성적 사고의 계기가 된 것 같았음. • 병설유치원의 경우 학기별 · 학년별 교육과정 운영 평가를 통하여 교육과정, 유치원 시설 등의 영역에 대한 평가를 실시하지만, 유치원 평가 편람을 통하여 기존 교육과정 운영 평가에서 놓치기 쉬운 시설 · 설비 및 환경 영역 등의 평가지표를 활용하여 향후 교육과정 계획 수립 시 관련 근거를 마련하였다는 점에서 매우 유용한 정보를 얻게 되었음.
어려웠던 점	• 유치원 교육과정은 1년 단위로 이루어지는데 6월에 평가를 하다보면 일부분만 보게 되고 전체적인 흐름이 있어야 하는 부분에서는 연계가 되지 않는 분야도 있었음. • 유치원의 형태는 사립유치원, 공립유치원, 단설유치원, 단일학급, 두 학급, 원감이 있는 3학급 이상 등의 다양한 학급구성이 있는데 같은 평가지표를 가지고 평가하다보니 실적물이나 자료를 정리하는 데 어려운 점이 있었음.
자체평가 결과 활용 계획 (자체평가 결과에 근거한 개선 방안)	• 유치원 자료 정리 공간은 많이 확보하였으나 효율적이며 체계적으로 정리해두지 못하여 적기에 자료 활용이 원활하지 못한 점을 개선해 나가야 할 것 같음. • 실적물을 체계적으로 관리 보관할 수 있는 방법과 장소를 마련해야 나가야 함. • 종일제 시설 기반을 위한 재원을 확보하여 미비한 점을 보충해 나가야 할 것임. • 2009년 자체평가 중 미비했던 사항을 개선하여 좀 더 효율적이고 바람직한 유치원 교육과정 운영을 위해 지속적으로 노력해야겠음.

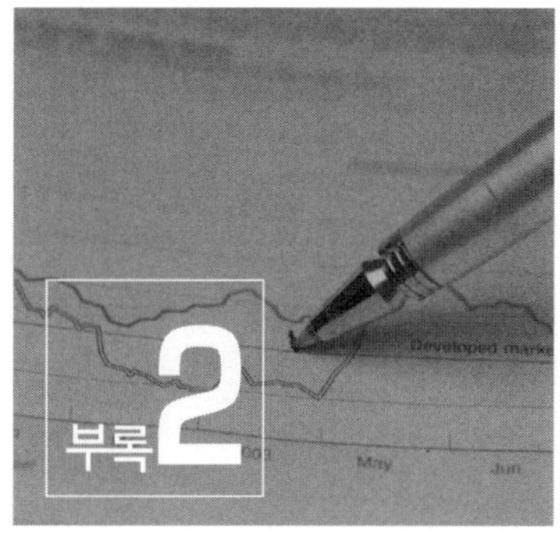

각 시도별 평가지표

1. 강원도

평가영역(배점)	평가항목(배점)	평가지표(배점)
1. 교육과정 (65)	1-1. 교육계획 수립의 적절성 (15)	1. 교육계획안 작성 및 활용(5)
		2. 유아교육에 적합한 교육내용 · 활동 선정(10)
	1-2. 일과 운영의 적절성 (15)	3. 통합적 일과 운영(10)
		4. 교육활동 유형 간의 균형적 안배(5)
	1-3. 교수 · 학습방법의 적합성 (20)	5. 유아교육에 적합한 교수 · 학습방법의 사용(10)
		6. 교사-유아 간의 질적인 상호작용(10)
	1-4. 평가의 적절성 (15)	7. 유아의 발달 상황 기록 및 활용(10)
		8. 교육과정 평가 실시 및 결과 활용(5)
2. 교육환경 (45)	2-1. 교육환경의 적합성 (25)	9. 실내 교육환경의 적합성(10)
		10. 실외 교육환경의 적합성(10)
		11. 유아 발달 수준에 적합한 시설 · 설비(5)
	2-2. 교재 · 교구의 적합성 (20)	12. 유아 발달 수준과 주제에 적합한 교재 · 교구의 구비 및 활용(10)
		13. 교재 · 교구의 체계적인 관리 및 보관(10)

(계속)

3. 건강 · 안전 (40)	3−1. 건강관리의 적절성 (15)	14. 유아 건강 지도 및 관리(5)
		15. 시설 · 설비의 청결한 관리(10)
	3−2. 영양관리의 적절성 (10)	16. 균형있는 급 · 간식 시행 및 식습관 지도(5)
		17. 식재료의 위생적 관리 및 사용(5)
	3−3. 안전관리의 적절성 (15)	18. 안전교육 실시 및 안전사고 대비책(10)
		19. 시설 · 설비의 안전한 관리(5)
4. 운영관리 (40)	4−1. 교직원 인사 및 복지의 적절성 (10)	20. 교직원 인사 규정 보유 및 준수(5)
		21. 교직원 복지 규정 보유 및 지원(5)
	4−2. 예산 편성 및 운용의 합리성 (10)	22. 예 · 결산서 작성 및 공개(5)
		23. 정부지원금 예산 편성 및 사용의 타당성(5)
	4−3. 가정 및 지역사회와의 연계 (10)	24. 다양한 부모교육 및 가정과의 교류(5)
		25. 지역사회 인사 · 자원의 활용 및 기관 홍보(5)
	4−4. 기관장의 원 운영의 전문성 (10)	26. 교육과정의 질 제고를 위한 노력(5)
		27. 기관장의 리더십(5)
학부모 만족도 (10)		28. 학부모의 기관 운영에 대한 만족도 조사 결과(10)
5. 종일제 운영 (20)	5−1. 종일제 운영을 위한 기본 시설 · 설비구비(5)	29. 종일제 운영에 필요한 기본적인 시설 · 설비 구비(5)
	5−2. 종일제 프로그램의 적절성(10)	30. 교육과 보호의 균형에 기초한 프로그램 운영(10)
	5−3. 종일제 예산 집행의 적절성(5)	31. 종일제 예산의 적절한 집행(5)
6. 지역화 교육 운영 (10)	6−1 지역화 프로그램의 적절성(5)	32. 강원도 유치원 교육과정 편성 · 운영 지침 활용(5)
	6−2 특색교육 운영(5)	33. 특색교육과 교육과정의 연계 운영(5)
계		230점

2. 경기도

지표구분	평가영역 (배점)	평가영역 (배점)	평가항목 (배점)
공통지표	1. 교육과정 (65)	1-1. 교육계획 수립의 적절성 (15)	1. 교육계획안 작성 및 활용(5)
			2. 유아교육에 적합한 교육내용 · 활동 선정(10)
		1-2. 일과 운영의 적절성 (15)	3. 통합적 일과 운영(10)
			4. 교육활동 유형 간의 균형적 안배(5)
		1-3. 교수 · 학습방법의 적합성 (20)	5. 유아교육에 적합한 교수 · 학습방법의 사용(10)
			6. 교사-유아 간의 질적인 상호작용(10)
		1-4. 평가의 적절성 (15)	7. 유아의 발달 상황 기록 및 활용(10)
			8. 교육과정 평가 실시 및 결과 활용(5)
	2. 교육환경 (45)	2-1. 교육환경의 적합성 (25)	9. 실내 교육환경의 적합성(10)
			10. 실외 교육환경의 적합성(10)
			11. 유아 발달 수준에 적합한 시설 · 설비(5)
		2-2. 교재 · 교구의 적합성(20)	12. 유아 발달 수준과 주제에 적합한 교재 · 교구의 구비 및 활용(10)
			13. 교재 · 교구의 체계적인 관리 및 보관(10)
	3. 건강 · 안전 (40)	3-1. 건강관리의 적절성 (15)	14. 유아 건강 지도 및 관리(5)
			15. 시설 · 설비의 청결한 관리(10)
		3-2. 영양관리의 적절성 (10)	16. 균형있는 급 · 간식 시행 및 식습관 지도(5)
			17. 식재료의 위생적 관리 및 사용(5)
		3-3. 안전관리의 적절성 (15)	18. 안전교육 실시 및 안전사고 대비책(10)
			19. 시설 · 설비의 안전한 관리(5)
	4. 운영관리 (40)	4-1. 교직원 인사 및 복지의 적절성(10)	20. 교직원 인사 규정 보유 및 준수(5)
			21. 교직원 복지 규정 보유 및 지원(5)
		4-2. 예산 편성 및 운용의 합리성(10)	22. 예 · 결산서 작성 및 공개(5)
			23. 정부지원금 예산 편성 및 사용의 타당성(5)
		4-3. 가정 및 지역사회와의 연계(10)	24. 다양한 부모교육 및 가정과의 교류(5)
			25. 지역사회 인사 · 자원의 활용 및 기관 홍보(5)
		4-4. 기관장의 원 운영의 전문성(10)	26. 교육과정의 질 제고를 위한 노력(5)
			27. 기관장의 리더십(5)
		학부모 만족도(10)	28. 학부모의 기관 운영에 대한 만족도 조사 결과(10)

(계속)

<table>
<tr><td rowspan="7">자체지표</td><td rowspan="2">5.
종일제 운영
(10)</td><td rowspan="2">5.
종일제 운영
(10)</td><td>30. 종일제 프로그램의 적절성(5)</td></tr>
<tr><td>31. 종일제 교사 확보(5)</td></tr>
<tr><td rowspan="6">6.
역점
과제
(30)</td><td rowspan="2">6−1
'새로운생각 · 바른행동 자람터' 가꾸기
(10)</td><td>32. 기본생활습관 및 3H · 3사랑 운동 실천(5)</td></tr>
<tr><td>33. 다양한 교육활동을 통해 창의적인 사고능력과 태도신장(5)</td></tr>
<tr><td rowspan="2">6−2
'좋은 수업
나눔 멘토링제' 운영
(10)</td><td>34. '좋은 수업 나눔 멘토링제'를 조직 · 운영(5)</td></tr>
<tr><td>35. 좋은 수업 나눔 실천을 통한 교실 수업을 개선(5)</td></tr>
<tr><td rowspan="2">6−3
'희망경기 유아교육
정보나눔터' 운영
(10)</td><td>36. 학부모의 '희망경기 유아교육 정보나눔터' 홍보(5)</td></tr>
<tr><td>37. 교원의 교육정보 및 자료를 교실 수업에 활용, 행정업무의 효율화 도모(5)</td></tr>
<tr><td colspan="3">계</td><td>240점</td></tr>
</table>

3. 경상남도

평가영역 (배점)	평가항목 (배점)	평가지표 (배점)
교육과정 (65)	1-1. 교육계획 수립의 적절성(15)	1. 교육계획안 작성 및 활용(5)
		2. 유아교육에 적합한 교육내용 · 활동 선정(10)
	1-2. 일과 운영의 적절성(15)	3. 통합적 일과 운영(10)
		4. 교육활동 유형 간의 균형적 안배(5)
	1-3. 교수 · 학습방법의 적합성(20)	5. 유아교육에 적합한 교수 · 학습방법의 사용(10)
		6. 교사-유아 간의 질적인 상호작용(10)
	1-4. 평가의 적절성(15)	7. 유아의 발달 상황 기록 및 활용(10)
		8. 교육과정 평가 실시 및 결과 활용(5)
교육 환경 (45)	2-1. 교육환경의 적합성(25)	9. 실내 교육환경의 적합성(10)
		10. 실외 교육환경의 적합성(10)
		11. 유아 발달 수준에 적합한 시설 · 설비(5)
	2-2. 교재 · 교구의 적합성(20)	12. 유아 발달 수준과 주제에 적합한 교재 · 교구의 구비 및 활용(10)
		13. 교재 · 교구의 체계적인 관리 및 보관(10)
건강 · 안전 (40)	3-1. 건강관리의 적절성(15)	14. 유아 건강 지도 및 관리(5)
		15. 시설 · 설비의 청결한 관리(10)
	3-2. 영양관리의 적절성(10)	16. 균형있는 급 · 간식 시행 및 식습관 지도(5)
		17. 식재료의 위생적 관리 및 사용(5)
	3-3. 안전관리의 적절성(15)	18. 안전교육 실시 및 안전사고 대비책(10)
		19. 시설 · 설비의 안전 관리(5)
운영관리 (40)	4-1. 교직원 인사 및 복지의 적절성(10)	20. 교직원 인사 규정 보유 및 준수(5)
		21. 교직원 복지 규정 보유 및 지원(5)
	4-2. 예산 편성 및 운용의 합리성(10)	22. 예 · 결산서 작성 및 공개(5)
		23. 정부지원금 예산 편성 및 사용의 타당성(5)
	4-3. 가정 및 지역사회와의 연계(10)	24. 다양한 부모교육 및 가정과의 교류(5)
		25. 지역사회 인사 · 자원의 활용 및 기관 홍보(5)
	4-4. 기관장의 원 운영의 전문성(10)	26. 교육과정의 질 제고를 위한 노력(5)
		27. 기관장의 리더십(5)

(계속)

종일제 운영 (20)	5−1. 교육환경의 적합성(10)	29. 종일반 운영에 필요한 기본적인 시설 · 설비를 구비하고 있다. (10)
	5−2. 프로그램의 적절성(5)	30. 교육과 보호의 균형에 기초한 종일반 프로그램을 충실하게 운영하고 있다. (5)
	5−3. 지원 인력의 확보(5)	31. 종일반 운영을 위한 지원 인력을 확보하고 있다. (5)
특기교육 운영 (20)	6−1. 특색교육 계획 수립의 적절성(10)	32. 유치원 특색교육을 실천하기 위한 운영계획을 수립하고 있다. (10)
	6−2. 특색교육 운영의 적절성(10)	33. 유치원 특색교육을 교육과정과 연계하여 창의적으로 운영하고 있다. (10)
계		230점

4. 경상북도

평가영역 (배점)	평가항목 (배점)	평가지표 (배점)
1. 교육과정 (65)	1－1. 교육계획 수립의 적절성 (15)	1. 교육계획안 작성 및 활용(5)
		2. 유아교육에 적합한 교육내용 · 활동 선정(10)
	1－2. 일과 운영의 적절성 (15)	3. 통합적 일과 운영(10)
		4. 교육활동 유형 간의 균형적 안배(5)
	1－3. 교수 · 학습방법의 적합성 (20)	5. 유아교육에 적합한 교수 · 학습방법의 사용(10)
		6. 교사－유아 간의 질적인 상호작용(10)
	1－4. 평가의 적절성 (15)	7. 유아의 발달 상황 기록 및 활용(10)
		8. 교육과정 평가 실시 및 결과 활용(5)
2. 교육환경 (45)	2－1. 교육환경의 적합성 (25)	9. 실내 교육환경의 적합성(10)
		10. 실외 교육환경의 적합성(10)
		11. 유아 발달 수준에 적합한 시설 · 설비(5)
	2－2. 교재 · 교구의 적합성 (20)	12. 유아 발달 수준과 주제에 적합한 교재 · 교구의 구비 및 활용(10)
		13. 교재 · 교구의 체계적인 관리 및 보관(10)
3. 건강 · 안전 (40)	3－1. 건강관리의 적절성 (15)	14. 유아 건강 지도 및 관리(5)
		15. 시설 · 설비의 청결한 관리(10)
	3－2. 영양관리의 적절성 (10)	16. 균형있는 급 · 간식 시행 및 식습관 지도(5)
		17. 식재료의 위생적 관리 및 사용(5)
	3－3. 안전관리의 적절성 (15)	18. 안전교육 실시 및 안전사고 대비책(10)
		19. 시설 · 설비의 안전한 관리(5)

(계속)

4. 운영관리 (40)	4−1. 교직원 인사 및 복지의 적절성 (10)	20. 교직원 인사 규정 보유 및 준수(5)
		21. 교직원 복지 규정 보유 및 지원(5)
	4−2. 예산 편성 및 운용의 합리성 (10)	22. 예 · 결산서 작성 및 공개(5)
		23. 정부지원금 예산 편성 및 사용의 타당성(5)
	4−3. 가정 및 지역사회와의 연계 (10)	24. 다양한 부모교육 및 가정과의 교류(5)
		25. 지역사회 인사 · 자원의 활용 및 기관 홍보(5)
	4−4. 기관장의 원 운영의 전문성 (10)	26. 교육과정의 질 제고를 위한 노력(5)
		27. 기관장의 리더십(5)
학부모 만족도(10)		28. 학부모의 기관 운영에 대한 만족도 조사 결과(10)
5. 종일반 운영 (20)	5−1. 교육환경의 적합성(10)	29. 종일반 운영을 위한 기본 시설 · 설비 구비(10)
	5−2. 프로그램의 적절성(5)	30. 종일반 프로그램의 적절성(5)
	5−3. 지원 인력의 확보(5)	31. 종일반 지원 인력 확보(5)
6. 특색교육 운영 (20)	6−1. 특색교육계획 수립의 적절성(10)	32. 지역 및 유치원 실정을 고려한 특색 교육 운영 계획 수립(10)
	6−2. 특색교육 운영의 적절성(10)	33. 교육과정과 연계한 창의적인 운영(10)
총계		240점

5. 부산광역시

평가영역 (배점)	평가항목 (배점)	평가지표 (배점)
교육과정 (65)	1-1. 교육계획 수립의 적절성(15)	1. 교육계획안 작성 및 활용(5)
		2. 유아교육에 적합한 교육내용 · 활동 선정(10)
	1-2. 일과 운영의 적절성(15)	3. 통합적 일과 운영(10)
		4. 교육활동 유형 간의 균형적 안배(5)
	1-3. 교수 · 학습방법의 적합성(20)	5. 유아교육에 적합한 교수 · 학습방법의 사용(10)
		6. 교사-유아 간의 질적인 상호작용(10)
	1-4. 평가의 적절성(15)	7. 유아의 발달 상황 기록 및 활용(10)
		8. 교육과정 평가 실시 및 결과 활용(5)
교육환경 (45)	2-1. 교육환경의 적합성(25)	9. 실내 교육환경의 적합성(10)
		10. 실외 교육환경의 적합성(10)
		11. 유아 발달 수준에 적합한 시설 · 설비(5)
	2-2. 교재 · 교구의 적합성(20)	12. 유아 발달 수준과 주제에 적합한 교재 · 교구의 구비 및 활용(10)
		13. 교재 · 교구의 체계적인 관리 및 보관(10)
건강안전 (40)	3-1. 건강관리의 적절성(15)	14. 유아 건강 지도 및 관리(5)
		15. 시설 · 설비의 청결한 관리(10)
	3-2. 영양관리의 적절성(10)	16. 균형있는 급간식 시행 및 식습관 지도(5)
		17. 식재료의 위생적 관리 및 사용(5)
	3-3. 안전관리의 적절성(15)	18. 안전교육 실시 및 안전사고 대비책(10)
		19. 시설 · 설비의 안전 관리(5)
운영관리 영역 (40)	4-1. 교직원 인사 및 복지의 적절성(10)	20. 교직원 인사 규정 보유 및 준수(5)
		21. 교직원 복지 규정 보유 및 지원(5)
	4-2. 예산 편성 및 운용의 합리성(10)	22. 예 · 결산서 작성 및 공개(5)
		23. 정부지원금 예산 편성 및 사용의 타당성(5)
	4-3. 가정 및 지역사회와의 연계(10)	24. 다양한 부모교육 및 가정과의 교류(5)
		25. 지역사회 인사 · 자원의 활용 및 기관 홍보(5)
	4-4. 기관장의 원 운영의 전문성(10)	26. 교육과정의 질 제고를 위한 노력(5)
		27. 기관장의 리더십(5)
종일제 운영 (20)	5-1. 종일제 운영(20)	29. 종일제 운영을 위한 기본 시설 설비 구비(5)
		30. 종일반 프로그램의 적절설(5)
		31. 수요자 중심의 종일제 운영(10)
교육정책사업 (20)	6-1. 패밀리데이 운영(10)	32. 패밀리데이 운영 계획 수립의 적절성(5)
		33. 패밀리데이 운영의 적절성(5)
	6-2. 단위 유치원 특색사업(10)	34. 단위 유치원 특색사업 계획의 적절성(5)
		35. 단위 유치원 특색사업 운영의 적절성(5)
계		230점

6. 서울특별시

평가영역 (배점)	평가항목 (배점)	평가지표 (배점)
1. 교육과정 (65)	1-1. 교육계획 수립의 적절성(15)	1. 교육계획안 작성 및 활용(5)
		2. 유아교육에 적합한 교육내용 · 활동 선정(10)
	1-2. 일과 운영의 적절성(15)	3. 통합적 일과 운영(10)
		4. 교육활동 유형 간의 균형적 안배(5)
	1-3. 교수 · 학습방법의 적합성(20)	5. 유아교육에 적합한 교수 · 학습방법의 사용(10)
		6. 교사-유아 간의 질적인 상호작용(10)
	1-4. 평가의 적절성(15)	7. 유아의 발달 상황 기록 및 활용(10)
		8. 교육과정 평가 실시 및 결과 활용(5)
2. 교육환경 (45)	2-1. 교육환경의 적합성(25)	9. 실내 교육환경의 적합성(10)
		10. 실외 교육환경의 적합성(10)
		11. 유아 발달 수준에 적합한 시설 · 설비(5)
	2-2. 교재 · 교구의 적합성(20)	12. 유아 발달 수준과 주제에 적합한 교재 · 교구의 구비 및 활용(10)
		13. 교재 · 교구의 체계적인 관리 및 보관(10)
3. 건강 · 안전 (40)	3-1. 건강관리의 적절성(15)	14. 유아 건강 지도 및 관리(5)
		15. 시설 · 설비의 청결한 관리(10)
	3-2. 영양관리의 적절성(10)	16. 균형 있는 급 · 간식 시행 및 식습관 지도(5)
		17. 식재료의 위생적 관리 및 사용(5)
	3-3. 안전관리의 적절성(15)	18. 안전교육 실시 및 안전사고 대비책(10)
		19. 시설 · 설비의 안전한 관리(5)
4. 운영관리 (40)	4-1. 교직원 인사 및 복지의 적절성(10)	20. 교직원 인사 규정 보유 및 준수(5)
		21. 교직원 복지 규정 보유 및 지원(5)
	4-2. 예산 편성 및 운용의 합리성(10)	22. 예 · 결산서 작성 및 공개(5)
		23. 정부지원금 예산 편성 및 사용의 타당성(5)
	4-3. 가정 및 지역사회와의 연계(10)	24. 다양한 부모교육 및 가정과의 교류(5)
		25. 지역사회 인사 · 자원의 활용 및 기관 홍보(5)
	4-4. 기관장의 원 운영의 전문성(10)	26. 교육과정의 질 제고를 위한 노력(5)
		27. 기관장의 리더십(5)
5. 서울특별시 교육청 (40)	5-1. 에듀케어(종일반) 운영의 적절성(20)	29. 에듀케어(종일반) 운영을 위한 기본 시설 · 설비 구비(5)
		30. 에듀케어(종일반) 프로그램의 적절성(10)
		31. 에듀케어(종일반) 교사 확보(5)
	5-2. 취원 대상 연령 확보(10	32. 만 3~5세 전 연령을 수용(10)
	5-3. 교사 : 유아 비율 및 학급규모의 적절성(10)	33. 교사 : 유아 비율의 적절성(5)
		34. 연령별 학급규모의 적절성(5)
학부모 만족도(10)		32. 학부모의 기관 운영에 대한 만족도 조사 결과(10)
계		235점

7. 전라북도

평가영역 (배점)	평가항목 (배점)	평가지표 (배점)
교육과정 (65)	1−1. 교육계획 수립의 적절성(15)	1. 교육계획안 작성 및 활용(5)
		2. 유아교육에 적합한 교육내용 · 활동 선정(10)
	1−2. 일과 운영의 적절성(15)	3. 통합적 일과 운영(10)
		4. 교육활동 유형 간의 균형적 안배(5)
	1−3. 교수 · 학습방법의 적합성(20)	5. 유아교육에 적합한 교수 · 학습방법의 사용(10)
		6. 교사−유아 간의 질적인 상호작용(10)
	1−4. 평가의 적절성(15)	7. 유아의 발달 상황 기록 및 활용(10)
		8. 교육과정 평가 실시 및 결과 활용(5)
교육 환경 (45)	2−1. 교육환경의 적합성(25)	9. 실내 교육환경의 적합성(10)
		10. 실외 교육환경의 적합성(10)
		11. 유아 발달 수준에 적합한 시설 · 설비(5)
	2−2. 교재 · 교구의 적합성(20)	12. 유아 발달 수준과 주제에 적합한 교재 · 교구의 구비 및 활용(10)
		13. 교재 · 교구의 체계적인 관리 및 보관(10)
건강 · 안전 (40)	3−1. 건강관리의 적절성(15)	14. 유아 건강 지도 및 관리(5)
		15. 시설 · 설비의 청결한 관리(10)
	3−2. 영양관리의 적절성(10)	16. 균형있는 급간식 시행 및 식습관 지도(5)
		17. 식재료의 위생적 관리 및 사용(5)
	3−3. 안전관리의 적절성(15)	18. 안전교육 실시 및 안전사고 대비책(10)
		19. 시설 · 설비의 안전 관리(5)
운영관리 (50)	4−1. 교직원 인사 및 복지의 적절성(10)	20. 교직원 인사 규정 보유 및 준수(5)
		21. 교직원 복지 규정 보유 및 지원(5)
	4−2. 예산 편성 및 운용의 합리성(10)	22. 예 · 결산서 작성 및 공개(5)
		23. 정부지원금 예산 편성 및 사용의 타당성(5)
	4−3. 가정 및 지역사회와의 연계(10)	24. 다양한 부모교육 및 가정과의 교류(5)
		25. 지역사회 인사 · 자원의 활용 및 기관 홍보(5)
	4−4. 기관장의 원 운영의 전문성(10)	26. 교육과정의 질 제고를 위한 노력(5)
		27. 기관장의 리더십(5)
	4−5. 학부모 만족도(10)	28. 유치원 교육 및 운영에 대한 학부모의 만족도(10)

(계속)

종일제 (배점없음)	5−1. 종일반 운영을 위한 기본 시설 · 설비 구비	29. 종일반 운영에 필요한 기본적인 시설 · 설비 구비
	5−2. 종일반 프로그램 적절성	30. 교육과 보호의 균형에 기초한 프로그램
	5−3. 종일반 교사 확보	31. 종일반 교사를 위한 교사 확보
교육정책 사업 (10)	6−1. 특색사업추진계획의 적절성(5)	32. 유치원 특색사업은 추진계획이 교육과정과의 조화(5)
	6−2. 특색사업 추진과정의 타당성(5)	33. 유치원 특색사업 추진과정(5)
계		210점

8. 충청남도

평가영역 (배점)	평가항목 (배점)	평가지표 (배점)
1. 교육과정 (65)	1－1. 교육계획 수립의 적절성(15)	1. 교육계획안 작성 및 활용(5)
		2. 유아교육에 적합한 교육내용 · 활동 선정(10)
	1－2. 일과 운영의 적절성(15)	3. 통합적 일과 운영(10)
		4. 교육활동 유형 간의 균형적 안배(5)
	1－3. 교수 · 학습방법의 적합성(20)	5. 유아교육에 적합한 교수 · 학습방법의 사용(10)
		6. 교사－유아 간의 질적인 상호작용(10)
	1－4. 평가의 적절성(15)	7. 유아의 발달 상황 기록 및 활용(10)
		8. 교육과정 평가 실시 및 결과 활용(5)
2. 교육환경 (45)	2－1. 교육환경의 적합성(25)	9. 실내 교육환경의 적합성(10)
		10. 실외 교육환경의 적합성(10)
		11. 유아 발달 수준에 적합한 시설 · 설비(5)
	2－2. 교재 · 교구의 적합성(20)	12. 유아 발달 수준과 주제에 적합한 교재 · 교구의 구비 및 활용(10)
		13. 교재 · 교구의 체계적인 관리 및 보관(10)
3. 건강 · 안전 (40)	3－1. 건강관리의 적절성(15)	14. 유아 건강 지도 및 관리(5)
		15. 시설 · 설비의 청결한 관리(10)
	3－2. 영양관리의 적절성(10)	16. 균형 있는 급 · 간식 시행 및 식습관 지도(5)
		17. 식재료의 위생적 관리 및 사용(5)
	3－3. 안전관리의 적절성(15)	18. 안전교육 실시 및 안전사고 대비책(10)
		19. 시설 · 설비의 안전한 관리(5)
4. 운영관리 (40)	4－1. 교직원 인사 및 복지의 적절성(10)	20. 교직원 인사 규정 보유 및 준수(5)
		21. 교직원 복지 규정 보유 및 지원(5)
	4－2. 예산 편성 및 운용의 합리성(10)	22. 예 · 결산서 작성 및 공개(5)
		23. 정부지원금 예산 편성 및 사용의 타당성(5)
	4－3. 가정 및 지역사회와의 연계(10)	24. 다양한 부모교육 및 가정과의 교류(5)
		25. 지역사회 인사 · 자원의 활용 및 기관 홍보(5)
	4－4. 기관장의 원 운영의 전문성(10)	26. 교육과정의 질 제고를 위한 노력(5)
		27. 기관장의 리더십(5)
5. 충남교육청 선택과 집중사업 (20)	5－1. 실천 중심 인성 교육의 효율성(10)	28. 인성교육 지도내용 및 활동 선정(5)
		29. 경로효친 예절중심의 인성교육 실천(5)
	5－2. 종일반 운영의 적절성(10)	30. 종일반 운영을 위한 기본 시설 · 설비 구비(5)
		31. 종일반 프로그램의 적절성(5)
계		210점

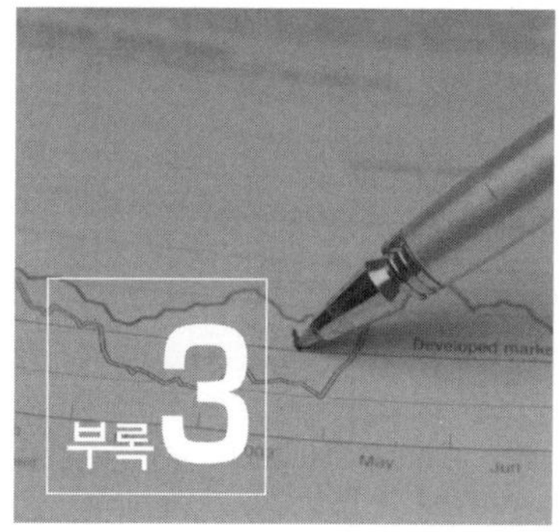

평가관련 자료 목록

영역	지표	관련 자료	비고
Ⅰ. 교육 과정	1−1. 교육계획 수립의 적절성	1. 연간교육계획안	p. 20
		2. 주간교육계획안	p. 21
		3. 일일교육계획안	p. 22
		4. 교육과정의 연계성	p. 24
		5. 교사 협의록	p. 25
		6. 유치원 교육과정 평가표	p. 26
		7. 유치원 교육과정 평가 설문지	p. 28
		8. 일일교육계획안	p. 31
		9. 일일교육계획안	p. 35
	1−2. 일과운영의 적절성	10. 자유선택활동표	p. 40
		11. 관찰기록 포트폴리오	p. 41
		12. 교육과정 통합 주간 계획 수정안	p. 42
		13. 일일교육계획안	p. 44
	1−3. 교수 · 학습방법의 적합성	14. 일일교육활동계획안	p. 51

(계속)

(계속)

(계속)

참고문헌

강문희, 윤애희, 이경희, 정정옥(2007). 유치원 · 보육시설 운영관리(2판). 서울: 학지사.

교육부(2000). 유치원 교육활동 지도자료총론.

교육인적자원부(2007). 유치원평가 기본계획. 교육인적자원부.

권영례(2007). 교과교육론. 서울: 양서원.

김주건(1997). 유아교육기관의 경영관리. 서울: 창지사.

김혜경(2005). 영유아교육기관경영. 서울: 창지사.

노명희, 윤은종, 안연경(2002). 유아교육개론. 서울: 동문사.

법제처 종합법령정보센터(2007). 유아교육법 시행령. http://www.klaw.go.kr.

신화식, 김명희(2008). 유아교육기관 운영관리. 서울: 양서원.

이성호(1999). 교수방법론. 서울: 학지사.

이영자, 양옥승, 신은수(1993). 덕성여자대학교 · 유아교육연구소. 상호작용이론에 기초한 유아 교육 과정. 서울: 창지사.

이영자, 이기숙(1993). (2~3세를 위한) 유아교육 프로그램. 서울: 창지사.

이영자, 이기숙(1990). 유아교육 프로그램 : 이론과 적용실제. 서울: 교문사.

이영자, 신동주(2006). 유아교육기관 운영관리. 서울: 창지사.

이은화, 이정환, 이경우, 이기숙, 홍용희, 박은혜, 김희진(2003). 유아교육개론. 서울: 이화여자대학교 출판부.

유민임(2009). 유아교과교육론(2판). 서울: 학지사.

임재택(1999). 유아교육기관 운영관리. 서울: 양서원.

한국교육과정평가원(2009). 유치원 지도서 1 총론. 서울: 교육과학기술부.

Decker, C. A., & Decker, J. R. (2001). *Planning and administering early childhood programs(6th* ed). Upper Saddle River, NJ: Prentice Hall.

Taylor, D. (2002). *Quality systems in australia children's services:* 2002년 제10회 국제학술대회 발표논문 이화여자대학교.

Hildebrand, V. (1993). *Management of child development centers.* New York: Mcmillan.

Marcon, R. A. (1994). *Early learning and early indentification follow-up study: Transition for the early to the later childhood grades.* Washington, DC: District of Columbia Public School, Center for Systemic Change.

NAEYC (1988). *Accreditation criteria and procedures of the National Association for the Education of Young Children.* Washing, DC: NAEYC.

NCAC (2007). Recommended Changes to the QIAS. http://www.ncac.gov.au.

Osmon, F. L. (1971). *Patterns for designing children's center.* New York, NY: Educational Facilites Laboratories.

OFSTED (2007). *OFSTED Plan for Training and Developing Iinspectors.* http://www.ofsted.gov.uk.

저자 소개

■ 김경철

현) 한국교원대학교 유아교육과 교수
한국어린이미디어학회장
한국열린유아교육학회 편집위원장
한국유아교육학회 이사

〈저 · 역서〉

유아와 컴퓨터(교육과학사, 2002)
유아교육개론(공저, 학지사, 2004)
유아수학교육(공저, 양서원, 2005)
영유아발달(공저, 양서원, 2007)
멀티미디어를 활용한 유아언어활동(학지사, 2008)
발달과 학습에 대한 유아평가(공역, 학지사, 2008)

■ 김안나

전) 동림자연과학유치원 원감
동림자연과학유치원 부원장
경상남도 유치원 교육과정 편성/운영 연구팀(2006~2008)
2007 개정 유치원 교육과정 시안검토 경상남도 대표
2008, 2009년 유치원 평가 경상남도 평가위원
현) 한국교원대학교 강사

〈논문〉

국가수준의 유치원 평가에 대한 교사와 원장이 느끼는 혜택과 어려움(공저, 『열린유아교육연구 제13권』 제6호, 2008)
국가수준 유치원 평가 향후 개선을 위한 교사들의 논의(공저, 『열린유아교육연구 제14권』 제3호, 2009)
국가수준 유치원 평가의 참여 여부에 따른 교사의 전문성 발달에 관한 인식조사(공저, 『열린유아교육연구 제14권』 제1호, 2009)

유치원 기관평가의 이해와 실무

2009년 10월 5일 1판 1쇄 인쇄
2009년 10월 10일 1판 1쇄 발행

지은이 • 김경철, 김안나

펴낸이 • 김진환
펴낸곳 • (주) 학지사
121-837 서울특별시 마포구 서교동 352-29 마인드월드빌딩 5층
대표전화 • 02)330-5114 팩스 • 02)324-2345
등록번호 • 제313-2006-000265호

홈페이지 • http://www.hakjisa.co.kr
커뮤니티 • http://cafe.naver.com/hakjisa

ISBN 978-89-6330-233-1 93370

정가 22,000원